서철원 박사 교의신학

II
하나님론
삼위일체 하나님과 그의 사역

Trinitas et Illius Opera

삼위일체 교리는 그리스도 계시에서 유래한다.
삼위일체가 한 하나님이신 것은 실체가 하나이고 동일하고 분할불가하기 때문이다.
삼위일체의 사역의 방식은 아버지는 아들로 말미암아 성령 안에서 일하신다.
삼위일체의 신비인 출생과 출래의 비밀을 성경대로 푼다.

서철원

Theologia Propria

쿰란출판사

* 이 책은 특허법에 의해 보호받는 저작물이므로 복사하거나 복제 또 전자복사 저장하는 것을 일체 불허함. 단지 인용은 허용함.
* 이 책에 인용된 성경은 한글개역판임.

하나님론 – 삼위일체 하나님과 그의 사역
서철원 박사 교의신학 Ⅱ

1판 1쇄 발행 _ 2018년 4월 30일
1판 3쇄 발행 _ 2022년 10월 15일

지은이 _ 서철원
펴낸이 _ 이형규
펴낸곳 _ 쿰란출판사
기 획 _ 창조경륜사

주소 _ 서울특별시 종로구 이화장길 6
편집부 _ 745-1007, 745-1301~2, 747-1212, 743-1300
영업부 _ 747-1004, FAX 745-8490
본사평생전화번호 _ 0502-756-1004
홈페이지 _ http://www.qumran.co.kr
E-mail _ qrbooks@gmail.com / qrbooks@daum.net
한글인터넷주소 _ 쿰란, 쿰란출판사
등록 _ 제1-670호 (1988.2.27)
책임교열 _ 최진희 · 김영미

ⓒ 서철원 2018 ISBN 979-11-6143-129-1 94230
                979-11-6143-135-2 (세트)

책값은 뒤표지에 있습니다.
이 출판물은 저작권법에 의해 보호를 받는 저작물이므로 무단 복제할 수 없습니다.
파본(破本)은 구입처에서 교환해 드립니다.

서철원 박사 교의신학

하나님론
―
삼위일체 하나님과 그의 사역

머리말

    그리스도교는 하나님의 성육신으로 시작한다.
    성육신하신 하나님이 하나님의 존재방식을 말씀하셨다. 한 하나님을 강하게 주창하면서 아버지와 아들과 성령을 말씀하셨다. 그리고 아들 자신과 아버지가 하나라고 하셨다. 그리스도의 하나님 증거를 믿음고백 형식으로 공식화한 것이 삼위일체 교리이다.
    교회 존립의 초기부터 그리스도교의 근본진리 곧 삼위일체 교리와 하나님의 성육신의 교리를 문제시하고 시비하였다.
    삼위일체 교리는 풀 수 없는 신비여서 교회의 정통 교리로 확정된 뒤에도 늘 시비가 되었다. 근세에 와서 삼위일체가 다시 크게 시비되고 논란되고 있다. 그 시비와 논란은 교리의 완전부정으로 일관하였다. 삼위일체 교리를 부정하면 그리스도교가 존립할 수 없게 된다. 이 교리 부정으로 그리스도교는 자연종교가 된다.
    삼위일체 교리와 하나님의 성육신의 교리는 교부들이 구성하고 교리로 공식화하였다. 이 공식화 과정에서 교부들은 아들의 출생과 성령의 출래를 밝히지 않고 남겨두었다. 이것이 우리의 과제가 되었다. 그래서 본 저자는 출생과 출래의 근본 뜻을 성경의 가르침에 근거해서 밝히는 작업을 수행하였다.
    교회가 구원종교로 남아 하나님의 구원경륜을 다 이루어드리기 위해서는 삼위일체 교리를 굳게 붙들어야 한다. 근세신학은 삼위일체 교리를 완전히 제거하였다. 그럴수록 교회는 더욱 이 교리에 굳게 부착해야 한다. 삼위일체 교리를 부정하여 버리면 그리스도교는 그냥 자연종교로 전락하기 때문이다. 삼위일체 교리를 부정하면 하나님의 존재와 창조와 구속사역이 다 허무한 것이 된다.

로마교회와 종교개혁교회 대부분이 배도를 완료하였다. 이 배도에 들지 않는 길이 삼위일체 교리를 굳게 믿고 고백하는 것이다.

이 믿음고백에 교회가 주저하거나 흔들림이 있으면 안 된다.

책을 교정해준 아내와 출판을 후원해주신 한기승 목사, 소강석 목사와 무명으로 도우신 분에게 깊은 감사를 표한다. 출판을 맡아준 쿰란출판사의 대표에게도 감사를 표한다.

2018년 3월 5일
저 자 서 철 원

차례

머리말…4

제1장   서론

- 1.1. 정의 …………………………………………………………… 28
- 1.2. 하나님의 존재 ………………………………………………… 29
  - 1.2.1. 하나님은 스스로 존재하시는 무한한 영이시다 … 29
  - 1.2.2. 하나님은 창조주이시다 ………………………… 29
  - 1.2.3. 하나님은 구속주이시다 ………………………… 30
  - 1.2.4. 하나님은 삼위일체 하나님이시다 ……………… 30
- 1.3. 하나님의 속성 ………………………………………………… 30
- 1.4. 삼위일체 하나님 ……………………………………………… 31
- 1.5. 창조경륜 ………………………………………………………… 32
- 1.6. 만물 창조 ……………………………………………………… 33
  - 1.6.1. 순간 완결된 창조 ………………………………… 33
  - 1.6.2. 전능한 창조주 …………………………………… 33
  - 1.6.3. 창조의 목표 ……………………………………… 34
  - 1.6.4. 창조의 부정 ……………………………………… 34
- 1.7. 섭리 …………………………………………………………… 34

제2장 　　　　　　　　　　　　　　　　　하나님의 존재

제1절　하나님의 존재 ·· 39
　　2.1.1.　스스로 계시는 무한한 영 ································ 40
　　2.1.2.　창조주 하나님 ·· 43
　　2.1.3.　구속주 하나님 ·· 44
　　2.1.4.　삼위일체 하나님 ··· 45
제2절　하나님의 존재 증명 불필요 ································· 45
　　2.2.1.　하나님은 스스로 존재하시는 존재자이시다 ······· 46
　　2.2.2.　하나님의 존재는 인간의 이성으로 증명할 수 없다　47
　　2.2.3.　하나님은 자기의 존재를 계시하셨다 ················ 49

제3장 　　　　　　　　　　　　　　　　　하나님의 속성

제1절　전유적 속성 ··· 55
　　3.1.1.　자존성 ·· 55
　　3.1.2.　단순성과 유일성 ·· 56
　　3.1.3.　무한성 ·· 56
　　3.1.4.　불변성 ·· 59
제2절　유비적 속성 ··· 60
　　3.2.1.　하나님의 생명 ··· 61
　　3.2.2.　하나님의 지식과 지혜 ····································· 62
　　3.2.2.1.　하나님의 미리 아심 ···································· 64
　　3.2.2.2.　하나님의 지혜 ·· 64
　　3.2.3.　하나님의 의지 ··· 65
　　3.2.4.　하나님의 사랑 ··· 67
　　3.2.5.　하나님의 은혜 ··· 68

3.2.5.1.	하나님의 불쌍히 여기심	69
3.2.5.2.	하나님의 오래 참으심	69
3.2.5.3.	하나님의 인자하심	69
3.2.6.	하나님의 의	70
3.2.7.	하나님의 주권	71
3.2.7.1.	절대적 권세	72
3.2.7.2.	섭리적 권세	72
3.2.8.	하나님의 거룩	72

제4장 삼위일체 하나님

제1절	삼위일체 교리	76
제2절	삼위일체 교리는 그리스도의 계시에서 왔음	77
제3절	삼위일체는 유일한 실체가 세 위격으로 계심임	82
제4절	위격들의 관계와 구별	87
4.4.1.	관계에 의한 위격들의 구별	87
4.4.2.	교부들의 이해	88
4.4.2.1.	사도적 교부인 이그나치오스	88
4.4.2.2.	변증가 유스티노스	89
4.4.2.3.	안디옥의 떼오필로스	89
4.4.2.4.	에레나이오스	89
4.4.2.5.	텔툴리아누스	89
4.4.2.6.	알렉산드리아의 클레멘트	90
4.4.2.7.	오리게네스	90
4.4.2.8.	아다나시오스	91
4.4.2.9.	바실레오스	91
4.4.2.10.	나지안주스의 그레고리오스	92
4.4.2.11.	닛사의 그레고리오스	92

제5절 삼위일체의 사역의 방식 93
    4.5.1. 아다나시오스의 가르침 93
    4.5.2. 힙폴리토스의 견해 94
    4.5.3. 알렉산드리아의 클레멘트의 제시 94
    4.5.4. 오리게네스의 강조 94

제6절 각 위격의 사역의 방식 95
    4.6.1. 아버지는 유래 없이 스스로 일하심 95
    4.6.2. 아들은 아버지로부터 일하심 95
    4.6.3. 성령은 아버지와 아들로부터 일하심 97
        4.6.3.1. 에레나이오스 98
        4.6.3.2. 바실레오스 98
        4.6.3.3. 닛사의 그레고리오스 98
        4.6.3.4. 암브로시우스 99
        4.6.3.5. 루피누스 99

제7절 한 하나님이 세 위격으로 계심의 방식 99
    4.7.1. 하나님은 스스로 계심 100
    4.7.2. 아들의 출생 101
        4.7.2.1. 출생: 아버지에게서 아들의 위격이 나오심 .. 101
        4.7.2.2. 교부들의 이해 103
            4.7.2.2.1. 유스티노스 103
            4.7.2.2.2. 타치아노스 103
            4.7.2.2.3. 아떼나고라스 103
            4.7.2.2.4. 에레나이오스 104
            4.7.2.2.5. 텔툴리아누스 104
            4.7.2.2.6. 힙폴리토스 104
            4.7.2.2.7. 노바치안 104
            4.7.2.2.8. 알렉산드리아의 클레멘트 .. 104
            4.7.2.2.9. 오리게네스 105
            4.7.2.2.10. 알렉산드리아의 알렉산드로스 .. 105

	4.7.2.2.11. 아다나시오스	105
	4.7.2.2.12. 힐라리우스	105
	4.7.2.2.13. 바실레오스	106
	4.7.2.2.14. 나지안주스의 그레고리오스	106
	4.7.2.2.15. 닛사의 그레고리오스	106
제8절	출생의 성경적 해명	106
	4.8.1. 정의: 아들의 출생=하나님의 자기 객관화; 자기 객관화가 한 인격을 이룸	107
제9절	성령의 출래에 관한 교부들의 가르침	109
	4.9.1. 출래: 성령의 위격적 존재방식	109
	4.9.2. 교부들의 이해	110
	4.9.2.1. 텔툴리아누스	110
	4.9.2.2. 오리게네스	110
	4.9.2.3. 아다나시오스	111
	4.9.2.4. 힐라리우스	111
	4.9.2.5. 바실레오스	111
	4.9.2.6. 나지안주스의 그레고리오스	111
	4.9.2.7. 닛사의 그레고리오스	112
	4.9.2.8. 콘스탄티노폴리스 신경	113
	4.9.2.9. 암브로시우스	113
	4.9.2.10. 루피누스	113
	4.9.2.11. 아우구스티누스	113
	4.9.2.12. 아다나시오스 신경	114
	4.9.2.13. 다메섹의 요한네스	114
	4.9.3. 성령의 출래: 하나님의 호흡의 방식	115
	4.9.4. 단일 출래를 교리로, 그러나 이중 출래도 주장	116

제10절 출래의 합당한 해명: 출래=무한한 신성의 현시 117
    4.10.1. 정의: 성령의 출래: 하나님의 충만의 현시; 무한한 신성의 현시가 한 인격을 이룸........................ 117
    4.10.2. 무한한 충만은 편재하심임 119

제11절 보혜사 성령 120
    4.11.1. 성령=보혜사 120
    4.11.2. 보혜사 성령의 직임 120
    4.11.3. 보혜사 성령은 믿는 백성과 영원히 함께 하심 ... 121
    4.11.4. 보혜사는 사람들 안에 믿음을 일으키심 121
    4.11.5. 보혜사 성령의 내주 122
    4.11.6. 보혜사는 구원진리를 가르치심 123
    4.11.7. 보혜사는 믿는 자들을 위로하시고 지키심 123
    4.11.8. 보혜사는 거룩하게 하심 124

제12절 원보혜사와 다른 보혜사 125
    4.12.1. 원보혜사가 성령을 다른 보혜사로 지목 125
    4.12.2. 그리스도는 구속사역에 근거하여 성령을 청구 126
    4.12.3. 보혜사 성령을 보내심 127
    4.12.4. 보혜사 성령의 본질 128

제13절 위격의 문제 129
    4.13.1. 실체와 위격의 관계 129
    4.13.2. 페리코레시스 131
    4.13.3. 분리 불가한 교제 135
    4.13.4. 신격과 위격들이 분열되지 않음 136

제14절 페리코레시스에 대한 현대적 이해 136

제5장	삼위 하나님의 사역

제1절 창조	142
5.1.1. 창조주 아버지: 창조 작정	143
5.1.1.1. 사도신경과 신앙의 규범의 가르침	143
5.1.1.2. 로마의 클레멘트	144
5.1.1.3. 이그나치오스	144
5.1.1.4. 헤르마스	144
5.1.1.5. 유스티노스	144
5.1.1.6. 타치아노스	145
5.1.1.7. 안디옥의 떼오필로스	145
5.1.1.8. 아떼나고라스	145
5.1.1.9. 에레나이오스	146
5.1.1.10. 텔툴리아누스	146
5.1.1.11. 힙폴리토스	146
5.1.1.12. 노바치안	146
5.1.1.13. 알렉산드리아의 클레멘트	147
5.1.1.14. 오리게네스	147
5.1.1.15. 아다나시오스	147
5.1.1.16. 닛사의 그레고리오스	148
5.1.1.17. 아우구스티누스	148
5.1.2. 아들 하나님: 직접적 창조주	148
5.1.2.1. 이그나치오스	148
5.1.2.2. 유스티노스	149
5.1.2.3. 타치아노스	149
5.1.2.4. 떼오필로스	149
5.1.2.5. 아떼나고라스	149
5.1.2.6. 에레나이오스	149

5.1.2.7.	텔툴리아누스	150
5.1.2.8.	힙폴리토스	150
5.1.2.9.	노바치안	150
5.1.2.10.	알렉산드리아의 클레멘트	150
5.1.2.11.	오리게네스	150
5.1.2.12.	아다나시오스	151
5.1.2.13.	닛사의 그레고리오스	151
5.1.2.14.	아우구스티누스	151
5.1.3.	성령 하나님: 창조의 완성	151
5.1.3.1.	아떼나고라스	152
5.1.3.2.	에레나이오스	152
5.1.3.3.	알렉산드리아의 클레멘트	152
5.1.3.4.	아다나시오스	153
5.1.3.5.	바실레오스	153
5.1.3.6.	닛사의 그레고리오스	153
5.1.3.7.	암브로시우스	154
5.1.3.8.	루피누스	154

제2절 구속과 구속주 154

5.2.1.	하나님 아버지: 구원 작정으로 구주로 고백됨	155
5.2.2.	아들 하나님: 구속사역 수행으로 실제 구속주이심	155
5.2.3.	교부들의 증거	156
5.2.3.1.	로마의 클레멘트	156
5.2.3.2.	제 2 클레멘트	156
5.2.3.3.	바나바스	156
5.2.3.4.	이그나치오스	157
5.2.3.5.	유스티노스	157
5.2.3.6.	에레나이오스	157
5.2.3.7.	힙폴리토스	158
5.2.3.8.	오리게네스	158

5.2.3.9.	알렉산드리아의 클레멘트	158
5.2.3.10.	메또디오스	158
5.2.3.11.	니카야 신경	159
5.2.3.12.	아다나시오스	159
5.2.3.13.	나지안주스의 그레고리오스	160
5.2.3.14.	닛사의 그레고리오스	160
5.2.3.15.	칼케돈 신경	160
5.2.4.	성령 하나님: 그리스도의 구원적용으로 구원완성	161
5.2.5.	교부들의 이해	162
5.2.5.1.	이그나치오스	162
5.2.5.2.	에레나이오스	162
5.2.5.3.	노바치안	163
5.2.5.4.	알렉산드리아의 클레멘트	163
5.2.5.5.	오리게네스	163
5.2.5.6.	아다나시오스	163
5.2.5.7.	예루살렘의 퀴릴로스	164
5.2.5.8.	바실레오스	164
5.2.5.9.	빅토리누스	164

제6장 삼위일체 교리를 부정하는 근세신학

제1절 슐라이어마허 ... 167

6.1.1.	칸트의 인식론 도식으로 신학을 완전히 바꿈	167
6.1.2.	신=순전한 의존감정을 발음하는 것	168
6.1.3.	삼위일체 교리의 새로운 논의	169
6.1.3.1.	삼위일체는 전적 의존감정이 그리스도와 교회 안에 있는 것	170

6.1.3.2.	슐라이어마허는 의존감정을 영원화하여 삼위일체 교리를 만들었다고 주장		170
6.1.3.3.	슐라이어마허의 전통적 삼위일체 교리 비판	...	171
6.1.3.4.	삼위일체 교리는 이방 다신교가 그리스도교에 들어와서 형성된 것이라고 함		172
6.1.3.5.	삼위일체 교리를 변형해야 한다고 함	....	173
6.1.4.	왜 예수 그리스도가 하나님의 아들로 불리는가?		174
6.1.5.	성령=그리스도인 공동체의 공통정신	....	177

제2절 칼 발트 ... 178

6.2.1.	하나님은 유일한 신적 존재	....	178
6.2.2.	세 위격은 세 존재방식	....	179
6.2.3.	삼위일체=계시의 세 계기로서 하나님의 존재방식		180
6.2.4.	하나님의 존재: 행동과 사건	....	181
6.2.5.	하나님의 존재: 행동과 사역들 안에	....	182
6.2.6.	하나님의 존재: 계시의 행동	....	182
6.2.7.	하나님의 신성: 행동하는 사건	....	183
6.2.8.	하나님의 존재=생명, 자유로운 행동, 자유로운 사건		183
6.2.9.	하나님의 존재=자기의 결정	....	184
6.2.10.	행동과 결정 위에 신의 본질 내로 소급할 계기 없음	184
6.2.11.	교제를 마련하심=그의 행동, 신의 본질임	......	185
6.2.12.	하나님만이 인격: 인간 예수만이 인격	....	186
6.2.13.	유일한 인격적 하나님	....	186
6.2.14.	하나님의 존재의 자리: 예수 그리스도 안	......	187
6.2.15.	하나님=예수 그리스도	....	187
6.2.16.	예수 그리스도=유일한 하나님	....	188
6.2.17.	선포: 예수 그리스도만=현존하시는 하나님	...	189
6.2.18.	예수 그리스도는 죄를 철저히 회개한 죄인	......	189
6.2.19.	결론: 인간 예수 그리스도=유일한 하나님; 자존하신 하나님이 없음		190

제3절 폴 틸리히 190
    6.3.1. 신은 존재자체 191
    6.3.2. 신은 사람의 궁극적 관심사를 표현하는 것 ... 192
    6.3.3. 신은 존재자체이고 존재의 기반이다 194
    6.3.4. 존재자체가 삼위일체적 원리이다 195
    6.3.5. 틸리히는 하이데거의 존재와 존재자의 관계 논의로 창조주 하나님을 없애고 존재자체를 신으로 만들었다 197

제4절 칼 라아너 198
    6.4.1. 하이데거의 철학으로 신학을 완전 변화시킴 ... 198
    6.4.2. 신=존재자체, 거룩한 신비 198
    6.4.3. 삼위일체=존재의 통보 도식 200

제5절 위르겐 몰트만 201
    6.5.1. 삼위일체: 십자가상의 고통의 사건 201
    6.5.2. 삼위일체론의 근거는 신론을 그리스도인의 자기의식으로 바꿈에서 나온 것이라고 함 202
    6.5.3. 삼위일체를 십자가상의 고통의 교류의 사건으로 전개 203
    6.5.4. 사건 안에서 기도함 206
    6.5.5. 사랑의 사건 206
    6.5.6. 삼위일체: 하늘의 원이 아니고 십자가에서 나온 종말론적 사건 207

제7장 하나님의 창조경륜

제1절 경륜과 작정에 대한 전통적인 이해 210
    7.1.1. 작정에 대한 전통적인 세 구분 212
    7.1.2. 일반적 작정과 특별 작정 212

제2절 경륜과 작정에 대한 바른 성찰 213
    7.2.1. 작정=하실 일을 미리 정하심 214

제3절 작정과 경륜에 대한 성경적 근거 ... 214
- 7.3.1. 하나님의 뜻을 작정으로 표현한 성경본문들 ... 214
- 7.3.2. 경륜을 직접 표현한 성경본문 ... 216
- 7.3.3. 예정으로 작정을 표현한 성경본문들 ... 216
- 7.3.4. 작정을 직접 표현한 성경본문 ... 216
- 7.3.5. 경영과 도모, 모략으로 작정을 표현한 성경본문들 ... 217
- 7.3.6. 택하심으로 작정을 표현한 성경본문들 ... 217
- 7.3.7. 인봉, 인봉한 책, 책으로 하나님의 작정을 표현한 성경본문들 ... 217
- 7.3.8. 지혜와 지식으로 하나님의 작정을 표현한 성경본문들 218

제4절 창조경륜 ... 218
- 7.4.1. 창조경륜 정의 ... 218
- 7.4.2. 창조경륜을 집행하심: 선악과계명으로 언약을 맺으심 219
- 7.4.3. 반역이 일어남 ... 221
- 7.4.4. 반역한 백성을 구원하기로 정하심 ... 221
- 7.4.5. 창조경륜에 대한 성경적 증거들 ... 222
- 7.4.5.1. 창조경륜의 확실한 성취 ... 222
- 7.4.5.2. 아브라함과 그의 후손을 백성으로 삼으심은 창조경륜의 성취를 위한 준비 ... 222
- 7.4.5.3. 시내산 언약으로 하나님이 이스라엘을 자기의 백성으로 삼으심은 창조경륜의 성취를 위한 준비임 ... 223
- 7.4.5.4. 새 언약의 목표가 창조경륜의 성취를 위한 것임을 밝힘임 ... 224
- 7.4.5.5. 그리스도의 피로 사람들을 구속함은 창조경륜의 성취임 225

제5절 하나님의 작정들 ... 225
- 7.5.1. 창조 작정 ... 226
- 7.5.1.1. 물리적 세계를 언약백성의 거소로 창조하기로 하심 226
- 7.5.1.2. 영적 세계를 창조하시어 하나님과 언약백성을 섬기도록 하심 ... 227

7.5.1.3.	백성으로 창조를 탐구하여 영원히 창조주를 영화롭게 하도록 작정하심	228
7.5.1.4.	영원세계에서도 창조탐구	229
7.5.2.	역사진행 작정	230
7.5.3.	구원 작정	231
7.5.3.1.	하나님이 대신 죗값을 갚으심이 예정됨	231
7.5.4.	선택과 유기의 작정	232
7.5.4.1.	죄 때문에 창조경륜을 이루심에 선택과 유기의 작정을 세우심	232
7.5.4.2.	그리스도 안에서 선택이 이루어짐	233
7.5.4.3.	예정은 하나님의 기쁘신 뜻의 작정임	233
7.5.4.4.	예정은 삼위의 사역	234
7.5.4.5.	선택과 유기의 작정은 확고하고 불변	235
7.5.4.6.	택자들의 수	235
7.5.4.7.	유기 작정	237

제6절 선택 교리의 논의 238

7.6.1.	아우구스티누스의 가르침	238
7.6.1.1.	작정의 불변성	238
7.6.1.2.	사람의 범죄는 신적 허락에 의해서	239
7.6.1.3.	하나님의 뜻에 어긋나는 것도 하나님의 뜻 없이 되지 않음	239
7.6.1.4.	모든 인류의 구원은 예정된 자들만 구원되는 것을 뜻함	240
7.6.1.5.	하나님은 허락으로 이루시거나 실제로 자신이 이루심	240
7.6.1.6.	하나님은 원하시는 것을 다 이루심	241
7.6.1.7.	예정은 은혜로 이루어짐	241
7.6.1.8.	지성적 존재의 타락을 예지하셔도 하나님은 자유의지를 빼앗지 않으심	242
7.6.1.9.	하나님의 뜻에 어긋나게 일어나는 것도 하나님의 뜻을 이룸	242

7.6.2.	토마스 아퀴나스의 전개	243
7.6.2.1.	예정은 지성적 존재들을 영생으로 배정하는 것	243
7.6.2.2.	예정은 하나님 안에 있는 것을 집행함임	244
7.6.2.3.	예정에는 선택과 유기가 있음	244
7.6.2.4.	예정: 영생으로 배정; 유기: 영생에서 탈락 허용	245
7.6.2.5.	예정: 영광의 원인; 유기: 하나님에 의해 버림받음임	245
7.6.2.6.	유기는 자유의지 박탈 아님	245
7.6.2.7.	조건 없는 선택	246
7.6.2.8.	예정은 공로와 상관없음	246
7.6.2.9.	예정은 확실함	247
7.6.2.10.	예정된 자들의 수: 확정적	248
7.6.3.	칼빈의 가르침	248
7.6.3.1.	자유의지로 공로 이룰 수 없음	249
7.6.3.2.	죄로 자유 박탈됨: 의 추구 못함	249
7.6.3.2.1.	자유의지 주창자: 이성의 지도를 받아 의지가 선행을 할 수 있다고 주장	249
7.6.3.2.2.	교부들도 의지의 자유 인정, 선행 가능성 주장	250
7.6.3.3.	초자연적 은사들 제거: 자연적 은사들 부패	251
7.6.3.4.	선의지와 선행은 전적으로 하나님의 은혜로만	251
7.6.3.5.	믿음과 선행이 다 하나님의 은혜로	251
7.6.3.6.	본래의 자유의지는 남아 있지 않음	252
7.6.4.	칼빈의 선택 교리	252
7.6.4.1.	예정: 구원과 멸망으로 작정임	253
7.6.4.2.	예정 교리: 성경적 진리	253
7.6.4.3.	예정 교리 부정 불가	254
7.6.4.4.	민족적 선택과 개인의 선택의 차이	254
7.6.4.5.	선택과 공로 예지는 무관함	255
7.6.4.6.	문제점: 죄와 무관하게 예정 교리 전개	257
7.6.5.	종교개혁 신경들의 예정 교리 수납	257

7.6.5.1.	하이델베르크 요리문답		258
7.6.5.2.	영국교회의 39개조		258
7.6.5.3.	제 2 스위스 신앙고백서		259
7.6.5.4.	제 1 스코틀랜드 신앙고백서		260
7.6.5.5.	프랑스 신앙고백서		261
7.6.5.6.	네덜란드 신앙고백서		262
7.6.5.7.	돌트 신경		262
7.6.5.8.	웨스트민스터 신앙고백서		263

제7절 하나님의 합리적, 인격적 존재들을 다루시는 방식을 예정으로 오해함 264

제8장　　　하나님이 만물을 창조하심

제1절 단번에 완결된 창조 271
　8.1.1.　순간 완결된 창조 271
　8.1.2.　플라톤의 창조론: 영원한 물질에서 현상으로 조성 272
　8.1.3.　아우구스티누스의 두 단계 창조론 273
　8.1.4.　단번의 완성된 창조 274
제2절 전능한 창조주 275
　8.2.1.　창조를 작정하신 창조주: 아버지 하나님 276
　8.2.2.　창조계획을 구현하신 창조주: 아들 하나님 277
　8.2.3.　아들 하나님의 창조 중보직에 관한 교부들의 가르침 279
　　8.2.3.1.　바나바스 279
　　8.2.3.2.　이그나치오스 279
　　8.2.3.3.　유스티노스 280
　　8.2.3.4.　타치아노스 280
　　8.2.3.5.　안디옥의 떼오필로스 281
　　8.2.3.6.　아떼나고라스 281

8.2.3.7.	에레나이오스	282
8.2.3.8.	힙폴리토스	283
8.2.3.9.	노바치안	283
8.2.3.10.	알렉산드리아의 클레멘트	283
8.2.3.11.	오리게네스	284
8.2.3.12.	알렉산드리아의 알렉산드로스	284
8.2.3.13.	아다나시오스	285
8.2.3.14.	예루살렘의 퀴릴로스	286
8.2.3.15.	암브로시우스	286
8.2.3.16.	루피누스	287
8.2.3.17.	아우구스티누스	287
8.2.4.	창조를 장식하고 완성한 창조주: 성령 하나님	288
8.2.5.	창조 진행을 마감하시는 창조주: 창조 중보자	288

제3절 창조의 방식 288

8.3.1.	하나님은 그의 의지의 역사로 창조를 이루심	289
8.3.2.	하나님은 무에서 만물을 말씀으로만 불러내심	290
8.3.3.	하나님은 단번에 완결된 사물들을 만드심	291
8.3.4.	창조의 목표: 창조경륜	292
8.3.4.1.	하나님은 그의 손의 일을 누리기를 기뻐하심	293
8.3.4.2.	창조주를 찬송하는 백성으로 사람을 창조하심	294
8.3.4.3.	언약백성으로 하나님을 영원토록 찬양하게 하려고 광대무변한 우주를 창조하심	295

제4절 하늘을 창조하심 296

8.4.1.	하늘을 창조 첫 순간에 다 창조하심	296
8.4.2.	영원물질에서 만물이 이루어졌다는 가설	297
8.4.3.	유출에 의한 창조는 불가함	297
8.4.4.	넓이와 길이의 문제	298
8.4.5.	하늘의 별자리들을 은하계를 중심으로 배치하심	299
8.4.6.	우리의 은하계에 태양계를, 그 중심에 지구를 두셨다	299

8.4.7.	태양계의 배치	300
8.4.8.	시간을 창조하심	300
8.4.9.	빛을 창조하심	301
8.4.10.	별들의 직임	301

제5절 땅을 창조하심 ... 302

8.5.1.	땅을 특별한 자리로 창조하심	302
8.5.2.	시간 과정 도입	303
8.5.3.	궁창을 만드심	304
8.5.4.	풀과 나무들을 창조하심	305
8.5.5.	해와 달과 행성들을 지구 둘레에 배정하심	306
8.5.6.	물과 공기에 사는 생명체들을 창조하심	307
8.5.7.	땅 위에 사는 짐승들을 창조하심	308

제6절 사람을 하나님의 형상으로 창조하심 ... 309

8.6.1.	창조경륜	309
8.6.2.	하나님의 형상 곧 인격체로 사람을 창조하심	310
8.6.3.	땅의 티끌로 몸을 창조	310
8.6.4.	영혼을 도덕적, 지성적 성품을 가진 영적 실체로 창조하심	311
8.6.5.	백성 삼는 언약을 체결	311
8.6.6.	사람을 남자와 여자로 창조하심	311

제7절 영적 세계를 창조하심 ... 312

8.7.1.	천사들을 창조하심: 물리적 세계와 동시에 창조됨	312
8.7.2.	천사의 존재	313
8.7.3.	천사들의 지식	314
8.7.4.	천사들의 직임	315
8.7.4.1.	천사들은 창조주 하나님을 찬양하고 경배하도록 창조됨	315
8.7.4.2.	하나님은 그의 작정과 경륜을 천사들을 통해서 집행하심	316
8.7.4.3.	천사는 하나님의 계시와 명령을 전달	316

	8.7.4.4.	천사들은 언약백성을 지킴	316
	8.7.5.	천사들의 분류	317
	8.7.5.1.	보좌들, 주관들, 정사들, 권세들	317
	8.7.5.2.	스랍들, 가브리엘, 미가엘	318

제8절 천사들의 범죄 … 318

8.8.1.	사탄과 그 무리가 범죄함	318
8.8.2.	사탄의 범죄의 시기	319
8.8.3.	사탄의 범죄: 하나님의 자리에 오르려고 반역함	319
8.8.4.	타락한 천사들의 수를 사람으로 채움의 문제	320
8.8.4.1.	타락한 천사들의 수를 사람들 중 택한 자들로 채운다는 주장	320
8.8.4.2.	타락한 천사들의 수를 사람들로 채움	321
8.8.4.3.	인류를 하나님의 백성으로 삼기로 하심	322
8.8.5.	천사 창조를 부정하는 근세신학	322

제9절 창조를 부정하는 근세신학 … 324

8.9.1.	슐라이어마허	325
8.9.1.1.	하나님이 창조하셨다고 하는 진술은 순전한 의존성을 표현한다는 것임	325
8.9.1.2.	현상대로 있는 보존을 창조라고 함	325
8.9.1.3.	보존은 종을 따라 새로운 개물이 나타나는 것임	326
8.9.1.4.	개별존재들이 새롭게 발생하는 것은 반복적인 신의 활동임	326
8.9.1.5.	개별사물들이 교대로 나타난 것을 보존 곧 창조로 봄	327
8.9.1.6.	세계를 창조된 것으로 보는 것은 전적 의존감정의 표현	327
8.9.1.7.	보존에서 새로운 개물들이 나오는 것이 창조활동	327
8.9.1.8.	성경의 시작에 창조론을 넣은 것은 지적 호기심에서 나온 것이라고 함	328
8.9.1.9.	창조는 경건한 자기의식에 모순된다는 것	328
8.9.1.10.	창세기의 창조설화는 역사적이 아니라는 것	328

8.9.1.11.	창조론 논의는 교의학의 업무가 아니라고 함	329
8.9.2.	칼 발트	329
8.9.2.1.	창조: 의존성의 관계개념	330
8.9.2.2.	성경의 창조 문장: 신앙 문장	330
8.9.2.3.	창조: 예수 그리스도가 메시아임을 말하는 것	331
8.9.2.4.	창조 기사: 신앙 문장	331
8.9.2.5.	성경의 창조 역사=비사실적 역사 곧 싸가	332
8.9.2.6.	창조: 은혜언약의 역사를 위한 공간 마련	333
8.9.2.7.	영원은 과거, 현재, 미래의 통일인 순간	333
8.9.2.8.	창조주 하나님도 시간적	334
8.9.2.9.	창조 역사는 환상에서 나온 것인데도 믿음을 요구한다고 함	334
8.9.2.10.	창조 사건들을 싸가로 말함	335
8.9.2.11.	낙원은 실재 자리가 아니고 환상에서 기원하였음	335
8.9.2.12.	선악의 지식 나무 싸가: 하나님의 주권을 침해하지 못하도록 만든 것이라는 것	336
8.9.2.13.	남녀 창조: 원인론적 신화	336
8.9.2.14.	결론: 자존하신 하나님도 없고 무에서의 창조도 없다	337
8.9.3.	폴 틸리히	337
8.9.3.1.	창조: 존재가 존재물로 나타남; 곧 계속적인 일	338
8.9.3.2.	결론: 신은 존재자체이고 창조는 존재가 존재물로 구체화됨임	339
8.9.4.	칼 라아너	339
8.9.4.1.	창조: 인과적 사건 아님	340
8.9.4.2.	창조: 존재 통보로 존재자가 늘 나오는 것을 말함	340
8.9.4.3.	창조: 세계가 신에게 의존해 있음을 말함	341

제9장 섭 리

제1절 섭리의 정의 ………………………………………………… 345
    9.1.1. 섭리의 두 요소: 보존과 통치 ……………………… 345
제2절 섭리의 작정과 목표 ……………………………………… 346
    9.2.1. 섭리의 작정 ……………………………………………… 346
    9.2.2. 섭리의 목표는 창조경륜을 성취함임 ………… 347
    9.2.3. 섭리주 …………………………………………………… 348
제3절 붙드심 ……………………………………………………… 349
    9.3.1. 섭리주는 만물을 그 성질과 법칙대로 보존하심 349
    9.3.1.1. 토마스의 보존 개념: 존재를 흘러들어가게 해서 보존함 350
    9.3.1.2. 존재를 부어넣음이 아니고 만물을 붙드심이라고 해야 함 350
    9.3.2. 만물이 변형되어 다른 종이 되지 않게 붙드심 … 351
    9.3.3. 만물에게 생명을 주셔서 붙드심 ……………… 351
    9.3.4. 창조주는 만물의 종을 보존하심 ………………… 351
제4절 통치권의 위임과 보존을 위한 사람의 책임 ………… 352
    9.4.1. 통치권의 위임은 창조물의 보존의 책임을 지는 것임 352
    9.4.2. 땅을 다스림은 땅의 형질과 형체와 토질을 보존함임 353
    9.4.2.1. 땅의 형체를 변형하여 완전한 파괴를 자행함은 불가함 354
    9.4.2.2. 토질을 완전히 파괴함은 불가함 ……………… 355
    9.4.2.3. 처음 토질을 보존해야 함 ……………………… 356
    9.4.3. 생명체들의 종을 보존해야 함 …………………… 356
    9.4.3.1. 바다의 생명체들을 종으로 보존해야 함 ……… 357
    9.4.3.2. 공중의 새들을 보존함 …………………………… 358
    9.4.3.3. 땅의 모든 동물들을 보존해야 함 ……………… 358
제5절 다스림 ……………………………………………………… 359
    9.5.1. 정의 ……………………………………………………… 359
    9.5.1.1. 창조주가 세운 법칙대로 움직이게 역사하심 … 360

9.5.1.2.	합리적인 피조물들의 자유의지의 결정과 행동을 막지 않으심	360
9.5.1.3.	허용의 작정	360
9.5.1.4.	다스림의 목적	361
9.5.2.	일반섭리	361
9.5.3.	특별섭리	362
9.5.3.1.	창조경륜을 이루시기로 정하심	362
9.5.3.2.	특별섭리는 범죄한 백성을 돌이킴을 목표	362
9.5.3.3.	복음전파를 막는 세력들	363
9.5.3.4.	복음전파와 적그리스도 세력들의 충돌	363
9.5.3.5.	기적들의 역할	364
9.5.3.6.	그리스도인들의 직임	365
9.5.4.	생명체들을 다스림은 인류 종족의 책무	365
9.5.4.1.	다스림은 모든 생명체의 종들이 끊어지지 않고 살아가도록 보살핌이다	366
9.5.4.2.	종들의 자람을 보장해야 한다	366
9.5.4.3.	생명체들의 생존환경을 허물면 안 된다	367
9.5.4.4.	멸종 상태의 생명체들을 복원하여 다시 번성하도록 하는 것이 사람의 책임이다	367
9.5.4.5.	허물었던 지형과 산들과 언덕들과 토질을 회복해야 한다	368

성경 색인

구약		372
신약		374
라틴어와 다른 언어 용어 색인		378

제1장

서론

하나님론 (신론)은 하나님의 인격과 그의 속성과 사역에 대해서 배우는 신학이다. 곧 삼위일체 하나님의 존재방식을 배우고 하나님이 어떤 사역을 하셨는지도 살핀다. 모든 사역에서 작정을 세우셔서 일하심과 그 중심점으로 창조경륜을 가지셨음을 살핀다.

하나님론은 이렇게 하나님 자신에 관해서 배우므로 신학의 핵심이다. 그래서 하나님론을 신학정론 (神學正論)이라고 한다.

1.1. 정의

하나님론은 하나님의 존재 곧 삼위일체 하나님의 존재방식과 그의 작정과 사역에 관해서 배우는 신학이다.

우리는 먼저 하나님은 어떤 존재이신가에 대해서 배운다. 하나님의 존재라고 할 때 신 존재 (神存在) 증명의 뜻이 결코 아니다. 피조물은 결코 신 존재 증명을 할 수 없다. 하나님이 만물을 창조하시고 스스로 자신을 계시하셨다. 모든 창조물에 하나님이 자신의 권세와 신성을 인각해 놓으셨다 (롬 1:20). 하나님의 존재는 그의 창조와 계시에서 명백하게 나타나 있다. 그러므로 하나님의 존재는 자명하다.

따라서 우리는 하나님의 존재 증명을 시도할 필요가 없다.

우리는 하나님의 존재 곧 인격에 관해서 배운다.

1.2. 하나님의 존재

1.2.1. 하나님은 스스로 존재하시는 무한한 영이시다

하나님은 스스로 계시므로 무한하고 영원하시다. 그가 자기 존재의 시작이고 원인이시다.

무한한 영이신 하나님은 그의 지혜와 권세와 생명이 넘치므로 그의 작정대로 만물을 창조하셨다. 따라서 하나님만이 자존하시는 존재자이시고 모든 존재자들은 창조되었다.

1.2.2. 하나님은 창조주이시다

하나님은 무한한 지혜와 권능을 가지셨으므로 만물을 창조하기를 기뻐하셨다. 무지나 충동에 의해서 창조하신 것이 아니고 모든 것을 작정하고 계획하여 만물을 단번에 창조하셨다.

창조주 하나님은 창조경륜을 가지셨다. 사람을 창조하셔서 한 백성으로 만드시고 그들 가운데 거하시며 찬양과 경배를 받기를 기뻐하셨다.

1.2.3. 하나님은 구속주이시다

인격체로 이루어진 창조세계에 죄가 들어왔다. 창조주 하나님을 섬기도록 지어진 사람들이 하나님 섬김을 거부하는 반역을 일으켰다. 이 반역 때문에 죽음과 저주가 창조세계에 임하여 왔다.

그러나 하나님은 반역한 백성을 구원하여 처음 창조경륜을 이루기로 하셨다.

1.2.4. 하나님은 삼위일체 하나님이시다

하나님은 삼위일체 하나님으로 계신다. 한 하나님이 세 위격으로 존재하시지만 실체가 하나이고 동일하고 분할 불가하므로 한 하나님이시다. 한 하나님이 삼위일체이시고 삼위일체가 한 하나님이시다.

이런 하나님의 존재방식은 피조물이 영구히 탐구할 수 없다. 믿음으로 확실하게 아는 길뿐이다.

1.3. 하나님의 속성

하나님은 무한한 영이시므로 절대적인 인격이시다. 그래서 하나님만의 독특한 성품을 가지셨다. 이 성품을 속성(屬性)이라고 이름한다.

하나님의 속성은 전유적(專有的) 속성과 유비적(類比的) 속성으로 나눈다. 전유적 속성은 하나님의 무한한 신성에 대해 말할 수 있는 속성이다. 자존성, 단순성, 유일성, 무한성과 불변성을 전유적 속성으로 지목한다. 하나님에게 있는 속성은 다 전유적 속성이다.

그러나 하나님이 합리적 영적 피조물을 만드셔서 인격체로서 성품들을 갖게 하셨다. 하나님의 속성이 유비적으로 피조물들에 있게 하셨다. 그래서 유비적 속성이라고 한다.

생명, 지성, 의지, 선, 의, 자유, 권능, 아름다움과 거룩 등을 유비적 속성으로 이름한다. 이 속성들 중에서 거룩을 가장 잘 이해해야 한다. 거룩은 전유적 속성이라고 이름해야 합당하다. 하나님은 무한한 신성이신데 이 신성이 표현되면 언제나 거룩으로 나타난다. 거룩은 하나님의 신성의 표현이다. 그러므로 거룩을 하나님의 도덕적 성품의 완전성이라고 하는 것은 합당하지 않다.

1.4. 삼위일체 하나님

한 하나님이 아버지와 아들과 성령으로 계심이 풀 수 없는 신비이다. 하나님이 세 위격으로 구분되어 계심을 표현하기 위해서 교부들은 위격들의 특성을 표기하였다. 그러나 아들의 출생과 성령의 출래가 무엇을 뜻하는지 교부들은 밝히지 못하였다.

본 저자는 교부들이 남긴 자리에서 시작하여 신비를 풀기를 바랐다. 그래서 아들의 출생을 하나님의 자기 객관화로, 이 객관화가 한 인격으로 계심으로 설명하였다.

성령의 출래를 갑바도기아 교부들은 침묵으로 존중해야 한다고 하여 아무런 설명을 할 수 없는 것으로 정하였다.

그러나 본 저자는 성령의 출래를 하나님의 충만 곧 무한한 신성의 현시로 밝혔다. 무한한 신성의 현시가 한 인격을 이룬다.
　근세신학은 삼위일체 교리를 해소하였다. 또 이 해소를 네 신학자의 신학으로 예시 (例示)하였다.

1.5. 창조경륜

　하나님은 사역을 하실 때 그의 무한한 지혜와 권능으로 미리 계획하고 작정하여 일하신다. 작정은 하나님이 하실 일을 미리 계획하심이다. 그래서 전통적 신학자들은 작정과 경륜을 일치시켜 왔다. 경륜은 하나님이 자기의 백성을 가지려고 의논하심을 말한다.
　하나님의 계획의 첫 자리는 창조경륜이다. 하나님은 창조주로서 우주 만물을 창조하시고 합리적 도덕적 존재를 창조하셔서 그들로 하나님을 찬양하고 경배하는 일을 전담하게 하셨다.
　창조주 하나님은 이 목적을 위해서 만물을 창조하시고 모든 섭리를 진행하신다. 하나님의 작정에는 창조 작정, 섭리의 작정, 인류의 범죄와 관련하여 예정 작정 등이 제시되었다. 그러나 모든 작정들은 창조경륜을 이루시고 하나님이 찬양과 영광을 받으심을 목표하고 작정되고 성취된다.

1.6. 만물 창조

1.6.1. 순간 완결된 창조

무한한 지혜와 권능을 가지신 하나님은 말씀만 하심으로 만물을 무에서 단번에 창조하셨다.

창조주가 하늘을 창조하실 때 천체들과 영적 세계도 함께 창조하셨다. 순간에 물리적인 세계와 영적 세계를 단번에 창조하셨다.

하나님은 무한한 지혜와 권세로 모든 것을 다 미리 작정하시고 계획하셨으므로 단번에 만물을 창조하시는 것이 아무 문제가 되지 않는다. 두 단계 창조 곧 원시물질을 먼저 만드시고 다음에 그 물질로 현상으로 조성하셨다는 것은 성경의 가르침이 아니다. 처음 창조 시 만물을 단번에 완전하게 창조하셨다.

1.6.2. 전능한 창조주

하나님은 창조와 창조 후의 역사의 진행을 다 미리 정하시고 계획하셨다. 무한한 지혜와 권세로 창조주는 모든 창조를 미리 다 작정하셨다.

아버지 하나님은 창조를 작정하시고 계획하셨다. 아들 하나님은 아버지의 작정대로 만물을 단번에 창조하셨다. 성령 하나님은 창조된 만물을 질서와 생명과 아름다움으로 완성하셨다.

창조를 최종으로 마감하고 완성하시는 하나님은 직접적 창조주이신 아들 하나님이시다. 모든 교부들은 아들 하나님이 직접적 창조주이시고 창조를 마감 완성하시는 위격이심을 다 인지하였다.
직접적 창조주가 창조를 마감하심을 아는 것이 바른 신학이다.

1.6.3. 창조의 목표

창조주 하나님은 자기의 무한한 지혜와 권능으로 만물을 창조하시므로 그의 조물들을 즐기기를 기뻐하셨다.
그리고 온 인류로 그의 창조를 인해 창조주를 영원히 찬양하고 경배하기를 바라셨다.

1.6.4. 창조의 부정

근세신학은 다 삼위일체 교리와 하나님의 성육신의 교리를 부정한다. 따라서 근세신학자들은 창조를 부정하여 사물들이 현상대로 있는 것을 창조라고 번안(飜案)하여 무에서의 창조를 완전히 부정한다.

1.7. 섭리

창조주 하나님은 창조 작정을 계획하실 때 창조와 역사의 진행도 다 정하셨다.
섭리의 목표는 창조경륜을 이루심이다. 반역한 백성을 돌이켜 다시 자기의 백성으로 삼기 위해 하나님이 친히 속죄를 담당하기로 하셨다. 그리하여 범죄한 백성을 그리스도로 구속하사 창조경륜을 이루기로 하셨다. 섭리의 목표는 하나님의 창조경륜을 이루심이다.

또 섭리에는 사람에게 창조를 다스리고 보호하는 책임이 주어져 있다. 사람은 창조를 잘 보존하는 책임을 지니고 있다. 또 범죄 후에 인류는 상처입고 파손된 창조를 다시 복원하는 책임을 지고 있다.

제2장

하나님의 존재

Trinitas et Illius Opera

우리는 종교개혁의 전통으로 신학한다. 곧 믿음으로 신학한다. 믿음으로 신학하는 것은 하나님의 계시를 하나님의 말씀으로 믿으며 그 계시의 말씀으로 신학함을 말한다.

그러므로 우리는 하나님의 존재라는 제목으로 말할 때 하나님이 존재하느냐 아니하느냐를 이성으로 증명하는 시도를 말하는 것이 아니다.

여기서 우리는 앞으로 배울 하나님의 존재 곧 인격을 살피려고 한다. 성경과 창조에 계시된 대로 하나님의 자기 존재의 계시를 살피는 것이다.

하나님은 사람을 창조하실 때 그의 형상으로 지으셨다 (창 1:26-27). 그러므로 모든 사람은 죄성의 역사에도 불구하고 전능하신 창조주 하나님이 계심을 마음속 깊은 곳에서 인정한다. 하나님이 실제로 만물을 창조하셨음도 인정한다. 또 사람은 창조주가 그의 창조한 세상을 다스리심도 인정한다.

창조주는 그의 신성과 권능을 그가 창조하신 모든 만물에 새겨 놓으셨다 (롬 1:20-21). 그런데도 창조주 하나님이 안 계신다고 주장하거나 모른다고 하는 주장은 불의로 진리를 막는 것일 뿐이다 (롬 1:18-19). 하나님을 알지 못한다고 하거나 없다고 하는 주장은 핑계일 뿐이다. 어떤 사람이든지 결코 핑계할 수 없다 (롬 1:20).

더구나 창조주 하나님은 그의 말씀계시에서 자기의 존재와 창조 사역을 분명하고 확실하게 계시하고 설명하셨다.

그러므로 우리는 말씀계시에 의거해서 하나님의 존재를 살핀다.

제1절 하나님의 존재

하나님만이 자기 존재에 대해 확실하고 참된 제시를 하실 수 있고 또 계시하셨다.

하나님은 그의 작정대로 온 만물을 창조하심으로 창조주가 되셨다. 창조주는 그의 모든 창조에 자기의 신성과 권능과 지혜를 다 드러내셨다. 또 그는 자기의 창조를 해석하시므로 창조주로서의 신분을 확인하셨다.

하나님은 영이시므로 인격이어서 말씀으로 주신 계시에서 자신을 온전히 알리셨다. 우리는 말씀계시 곧 성경계시에서 하나님의 존재를 배우고자 한다.

하나님은 창조와 그의 말씀계시에서 자기를 알리실 때 스스로 계시는 무한한 영으로 알리셨다. 또 하나님은 만물을 창조하시고 해석하시므로 자기가 창조주이심을 확인하셨다. 또 하나님은 타락한 인류를 돌이켜서 자기의 백성으로 삼으시기 위해서 그리스도 안에서 자신을 구속주로 계시하시고 역사하셨다.

창조주 하나님은 그냥 한 하나님이 아니라 자신을 한 하나님이시면서 세 위격으로 계심을 알리셨고 그렇게 역사하셨다. 곧 우리의 하나님은 자신이 삼위일체 하나님이라고 알리셨다.

우리는 앞으로 성경과 창조에서 자기 자신을 계시하신 대로 하나님에 대해서 배울 것이다.

2.1.1. 스스로 계시는 무한한 영 (Spiritus infinitus a se ens)

우리의 하나님은 스스로 계시는 존재자로 자신을 계시하셨다. 자기 스스로 존재하시는 하나님은 무한한 영이시다. 스스로 계시므로 하나님은 자기가 자기 존재의 원인이시다. 하나님은 자기의 존재를 스스로 가지시므로 필연적 존재이시다. 따라서 하나님의 존재는 신비 자체이다.

하나님은 무한한 신성과 생명과 지혜와 권능을 가지신 존재이시므로 피조물은 도저히 그 존재를 헤아릴 수도 없고 퍼낼 수도 없다. 무한한 신성과 생명을 가지신 하나님이 한 존재자로 계시는 것이 말로 할 수 없는 신비이다. 하나님은 무한한 신성과 생명을 가지셨으므로 완전하고 영원한 영으로 계신다. 물리적이거나 피조물과 같은 존재이실 수가 없다.

하나님은 영이시므로 시간과 공간의 제약에 전혀 제한되시지 않는다. 공간도 하나님이 창조하셨으므로 영이신 하나님은 그런 피조물적인 공간에 제약을 받으실 수가 없다. 그러므로 무한한 영으로서 하나님은 편재하신다. 편재가 하나님의 존재방식이다.

모든 피조물들은 다 하나님의 창조에 의해서 존재하게 되었다. 그들의 시작은 전적으로 창조주의 창조사역에 근거한다.

그러나 만물을 무 (無, nihil)에서 창조하신 하나님은 스스로 존재하시므로 시작이 전혀 없다. 그의 존재의 시작이 전혀 없으므로 그 자신이 스스로 존재하시고 영원히 존재하신다. 그러므로 그는 시작과 끝이 없다. 알파와 오메가 곧 처음과 마지막이시다 (계 1:8; 21:6; 22:13). 자기 스스로 계시므로 그의 존재에 앞선 원인이 없다. 하나님 자신이 자기 존재의 원인이시고 시작이시다. 자기로부터 계시므로 (a se ens) 하나님으로만 계신다.

하나님은 필연적으로 존재하시고 완전하게 존재하시므로 시간의 제약에 종속되지 않으신다. 시간은 무한한 영이신 하나님이 만물을 창조하시므로 함께 창조된 피조물의 존재방식이다. 따라서 창조주 하나님은 자기가 창조하신 시간의 방식에 매이시는 것이 전혀 아니다. 그는 필연적 자기 완결적 존재이시므로 시간의 방식에 전혀 매이지 않으신다.

하나님은 무한한 영이시므로 영원부터 영원까지 스스로 계신다. 피조물의 존재의 방식과 법 (法)인 시간은 영원자의 작정에 의해서 생겨난 것일 뿐이다.

하나님은 자신이 스스로 계심을 밝히시기 위해 자기의 이름을 여호와 (Jehova, Yahweh, היָה; 창 2:7)로 알리셨다. 여호와 혹은 야웨는 '나는 있다'는 뜻이다. 본래 이 이름은 있다는 동사 היה (하야)의 히필 (hiphil) 미완료형이다. 그러므로 늘 계시는 분을 표현한다.

하나님은 자기 자신이 자기로 말미암아 존재하심 곧 스스로 존재하는 하나님이심을 표현하기 위해서 여호와를 자기의 이름으로 정하셨다. 그리스도도 자기가 자존하시는 하나님이심을 밝히기 위해서 여호와의 희랍어 역인 ἐγώ εἰμι (에고 에미), 나는 있다'는 이름으로 자기가 구약의 여호와이심을 밝히셨다 (요 8:24, 28).

하나님은 아담을 창조하시고 그와 언약을 맺으실 때 자기의 이름 여호와를 사용하셨다 (창 2:4-22). 언약을 맺으실 때 여호와라는 이름을 말씀하시므로 신실하신 하나님은 언약을 기어이 이루실 것임을 밝히신 것이다. 스스로 계시는 분이므로 이 이름으로 일컬어지는 하나님과 언약을 맺으므로 영원히 그 언약을 변치 않고 지키실 것임을 밝히셨다.

하나님은 무한한 영 (Spiritus infinitus)이시다. 그러므로 하나님의 지혜와 권능과 지식과 그의 존재방식을 헤아릴 수 없다.

하나님은 영이시므로 (Πνεῦμα ὁ θεός, 요 4:24; 고후 3:17) 무한하시다. 하나님이 물질적 존재이면 그의 존재가 유한하고 지식과 지혜와 권능이 유한할 것이다.

하나님은 영원하시고 거대하시므로 그의 작정과 활동에 한계를 정할 수 없다. 무한한 영으로서 하나님은 그의 작정대로 일하신다. 하나님은 그의 작정을 무한한 지혜와 권능으로 이루어내신다.

하나님은 스스로 계시고 스스로 작정하시며 스스로 일하신다. 하나님은 스스로 계시므로 필연적으로 계신다.

하나님은 그의 사역을 미리 작정하시고 그 작정대로 이루어내신다. 곧 하나님은 인격으로 존재하시고 인격으로 일하신다. 스스로 모든 것을 결정하고 그 결정을 이루어내신다. 한번 작정한 그의 계획을 바꾸시는 법이 없다. 곧 하나님은 절대적 인격이시다.

하나님은 그의 권능과 생명이 무한하므로 그의 작정과 계획대로 창조를 이루어내셨다. 무한한 지혜와 권능과 생명으로 만물을 무에서 창조하시고 창조한 만물을 무에다 벌려놓으셨다. 곧 완전한 창조를 이루셨다.

무한한 영이신 하나님은 만물을 무에서 창조하신 창조주이시다.

2.1.2. 창조주 하나님

하나님은 자신을 창조주로 계시하고 신분확인하셨다. 그뿐만 아니라 창조주 하나님은 자기의 창조를 해석하고 설명하셨다. 창조의 방식과 그 과정도 밝히셨다. 이로써 하나님은 자기가 모든 만물을 창조하신 창조주이심을 확인하신 것이다.

하나님은 그의 작정대로 만물을 무한한 지혜와 권능으로 불러내셨다. 아무것도 없는 데서 만물을 창조하셨다.

하나님은 창조를 이루어내실 때 창조경륜을 가지셨다. 창조경륜은 하나님이 자기의 백성을 가지시고 그 백성 가운데 거하시며 찬양과 경배를 받으시는 것을 뜻한다.

하나님은 창조경륜을 이루시기 위해 아담을 하나님의 형상으로 지으셨다. 그리고 그와 언약을 맺어 자기의 백성으로 삼으셨다. 언약백성은 하나님을 잘 섬겼다.

하나님을 섬기는 삶을 살다가 유혹자의 유혹을 받아 하나님 섬김을 거부하여 반역을 일으켰다. 그리하여 하나님은 반역자에게 저주와 죽음을 선언하셨다. 이것은 반역죄에 합당한 형벌이다.

그러나 하나님은 반역한 백성을 돌이켜서 다시 자기의 백성으로 삼기로 하셨다. 하나님은 사람이 범한 죄의 값을 친히 갚으심으로 이 일을 이루기로 하셨다. 그리하여 창조주가 구속주로 역사하셨다.

2.1.3. 구속주 하나님

창조주 하나님은 인류의 반역에 맞서서 답하셨다. 그 죄에 맞게 저주와 죽음을 선언하셨다. 범죄로 말미암아 죽음이 인류세계에 철칙으로 들어왔다. 거룩하신 창조주를 찬양하고 경배하던 인류가 다 죽음에 매여 땅 위에서 사라지게 되었다.

창조주 하나님은 이렇게 범죄하여 죽게 된 인류를 불쌍히 여기셨다. 그들을 다시 돌이켜서 자기의 백성으로 삼으시므로 그의 창조경륜을 이루기로 하셨다.

하나님의 공의는 범죄한 본성이 죗값을 갚아야 하는 것이다. 그러나 아무도 그 죗값을 갚을 수 없었다. 죗값을 갚지 않으면 죗값대로 모든 인류가 죽어야 한다. 죽음 외에 다른 길이 없다. 하나님의 백성이 되도록 언약을 맺어 하나님을 찬양하고 섬기던 백성들이 다 죽어 없어지게 되었다.

죗값을 갚을 수 없는 인류를 다시 돌이켜 자기의 백성으로 삼기 위하여 하나님이 인류의 죗값을 대신 갚기로 하셨다. 그 죗값을 갚는 길은 하나님이 사람의 자리에 오시는 것이다. 하나님이 사람이 되어 사람의 자리에 오셔서 대신 죗값을 갚으시므로 다시 백성을 돌이키시기로 하셨다. 죗값을 갚는 길은 죗값대로 십자가에서 피 흘리시는 것이다.

이렇게 창조주 하나님이 범죄하여 다 망하게 된 인류를 구원하기 위해서 사람이 되어 오셔서 구원을 이루시므로 구주가 되셨다. 창조주가 구속주가 되셨다. 자기의 창조를 구속하기 위해서이다.

2.1.4. 삼위일체 하나님

유일하신 하나님이 창조와 구속사역에서 자신을 삼위일체 하나님으로 계시하셨다. 하나님은 창조주와 구속주로서 한 하나님이시지만 그의 사역의 과정에서 삼위일체이심을 드러내셨다.

한 하나님이 그 내적 존재방식에서는 아버지와 아들과 성령으로 계심이 계시 과정에서 밝히 드러났다. 한 하나님이시므로 일체이고 세 위격이므로 삼위일체이시다. 한 실체 곧 한 신적 본성이므로 일체이시고 세 위격으로 계시므로 삼위일체이시다.

한 하나님이 삼위로 계심은 하나님이 육신이 되심에서 가장 명백하게 나타났다. 삼위일체의 신비는 인간의 이성으로는 도저히 이해할 수도 풀 수도 없는 진리이다.

이 삼위일체 하나님의 신비를 더욱 깊이 있게 배우고자 한다.

제2절 하나님의 존재 증명 불필요

하나님은 무한하신 영적 존재이므로 그 존재를 사람이 이성으로 증명할 수 없다.

하나님의 존재를 증명하려고 하는 시도는 신학을 철학으로 표현하는 것이 신학함의 바른 방식으로 이해되어 생겨났다. 그리하여 중세에 인간의 이성으로 신 존재를 증명하려는 시도가 일어났다.

하나님의 존재를 인간의 이성으로 증명하려는 시도는 칸터베리의 안셀무스 (Anselmus of Canterbury, 1033/34-1109)가 시작하였다. 이 존재 증명 논의는 존재론적 증명이라고 한다.

그 후에 토마스 아퀴나스 (Thomas Aquinas, 1225-1274)가 아리스토텔레스의 자연철학으로 5개조로 된 신 존재 증명 시도를 하였다. 그 후에도 신학자들과 철학자들이 하나님의 존재 증명을 시도하였다.

그러나 종교개혁자들은 신 존재 증명 시도 자체를 쓸어버렸다. 종교개혁은 신학함 (doing theology, theologisieren)에 있어서 전적으로 계시에 의존해서 하기로 정하였기 때문이다. 인간의 이성 곧 자연이성과 계시를 합쳐서 신학하는 것이 아니고 하나님의 계시만으로 시작하였기 때문이다.

신학함에 있어서 이성과 믿음으로 하는 것이 아니라 전적으로 믿음만으로 신학함이 바른 법이다.

2.2.1. 하나님은 스스로 존재하시는 존재자이시다

하나님의 존재는 결코 인간의 이성으로 증명할 수 없다. 인간의 이성으로 증명했다고 하는 신적 존재는 창조주 하나님일 수 없고 성경에서 자기를 계시하신 하나님일 수 없다. 그런 존재는 인간의 이성의 추정과 투사에 의해서 만들어진 존재일 뿐이다. 인간의 이성은 사물의 존재는 확인할 수 있고 그 존재를 증명할 수는 있다.

그러나 창조주 하나님의 존재는 증명할 수 없다. 오히려 하나님은 창조와 계시로 자기 자신을 계시하셨다.

철학으로 신학하는 원칙을 정한 시대에 인간의 이성으로 하나님의 존재를 증명하려고 하는 시도들이 있었다. 중세에 이 일이 시작되었지만 근세에도 이런 증명시도는 일어났다. 그러나 이런 시도들은 이성으로 신학하려고 하기 때문에 일어난 일이다. 신학은 자연이성으로 하는 것이 아니고 하나님의 계시로 한다. 그러므로 계시로 신학을 한 종교개혁자들은 다 신 존재 증명시도를 버렸다.

하나님이 자신을 계시하셨는데 무슨 증명이 필요한가?

2.2.2. 하나님의 존재는 인간의 이성으로 증명할 수 없다

창조주 하나님의 존재는 이성이 고안한 방식으로 증명할 수 없다. 하나님은 스스로 존재하시는 영원한 존재이시다. 그러므로 이성의 방식으로 그 존재를 증명할 수 없다. 하나님은 지혜와 권능이 무한하신 전능하신 창조주이시다.

그런 존재는 피조물의 존재방식의 유비로 증명할 수 있도록 논의를 전개할 수 없다. 스스로 존재하시는 하나님은 자기의 존재의 원인이시다. 하나님 밖에서 하나님의 존재 원인을 찾을 수 없다. 스스로 존재하시는 하나님은 필연적 존재이시다. 그러므로 피조물의 존재방식의 유비를 적용할 수 없다.

인간의 이성으로 그 존재를 증명할 수 있는 존재는 피조물의 존재에 국한한다. 모든 존재자들을 창조하신 하나님은 그 존재방식이 피조물의 존재방식과 전혀 다르다. 하나님은 존재자이셔도 피조물의 존재방식으로 존재하지 아니하신다. 피조물은 피조물의 존재방식을 갖는다. 피조물의 존재방식을 창조주가 제정하셨다.

모든 존재자들은 창조주의 창조로 존재하기 시작하였다. 하나님의 창조가 모든 존재자들의 존재방식의 시작이다. 그러므로 시작을 갖는다. 그것은 시간이 모든 존재자들의 존재방식임을 말한다. 시작이 있으므로 모든 존재자들은 마침이 있다. 존재자는 그 시작과 마침 사이에서 존재한다. 시작과 마침이 있는 것이 피조물들의 존재방식이다.

창조주 하나님은 시간을 창조하셨다. 시간을 제정하사 모든 피조물의 존재방식이 되게 하신 이는 시간에 종속하지 않는다. 창조주는 그가 지으신 피조물의 존재방식인 시간에 종속할 수 없다. 시간의 방식으로 존재하는 존재자들은 시간을 창조하신 창조주를 증명할 수 없다. 창조주 하나님은 시간의 방식으로 존재하는 존재물들 중 하나가 아니기 때문이다.

창조된 존재물은 제한된 방식으로 존재한다. 창조되어 일정한 존재방식을 부여받았기 때문이다. 모든 존재자는 창조된 목적대로 존재한다. 즉 그 존재자들은 자기 존재의 성질과 법칙을 받아가졌다. 창조된 사물로 존재한다는 것은 일정한 방식으로만 존재할 수 있음을 말한다. 자기의 존재방식의 법칙을 벗어나면 이미 그런 존재자로 있기를 중지하는 것이다. 창조주는 피조물의 존재방식에 종속하지 않는다. 따라서 인간의 이성은 하나님의 존재를 증명할 수 없다.

하나님은 스스로 존재하신다. 스스로 존재하시기 때문에 영원부터 존재하시고 필연적으로 존재하신다. 하나님은 자기가 자기 존재의 원인이시므로 자기 존재 원인을 자기 밖에서 구할 수 없다. 이런 하나님의 존재는 인과율에 기초해서 증명하는 인간 이성이 증명할 수 없다.

하나님은 증명되어 그 존재를 허락받는 존재가 아니다. 인간의 이성으로 증명한다고 존재의 권리를 허락받는 것이 아니다. 증명되어 존재하는 존재자는 하나님이 아니다. 과학적 사실들은 발견하므로 그때부터 그 존재가 인정되고 정당한 존재자로 인정받는다. 하나님은 스스로 존재하시고 모든 존재자들을 있게 하셨기 때문에 하나님의 존재 증명 자체가 부당한 언어 구성이다.

하나님은 스스로 존재하시므로 창조와 계시를 하실 수 있는 존재자이시다. 창조를 이루신 하나님은 자기의 피조물들에게 자기를 알리신다. 자기의 존재만 알리시는 것이 아니라 자기의 창조도 알리셨다. 하나님의 존재를 증명하려고 하는 시도도 하나님의 창조와 계시 때문에 일어날 수 있게 되었다.

2.2.3. 하나님은 자기의 존재를 계시하셨다

하나님은 스스로 존재하시고 스스로 자기의 존재를 알리셨다. 하나님은 자기의 존재에 관심을 갖는 인간에게 자기를 계시하셨다. 하나님은 인간을 자기의 형상을 따라 지으심으로 하나님의 피조물이란 의식을 갖게 하셨다. 즉 모든 사람은 다 신 의식(神意識, sensus divinus)을 갖는다. 사람이 신 의식을 갖는다는 것은 하나님의 존재와 그의 창조사역을 증거하는 것이다. 어떤 사람들이 하나님의 존재를 부인하기는 하나 그것은 그 마음 가장 깊은 내면에서까지 부인하는 것이 아니다. 신 의식이 역사하여 하나님의 존재를 부정하지 못하게 한다. 그리고 신 의식은 하나님이 인간과 전 세계를 창조하셨다는 것을 증거한다.

그러므로 신의 존재를 증명하여 하나님의 존재를 믿고 받아들이는 것이 아니다. 하나님의 존재는 증명 없이 받고 자명하게 드러난다. 왜냐하면 하나님은 창조로 자기 자신을 계시하셨기 때문이다.

하나님은 무한한 지혜와 권능을 가지셨으므로 이 세계를 무에서 홀로 창조하셨다. 만물을 무에서 창조하시어 무에 배열하심으로 하나님이 존재하실 뿐만 아니라 영원하고 필연적인 존재임을 드러내셨다. 또 만물을 그의 작정대로 창조하셨으므로 그의 지혜와 권능과 작정도 다 인각해놓으셨다.

창조주는 그의 창조를 운행하신다. 창조주는 만물이 지어진 대로 성질과 법칙을 드러내어 그의 권능과 지혜와 작정을 드러내고 선포하게 하셨다 (시 19:1-6). 그리하여 모든 사물은 다 창조주 하나님을 계시하는 작업을 수행한다. 하나님을 계시하지 않는 사물은 이 세계에 존재하지 않는다. 만물이 하나님을 계시하는 기능 때문에 지성을 가진 피조물들이 창조주 하나님의 존재와 그의 인격을 알 수 있게 되어 있다.

합리적인 피조물들은 창조세계의 사물들을 봄으로 창조주 하나님이 계심을 인지한다. 그리고 하나님이 무한한 지혜와 권능을 가지신 영적 존재이심도 알게 된다. 그런 존재는 영원한 존재요 필연적인 존재라는 것을 인지한다.

모든 창조는 지성적인 피조물로 창조주가 필연적인 존재임을 알게 한다. 하나님이 처음 만물을 무에서 창조해내셨을 때 자기의 존재를 밝히셨다. 그리고 그가 모든 창조물에 그의 손자국을 인각해놓으셨다. 그러므로 사물들의 존재와 기능들을 보면서 하나님의 존재와 그의 창조를 부인할 수 없다. 하나님의 영원한 능력과 신성이 창조에 분명히 나타나 있기 때문이다 (롬 1:19-20). 하나님의 존재를 부인하는 것은 불의로 진리를 막는 경우이다.

더구나 하나님은 사람을 자기의 형상으로 지으셨으므로 하나님의 존재와 창조사역을 즉각적으로 알 수 있도록 조성하셨다. 하나님을 아는 지식을 씨로 그 형상 속에 넣으시므로 신 의식을 갖게 하셨다. 사람이 신 의식을 갖는다는 것은 창조주 하나님이 계시고 그 하나님이 천지를 창조하셨다는 것을 깨닫는 것을 말한다.

하나님의 존재와 창조사역을 부인하는 것은 죄 때문이다. 죄가 역사하여 사람들의 마음에 창조주에 대한 반감과 적개심을 일으킨다. 이로써 의도적으로 하나님의 존재와 창조를 부인하게 한다.

진화론이 가장 대표적으로 하나님의 존재와 창조를 부인하는 것으로 나타났다. 물질이 처음 어디서 생겼는가? 저절로 생겨났는가? 창조가 인류의 의식수준으로는 다 포함할 수 없는 큰 신비적인 사역이므로 여러 가설들을 낼 뿐이다. 또 물질이 어떻게 저절로 진화해서 생명체로 변해갈 수 있는가? 그런 일이 한 번이라도 사람들의 눈에 목도된 적이 있는가? 과학은 반복성의 경우에만 성립한다. 그런데 한 번도 진화론의 주장대로 물질에서 생명체로의 진화는 목도되거나 관찰된 적이 없다. 일회성은 과거에 있었다고 주장하는데 과거에 진화가 일어났다는 증거는 지구상 어디에도 성립하지 않는다.

빅뱅이론(the Big Bang theory)도 창조주와 창조를 부인하기 위해서 만들어낸 어처구니없는 가설일 뿐이다. 처음 폭발하기 전에 물질은 어디서 생겼는가? 어떻게 폭발할 만큼 물질이 스스로 집약될 수 있는가? 왜 그런 물질이 폭발할 수 있는가? 폭발하면 물질이 스스로 퍼져나가다가 별들을 만들 수 있는가? 그런 경우를 한 번이라도 관찰한 적이 있는가?

왜 별들이 한 군데 모여서 많은 은하계 같은 것을 형성할 수 있는가? 어떻게 그런 의사소통이 가능한 것인가? 빅뱅이론은 성립할 수 없는 주장이다.

    죄의 역사가 커서 사람들이 하나님의 존재와 그의 창조사역을 부인하고 있을 뿐이다.

제3장

하나님의 속성

(Proprietates Dei, Attributa Divina)

Trinitas et Illius Opera
Trinitas et Illius Opera
Trinitas et Illius Opera

    무한한 영이신 하나님, 창조주 하나님만이 가지신 고유성 혹은 특성을 속성이라고 이름한다.
    하나님도 존재자이므로 하나님으로서의 특성을 가지신다. 하나님만이 하나님으로서 갖는 고유성이 속성이다. 하나님은 무한한 영이시고 절대적 인격이시므로 피조물들과 속성을 나누어 가지실 수 없다.
    하나님의 고유성은 그의 존재와 구분되지 않는다. 하나님의 존재와 속성은 일치한다. 하나님의 특성들이 모여 하나님의 존재를 구성하는 것이 아니다. 하나님의 속성이 하나님의 존재자체이다. 둘은 구분되기는 하나 분리되는 것이 결코 아니다. 그러나 여러 속성으로 나타난 것은 유한한 능력을 가진 피조물이 바르고 합당하게 깨닫지 못해서 나타난 현상이다.
    하나님의 고유성을 통상 전유적 속성 혹은 절대적 속성과 유비적 속성으로 나눈다. 전통적으로 비공유적 속성과 공유적 속성으로 나누는 것은 합당한 분류가 아니다. 하나님에게 있는 한 다 절대적 속성이고 전유적 속성이다. 공유적 속성이라고 하는 것은 하나님에게만 있는 속성이 피조물에게도 유비적으로 나타난 것이지 하나님의 속성을 피조물이 나누어 갖는 것이 결코 아니다.
    그러므로 그것은 결코 공유적이 아니다. 하나님이 사람을 자기의 형상으로 지으셨으므로 하나님만이 가지시는 고유성이 피조수준에서 유비적으로 나타난 것뿐이다. 하나님의 속성이 피조물에게 통보된 것이 아니다. 단지 유비적으로만 그렇게 이해될 뿐이다.

따라서 하나님의 고유성은 전유적 속성 (attributa propria)과 유비적 속성 (attributa analogica)으로 나눔이 합당하다.

하나님은 그의 속성대로 계신다. 곧 하나님의 존재와 속성이 일치한다. 하나님이 그의 고유성대로 계시지 않는다면 하나님이실 수 없다. 하나님은 불변이시므로 그의 존재와 고유성은 결코 변하지 않는다. 하나님의 고유성이 하나님 자신이시다. 곧 둘은 언제든지 같고 하나이다.

단지 하나님이 행동하시면서 사람에게 나타내시는 방식에 차이가 있을 뿐이다. 사람의 이해수준 때문에 그렇게 이해될 뿐이다.

제1절 전유적 속성 (Proprietates Dei essentiales)

하나님은 무한한 영이시므로 무한한 영으로서 갖는 속성을 전유적 속성이라고 한다. 전유적 속성으로 자존성 (aseitas), 단순성 (simplicitas), 무한성 (infinitas), 불변성 (immutabilitas)을 말한다.

3.1.1. 자존성 (aseitas)

하나님은 무한한 영이시므로 스스로 계신다. 하나님 자신이 하나님의 존재 원인이시다. 자기 스스로 계시고 자기로 말미암아 존재하신다. 무한한 영이신 하나님은 스스로 계시므로 필연적 존재이시다. 다른 존재에 의존해서 존재하는 것이 아니고 스스로 계시므로 필연적인 존재이고 영원한 존재이시다.

하나님 자신 외에는 아무런 존재 원인이 있을 수 없으므로 자존하신다. 스스로 계시고 자기 자신으로만 계신다.

3.1.2. 단순성(simplicitas)과 유일성(singularitas)

피조물들은 다 상반되는 본성들로 혼합되어 존재한다. 영적인 요소와 물질적인 요소를 함께 갖고 있다. 피조된 영들도 영이지만 변할 수 있고 변하므로 단순하다고 할 수 없다.

하나님은 전적으로 영이시다. 피조물들이 갖는 다른 요소들과 상반된 본성을 전혀 생각할 수 없다. 이렇게 순수한 영이신 하나님은 그 순수성 혹은 단순성 때문에 유일한 존재이시다. 자기와 대등하거나 유사한 존재를 자기 옆에 가지실 수 없다.

따라서 하나님의 단순성에서 유일성이 귀결한다. 오직 하나님 한 분만이 계신다. 하나님은 유일한 무한한 영이시다.

3.1.3. 무한성(infinitas)

하나님은 지혜와 경륜과 권능과 본성이 무한하시다. 하나님은 무한하시므로 그 존재의 시작이 없고 끝도 없다. 이런 존재는 필연적이다. 다른 존재물들은 유한하므로 우연적이다. 곧 하나님의 창조로 존재하게 되었다. 존재하여도 그 존재의 존속을 늘 창조주로부터 허락받아 산다.

하나님의 존재는 영원하다. 그의 존재는 시작이 없고 끝이 없어서 언제나 계신다. 언제나 계시고 처음부터 계신다. 그 처음은 시작이 없는 처음이다. 하나님 자신이 시작이시다. 이런 하나님의 존재방식을 영원하다 (aeternus)고 이름한다.

하나님은 그 존재가 무한하시다 (infinitus). 어디에도 한정할 수가 없다. 영이시므로 어떤 공간이나 사물들에 의해서 한정될 수도 없다. 어디에도 계시고 계시지 않는 곳이 없다. 하나님은 무한한 영이시므로 그 존재방식이 어떤 것에 의해서도 제한되지 않으신다.

하나님은 영원부터 계시므로 무한한 존재방식을 가지셔서 한 곳에 계시면서도 모든 곳에 동시에 계신다. 이 존재방식을 편재 (omnipraesentia)라고 한다.

편재는 사물들의 존재를 전제한다. 그래서 공간적인 무한을 편재로 말한다. 그러나 하나님이 계시지 않는 곳이 없고 계시지 않는 때가 없으므로 편재를 사물들의 존재 이전에는 거대성 (immensitas)이라고 하였다. 그러나 이 거대성은 비교개념을 포함하므로 편재라고 해야 합당하다. 편재는 사물들의 존재와 공간적인 존재방식도 전제한다. 그러나 하나님의 존재방식은 편재라고 함이 더 온당한 표식이다.

하나님은 지혜와 지식이 무한하시다. 하나님은 지혜와 지식이 무한하시므로 창조를 작정하실 때 단번에 모든 사물들을 다 정하셨다. 그 성질과 존재방식과 진행방식을 다 정하셨다. 단번에 모든 것을 작정하셔서 창조하셨다. 그리고 창조하신 것을 운행하는 섭리도 단번에 다 작정하셨다. 지금까지 하나님의 지혜의 작정을 따라 만물이 운행한다.

영들도 헤아릴 수 없게 많이 창조하셨다. 그 영들을 다 개체로 작정하시고 창조하셨다. 천사들과 영들의 수가 얼마나 많은지 헤아리지 못한다. 범죄하여 타락한 천사들을 사람으로 보충한다는 의견이 중세에 널리 성한 것을 보면, 천사들과 영들의 수가 헤아릴 수 없이 많은 것을 알 수 있다. 하늘의 천군과 천사들이 다 하나님의 무한하신 지혜의 작정을 따라 단번에 다 창조되었다. 창조주간 첫날 첫 순간에 모든 영적 존재들이 창조되었다. 그 수는 천 천이고 만 만임이 틀림없다.

천사들과 천군과 영들은 하나님을 직접 섬기고 찬양하기 위해서 창조되었다. 하나님의 엄위의 보좌를 지키는 직임도 천사들과 천군들이 맡았다.

하나님은 권능이 무한하시다. 무한한 권능을 가지셨으므로 창조주 하나님은 수고 없는 창조를 이루셨다. 하나님은 모든 만물을 창조하신 후 붙드시고 운행하신다. 창조를 운행하시고 보존하시는 일에도 아무런 수고 없이 일하신다. 그의 뜻대로 모든 것을 집행하시고 진행하신다. 이런 일은 창조주 하나님만이 하실 수 있다.

창조에 버금가는 일이 창조를 운행하는 일이다. 이것을 통상 하나님의 섭리(攝理)라고 한다. 만물을 붙들어 그 본성대로 보존되게 하는 일에도 하나님의 무한한 지혜가 아니면 안 된다.

하나님은 무한한 영이시므로 그 존재를 사물과 비길 수 없고 물질적인 사물로 헤아리거나 잴 수도 없다. 하나님은 영이시므로 그 존재를 한 곳에 국한할 수도 없다. 한 곳에서 하나님의 존재를 만나면 모든 곳에서 동시에 같은 하나님을 만난다.

한마디로 말하면 하나님의 존재는 무한하시다.

3.1.4. 불변성 (不變性, immutabilitas)

하나님은 그 존재가 불변이시다. 하나님 자신은 필연적으로 자기 자신으로부터 계시고 자기 자신으로 말미암아 계시기 때문이다. 그러므로 하나님은 영원토록 자기 동일자로 계신다. 따라서 하나님은 그의 존재에 변이나 변경이나 달라짐이나 변환이나 계기적(繼起的)인 것이 전혀 불가능하다. 하나님은 지식과 경륜과 작정이 불변이시다. 하나님의 존재와 지식과 경륜과 작정이 변한다면 하나님이실 수 없다.

하나님의 존재는 사물들의 외연(外延)이 연장되어 있는 것처럼 무한히 연장되어 있는 방식으로 무한한 것이 아니다. 하나님은 영이시므로 그의 존재의 무한을 도저히 헤아릴 수 없다.

하나님의 존재가 불변이시므로 하나님의 지식도 불변이다. 그의 지식은 자기 자신과 모든 만물의 지식을 포함한다. 하나님의 지식은 존재와 일치해서 지식이 변하지 않는다. 하나님 자신에 대한 지식뿐만 아니라 모든 사물지식도 전혀 변하지 않는다. 하나님의 지식이 존재와 일치하기 때문이다. 모든 피조물들의 지식은 자기지식과 사물지식이 늘어나고 줄어든다. 그래서 그들의 지식은 그 존재처럼 변한다.

하나님의 사물지식은 사물들에게서 나온 것이 아니고 하나님 자신의 작정에서 나온다. 하나님의 작정대로 사물들이 이루어졌으므로 하나님의 사물지식이 사물들에게서 나올 필요가 전혀 없다. 하나님의 사물지식은 전적으로 하나님 자신의 작정에서 나온다.

하나님은 창조작정과 함께 창조경륜을 가지셨다. 하나님의 창조경륜은 하나님이 자기의 백성을 조성하셔서 그 가운데 거하시며 찬양과 경배를 받으시는 것이다.

하나님은 이 경륜을 역사의 굽고 비틀어짐에도 한 가지로 가지시어 그 경륜을 기어이 이루어내신다. 하나님이 한번 정하신 경륜은 변할 수가 없다. 언제나 동일하고 한결같아서 기어이 이루어내신다. 하나님의 경륜이 불변하므로 이루어지지 않을 것 같은 상황에서도 반드시 이루어내신다.

하나님은 자기의 작정을 변하거나 고치지 않으시므로 처음 작정대로 모든 일을 다 이루신다. 하나님은 작정하신 대로 창조를 이루시고 창조의 운행도 다 이루어내신다.

모든 것이 다 하나님의 작정대로 이루어지므로 창조세계에 순수 우연은 성립하지 않는다. 하나님의 작정을 떠나서는 스스로 일어나는 일이 없다.

하나님의 작정은 사람을 향해서는 미쁘심으로 나타난다. 사람의 배반과 변덕에도 불구하고 하나님은 사람을 향하여 정하신 작정을 변함없이 이루어내신다. 이것이 하나님의 미쁘심이다.

제2절 유비적 속성 (attributa divina analogica)

전유적 속성은 사람이나 다른 피조물들에게서 도저히 그 비슷함을 찾아볼 수 없는 하나님의 고유성을 말한다.

그러나 하나님이 가지시는 성품들 중에서 유비적으로 피조물들에게도 나타난다. 본래는 그의 고유한 속성이지만 하나님이 사람들을 그의 형상으로 지으시므로 그 속성이 피조물들에게도 반사되게 하셨다. 그래서 유비적 속성이라고 한다. 유비적 속성도 하나님 안에 있는 한은 전유적 속성이다. 피조물에게 나타나는 속성들은 하나님의 속성이 반사된 것이고 은혜로 주어진 것이다.

우리가 하나님의 전유적 속성을 살피면서 알게 된 것은 전유적 속성이 유비적 속성에서 동일함을 보았다. 결국 유비적 속성과 전유적 속성을 분리시킬 수가 없다.

유비적 속성도 다 자존하고 무한하고 불변하다. 자존성과 단순성과 유일성 그리고 무한함과 불변성이 그 자체로 있는 것이 아니고 유비적 속성에서 무한하고 불변이다.

17세기 개혁신학은 유비적 속성을 행동의 원리 (agendi principium)로 삼았다. 이것은 합당하지 못하다. 하나님은 인격이시므로 인격으로 일하신다. 활동의 주체는 언제나 하나님의 인격이다 (agendi subjectus). 하나님의 인격이 일하실 때 그 성품을 드러내신다.

유비적 속성으로 통상 생명 (vita), 지성 (intellectus), 의지 (voluntas), 선 (bonitas), 의 (iustitia), 자유 (libertas), 권능 (potentia), 아름다움 (beatitudo)과 거룩 (sanctitas)을 말한다.

3.2.1. 하나님의 생명 (vita Dei)

하나님의 생명은 하나님 자신이시다. 하나님이 자기 생명의 원인이시고 자기로 말미암아 계시고 자신 안에서 자신으로 말미암아 역사하시기 때문이다. 하나님의 생명은 자신 안에서 무한히 활동하시는 힘이다. 하나님은 무한한 생명이시다. 무한한 생명은 하나님 자신과 일치한다. 하나님 안에 생명 아닌 것은 아무것도 없다.

하나님이 생명 자체이시므로 스스로 계시고 스스로 영원히 활동하신다. 하나님만이 참으로 사시고 영존하시는 분이기 때문이다.

하나님만이 살아 계시고 모든 만물들을 살게 하신다. 하나님은 무한한 활동을 하시는 존재자이시다. 그가 만물을 창조하신 것은 그의 무한한 생명의 역사이다.

하나님은 무한한 생명이시므로 항속적으로 일하신다 (요 5:17). 하나님은 영원에서 영원까지 일하신다. 그의 무한한 생명의 능력으로 모든 것을 창조하시고 보존하시며 다스리신다. 하나님이 자기의 생명의 능력과 빛을 나타내시므로 만물이 창조되어 존재하게 되었다. 만물이 창조되어 존재하며 그 성질과 법칙을 드러내며 운행하는 것은 창조주의 무한한 생명의 빛을 받아서 이루어진다.

3.2.2. 하나님의 지식과 지혜 (scientia Dei et sapientia)

하나님의 지식은 하나님 자신에게서 나온다. 모든 사물들이 다 하나님의 작정을 따라 이루어졌으므로 사물에 대한 모든 지식은 다 하나님 자신에게서 나온다.

그러므로 하나님의 지식은 자기 자신으로부터 자기 자신으로 말미암아 자기 자신과 자기 밖의 모든 사물들을 완전하게 이해하심으로 정의한다. 그러므로 단 한 번의 지식 행위로 하나님은 자신과 모든 만물을 완전하게 아신다.

하나님 자신이 자기 지식이시다. 하나님은 자기의 지식 행위로 자기 자신을 완전하고 불변하게 이해하신다. 하나님 안에 하나님 자신이 인지하지 못하거나 이해하지 못한 것이 전혀 없다. 하나님의 존재가 무한한 것처럼 하나님의 지식도 무한하다.

만물에 대한 지식도 하나님 자신에게서 나온다. 하나님이 그의 영원한 작정으로 만물을 만드셨으므로 그의 작정이 곧 사물의 존재의 근본이고 사물의 지식의 근본이다. 그러므로 하나님은 만물을 보고서 이해하고 아시는 것이 아니고 자기 자신에게서 만물지식이 나온다.

하나님의 지식은 그의 존재와 일치한다. 하나님의 존재가 불변이시므로 하나님의 지식은 하나님 자신처럼 불변이다. 하나님의 완전한 지식에 변화나 늘어남이나 줄어들음이 있을 수 없다. 그의 지식은 언제나 동일하고 불변이다. 하나님의 존재가 영원하신 것처럼 그의 지식도 영원히 변함이 없다.

하나님의 지식은 하나님 자신과 일치하므로 무한하다. 또 자기 자신을 완전하고 투명하게 아신다. 하나님은 무한하시므로 자신을 아는 지식도 무한하다. 그의 지식의 깊이와 높이와 넓이를 잴 수도 없고 헤아릴 수도 없다.

만물도 다 하나님의 작정대로 이루어졌으므로 만물 지식도 무한하다. 하나님이 무한한 지식으로 만물을 만드셨으므로 작은 사물에도 무한한 지식과 지혜가 모여 있고 쌓여 있다. 그러므로 한 사물 안에 들어 있는 하나님의 지식도 낱낱이 다 알 수가 없다. 곧 사물들에 하나님의 무한한 지식과 지혜가 반사되어 있다.

결국 하나님의 지식은 하나님 자신의 활동이다. 하나님의 작정과 경륜과 창조와 섭리가 하나님의 지식이다. 하나님의 지식은 하나님 자신에게서 나오므로 그렇게 말하는 것이 정당하다.

3.2.2.1. 하나님의 미리 아심 (praescientia Dei)

하나님은 모든 것을 자기 자신으로부터 아시고 자기 자신 안에서 아시고 자신으로 말미암아 아신다. 왜냐하면 하나님은 모든 것을 그의 작정대로 이루시기 때문이다.

그러므로 하나님이 미래의 일을 미리 아신다고 하는 것은 사람의 입장에서 하는 말이다. 하나님이 미래의 일을 모두 아시고 인지하셨다고 말해진다. 그것은 미래에 이루어질 일을 미리 앞당겨서 아신다는 뜻이 아니다. 하나님이 미래에 이루어질 일들을 미리 다 작정하셨다.

미래에 일어날 모든 일들은 하나님의 작정대로 일어나므로 하나님이 미래의 일을 미리 아신다고 말한다. 하나님의 작정대로 모든 일이 일어나므로 작정하지 않은 일이 일어나는 것을 하나님이 미리 아신다고 말하면 안 된다.

하나님은 미래에 일어날 일을 영원에서부터 작정하셨으므로 미래의 일들을 미리 아신다고 말한다. 그러므로 하나님에게는 미래가 현재와 같다. 과거도 현재와 같다. 시간의 지남 (經過, 경과)은 하나님의 지식에 아무런 상관이 없다.

하나님은 무한한 영이시고 절대적 인격이시므로 미래에 일어날 일들을 현재의 일들처럼 아신다. 왜냐하면 미래의 모든 일들도 다 영원에서 작정된 대로 일어나기 때문이다.

3.2.2.2. 하나님의 지혜 (sapientia Dei)

하나님의 지혜는 자기의 경륜을 이루고 그의 영광을 드러내기 위해 그의 모든 지식과 권능을 활용하는 역사를 말한다.

이 면에서 하나님의 지혜는 하나님의 지식에 속한다. 또한 하나님의 지혜와 지식은 통상 구분하지만 일면 일치한다.

3.2.3. 하나님의 의지 (voluntas Dei)

하나님은 자기 자신을 필연적으로 원하시고 자기 자신을 목표하신다. 다른 모든 것은 바로 이 목적과 원함에 수단일 뿐이다. 하나님의 의지는 자기 자신을 원하시고 목표하시므로 모든 사역의 목표가 하나님 자기 자신이시다.

하나님은 작정과 경륜을 이루고 그의 영광을 현시하기 위하여 모든 일을 행하신다. 그리하여 자기만족에 이르신다.

하나님의 의지는 경륜을 이루어 자기만족에 도달하기 위해서 모든 일을 역사하시는 활동이라고 정의해야 한다. 결국 하나님의 의지의 목표 곧 하나님의 의지가 지향하는 목표점은 자기 자신이다.

다시 말하면 하나님의 의지는 자기의 작정과 경륜과 영광의 현시를 이루기 위해서 행하시는 무한한 성향적 활동 (propensio)이다.

하나님 자신이 자기의 활동의 목표이고 목적이므로 이 최고 목적을 위해서 모든 지식과 지혜를 활용하시는 하나님의 영원한 활동이 바로 의지이다. 하나님은 자기의 작정을 이루기 위해 모든 것을 집중하시는 의지 자체라고 할 수 있다.

하나님은 자기 자신을 필연적으로 원하신다. 하나님이 필연적으로 자기 자신을 원하시는 것은 바로 자기만족을 이루시기 위해서이다. 하나님이 자기만족을 이루시면 만물이 그 존재 목적에 도달한다. 하나님은 자기만족을 창조경륜의 성취에 두셨다. 창조경륜이 이루어지면 하나님이 백성 가운데 충만히 거주하시어 그들로부터 찬양과 경배를 받으신다. 이것이 하나님의 자기만족의 목표점이다. 하나님이 백성들의 찬양과 경배 가운데 거주하심이 하나님이 영광을 받으시는 것이다.

하나님은 이 뜻을 이루시기 위해 만물을 활용하신다. 따라서 그것들은 부차적으로 원하시는 사항이다. 그러므로 하나님의 의지는 하나님 자신과 자기만족을 위해서 그의 지식과 만물을 활용하시는 성향이다.

하나님의 뜻을 여러 가지로 나누어 왔다. 호의의 뜻 (voluntas beneplaciti)과 표기의 뜻 (voluntas signi), 명령하는 뜻 (voluntas praecipiens)과 분별하는 뜻 (voluntas decernens), 분별하는 뜻은 성취하는 뜻 (voluntas efficiens)과 허용하는 뜻 (voluntas permittens) 등으로 구분한다. 또 계시된 뜻과 숨겨진 뜻 (voluntas revelata et arcana)으로 나눈다.

이런 구분은 다 사변적인 사고의 산물이다. 그러므로 여기서는 계시된 뜻과 숨겨진 뜻만 다룬다.

계시된 뜻은 율법과 복음의 말씀으로 말미암아 하나님이 자기의 뜻으로 계시하신 것을 말한다. 숨겨진 뜻은 지금은 감추어져 있으나 앞으로 일정한 때가 되면 드러내려고 하는 그의 작정을 말한다. 그런 것들 중에는 역사의 진행에서 명확하게 밝혀지지 않은 장래 사건들을 뜻한다.

통상 계시된 뜻과 숨겨진 뜻 사이에 차이가 클 것으로 생각해왔다. 그러나 계시된 뜻과는 전혀 다른 숨겨진 뜻이 있다고 볼 것은 아니다.

3.2.4. 하나님의 사랑 (amor Dei)

하나님의 사랑은 피조물들을 향하여 나타내시는 호의적인 성향 (propensio benevola)으로 표현된다. 하나님의 사랑은 피조물에게 선을 원하시는 것이다. 하나님의 사랑은 피조물을 향한 자기의 선하심을 나타내셔서 모든 존재로 하여금 자기의 존재를 유지하도록 허락하심이다. 따라서 사랑은 하나님의 본질적 고유성 (essentialis proprietas)이라고 말한다. 피조물로 계속 존재하도록 호의를 입히심이다. 그러면 사랑도 하나님의 신성의 완전성의 표현이므로 거룩에 속한다.

통상 사랑과 공의를 대립되는 것으로 여겨왔으나 사랑이 곧 공의이다. 왜냐하면 피조물로 하여금 그 허락하신 존재로 존재하게 하시기 때문에 사랑이 바로 공의이고 공의가 바로 사랑이다. 이 때문에 토마스 아퀴나스 (Thomas Aquinas)는 말하기를 피조물이 존재로 있는 한 다 하나님의 사랑을 받는다고 하였다.

하나님의 사랑을 통상 일반적 사랑 (amor Dei generalis)과 특별한 사랑 (amor Dei specialis)으로 나눈다. 일반적 사랑은 모든 피조물들이 다 하나님의 사랑의 대상이 됨을 뜻한다.

보편적 혹은 일반적 사랑은 죄를 제외하고는 모든 피조물을 피조물로서 사랑하심을 말한다. 창조된 것 자체로서 하나님의 사랑을 받는 것이다. 하나님이 그의 지으신 모든 피조물에 대해 갖는 호의 혹은 사랑하심은 일반은총으로 나타났다. 불신자들도 하나님의 호의를 입어 열심히 일하고 수고하면 재산을 모으고 건강의 법을 지키면 건강하게 된다. 이 면에 있어서도 하나님은 만물의 최고 선 (summum bonum)이시다.

특별한 사랑은 성경이 제시하는 대로 하나님이 죄인을 향하여 나타내시는 선하심이다. 사랑은 반역한 죄인들을 불쌍히 여기셔서 구원하시는 하나님의 선하심이라고 정의해야 한다. 반역한 백성을 구원하기로 작정하셨기 때문에 죄인들의 존재를 용인하시는 것이다.

하나님의 공의의 법을 따라서는 도저히 용납할 수 없는 반역자들을 불쌍히 여기셔서 구원하기로 작정하시고 그 작정을 실현하심이 하나님의 사랑이다. 이 구원 작정 때문에 죄에도 불구하고 범죄한 자들의 존재를 용인하시고 허용하신다. 죄에도 불구하고 선택된 사람들을 끝까지 구원에 이르도록 모든 선함을 다 드러내신 것이다.

곧 범죄한 백성을 구원하기 위해 베푸시는 하나님의 호의가 사랑이다. 하나님은 사랑이시므로 은혜를 베푸신다.

3.2.5. 하나님의 은혜 (gratia Dei)

하나님의 은혜는 하나님의 덕과 호의라고 정의해야 한다. 하나님의 은혜는 합당하지 않는 자들에게 베푸시는 호의이다.

죄를 지어 영원히 멸망 받아야 마땅한 피조물을 불쌍히 여기셔서 살려내시기로 하는 호의가 하나님의 은혜이다. 곧 은혜는 조건 없이 거저 주시는 사랑 (amor indebitus)이다. 하나님의 공의의 법대로 영원히 죽을 수밖에 없는 죄인들을 살려내고 거저 주시는 사랑이 하나님의 은혜이다.

이 호의가 죗값대로 마땅한 형벌을 받아 비참한 고통을 당하는 자들을 불쌍히 여기실 때는 자비 곧 불쌍히 여기심 (긍휼)으로 나타난다. 또 죄인들이 돌이키기를 바라시는 은혜는 오래 참으심으로 나타나고, 죽음보다 회개하기를 바라심은 너그러움(관용)으로 나타난다.

3.2.5.1. 하나님의 불쌍히 여기심 (자비, 긍휼, misericordia Dei)

사람이 죄로 말미암아 당하는 고통과 비참함에 대해 하나님이 나타내시는 부드러운 감쌈 곧 사랑이 긍휼 혹은 불쌍히 여기심이다. 죗값대로 받는 마땅한 벌에 합당한 고통과 비참함을 당하는 자들을 돌보시고 감싸시는 사랑이 불쌍히 여기심이다. 하나님은 죗값은 생각하지 않고 그 사람이 당하는 험한 고통과 비참함을 먼저 보시고 그 고난을 없애기 위해 사랑의 조치를 하신다.

3.2.5.2. 하나님의 오래 참으심 (patientia Dei)

오래 참으심은 하나님의 온유한 의지로서 죄인에 대해 그의 진노를 가라앉히시고 죄인들을 참으시며 그들의 죗값대로 심판을 집행하지 않으시고 회개하여 돌이키기를 참아 기다리심이다.

3.2.5.3. 하나님의 인자하심 (clementia Dei)

인자하심은 하나님이 죄인에게 진노하시면서도 그의 불쌍히 여기심 때문에 우리와 화해하기를 원하셔서, 마땅히 받을 죄의 형벌과 죽음을 면하기를 바라심이다.

3.2.6. 하나님의 의 (iustitia Dei)

하나님의 의는 하나님이 자기의 본성의 법대로 일하심이다. 하나님은 자기가 자기에게 법이 되므로 그의 본성이 바로 의이다. 그러므로 자기 자신을 부인하실 수 없고 자기 완전성의 법칙에 일치해서 일하신다.

그래서 자기 법에 규정하는 것을 원하시고 승인하시며 실제로 이루신다. 이 법질서에 어긋나는 것을 원하지 않으실 뿐 아니라 미워하신다.

하나님이 자기 본성대로 일하심이 의이고 곧 신실함이다. 의는 하나님의 거룩의 다른 면이다. 의와 신실성이 거룩에 속한다.

하나님의 의는 모든 피조물로 하여금 처음 주신 그 존재대로 있게 하시는 그의 덕이다. 하나님은 모든 피조물을 지으시고 본성과 법칙을 부여하시고 그대로 있게 하셨다. 하나님은 자기의 본성의 법에 맞게 일하시므로 항상 공의가 만족되는 방식으로 일하신다. 곧 죄는 벌하시고 죄과는 속량되게 하신다.

하나님은 사람과 언약을 체결하셔서 일하신다. 그런데 사람이 언약을 파기하므로 죄인은 하나님 앞에 설 수 없게 되었다. 죄인은 그 존재가 인정받지 못하게 되므로 멸망에 이르게 되고, 사람은 하나님의 법을 보상할 길이 없게 되었다.

그러나 하나님은 죄에도 불구하고 죄인이 다시 하나님 앞에 설 수 있도록 은혜를 베푸셨다. 인간 당사자의 반역에도 불구하고 언약을 지켜내심으로 마침내 구원에 이르게 하신다. 하나님 자신이 죗값을 지불하시면서 구원을 이루어내신다.

하나님이 사람이 되어 오셔서 우리가 이루어야 할 순종의 요구를 대신 이루시어 그 본성에서 죄가 속량되게 하셨다. 죄의 대가를 자기의 법대로 하나님 자신이 갚으심으로 공의가 만족되게 하셨다. 하나님이 자기 본성과 약속에 부착하시면서 의를 이루셨다. 이렇게 이룩하신 의를 우리에게 전가하시어 우리를 의롭다고 하신다. 이것이 바로 칭의 곧 의롭다 하심이다.

죄인이 의롭다 함을 얻으므로 하나님 앞에 다시 설 수 있는 권리를 허락받았다. 이 권리 허락으로 영생에 이르게 하셨다. 이것이 바로 하나님의 의이고 은혜이다.

하나님은 사랑이시지만 공의를 빼놓고는 사랑을 생각할 수 없다. 하나님이 공의로우시기 때문에 사랑이 가능하다.

하나님은 자기 본성의 법대로 일하시기 때문에 공의를 만족시키는 방식으로 속죄하신다. 곧 죄과(罪過)를 하나님 자신이 갚으시면서 인류를 구원해내신다.

3.2.7. 하나님의 주권 (regnum Dei)

하나님이 자기의 작정을 이루시는 권세가 주권이다. 통상 하나님의 권세로 말하지만 하나님이 자기의 작정을 이루시는 일을 능동적으로, 주도적으로 하시므로 주권이라고 함이 바르다.

하나님은 자기의 본성에 합한 것을 원하시고 충분히 이루어내신다. 그의 작정을 이루어내시는 능력을 하나님의 전능 혹은 권세라고 표현한다.

하나님은 무한한 생명이시므로 그의 권세도 무한하다. 권세를 행사하심에 있어서 자기 본성의 법을 좇아 역사하신다. 하나님의 본성은 의로움과 거룩하심 곧 그의 무한한 신성의 표식이다. 그러므로 하나님의 주권을 행사하심에 있어서 임의성도 변함도 전혀 없다. 자기의 완전한 본성이 하나님에게 법이 되기 때문이다.

3.2.7.1. 절대적 권세 (potentia Dei absoluta)

절대적 권세는 하나님이 자기의 영광을 위해서 원하시는 모든 것을 다 수행하실 수 있는 권세이다.

3.2.7.2. 섭리적 권세 (potentia Dei ordinata)

섭리적 권세는 하나님이 이루기로 작정하신 것을 이루시는 권세이다. 우리가 아는 하나님의 권세는 섭리적 권세이다. 무엇이든지 이루시지 못할 것이 없다는 뜻이라기보다, 하나님은 전능하시기 때문에 그의 지성과 의지로 작정하신 것을 그대로 이루심을 말한다.

3.2.8. 하나님의 거룩 (sanctitas Dei)

하나님의 거룩은 하나님의 모든 신성의 표현이다. 하나님은 그의 본성을 드러내실 때는 언제나 거룩한 자로 나타나신다. 하나님의 신성 자체의 표현이 바로 거룩이다.

이제까지 하나님의 거룩을 하나님의 도덕적 완전성으로 이해해 왔다. 이 이해는 합당하지 못하다. 하나님의 거룩은 도덕적 속성에만 국한하는 것이 아니다. 하나님의 거룩은 하나님의 존재 자체 곧 신성 자체의 표현이라고 말해야 한다. 하나님의 모든 속성들은 다 하나님의 거룩을 표현한다. 하나님의 모든 속성이 표현되면 언제든지 하나님의 거룩을 나타낸다. 그러므로 거룩은 하나님의 모든 속성의 완전한 표현이다.

하나님의 완전성은 바로 신성 자체이고 그것이 거룩이다. 거룩이 하나님의 본질 자체여서 어느 속성이 현시되어도 하나님은 거룩하신 분으로 나타나시므로 하나님의 영광이 나타난다.

신성 자체가 바로 거룩이므로 거룩하심 자체가 자기 영화이고 영광이다. 하나님은 거룩하시기 때문에 영화로우시고 그 거룩이 밖으로 현시되면 그곳에 영광이 함께 나타난다. 거룩이 나타나면 그의 신성의 본질이 드러나므로 반드시 영광으로 나타난다. 거룩은 완전하신 자기의 본성 혹은 존재 곧 신성의 표현이다. 그의 거룩의 현시가 그의 영광이다. 하나님은 일하시면 언제든지 자기의 거룩을 드러내신다.

하나님은 자기 자신에게 신실하시고 완전하시므로 그의 본성의 법을 자기의 행동에서 나타내신다. 그래서 자기의 본성에 맞게 행동하시고 역사하신다. 이렇게 하나님이 자기 자신에게 신실하시고 완전하심이 거룩이다. 이것을 나타내는 것이 그의 영광이다.

영광은 하나님으로서의 존재방식이고 그에게 합당한 존귀이다. 하나님이 자기의 거룩을 드러내시면 언제든지 그 거룩은 영광으로 나타난다. 그러므로 하나님의 거룩과 영광은 언제든지 함께 간다. 하나님의 거룩은 신적 엄위의 영광이라고 표현해야 한다.

하나님의 거룩 속에 사랑과 선하심과 의가 속한다. 하나님의 사랑과 선하심과 의의 성품들이 다 윤리적 완전성이다.

하나님의 거룩이 피조물과 연관해서는 죄와 피조물로부터 구분되고 분리됨을 말한다.

그런데 하나님의 나타나심이 우리의 구원이 된다. 하나님의 현시가 하나님의 영광이기 때문에 죄 있는 세상에서는 하나님이 자신을 나타내시지 않는다. 곧 죄 있는 세상은 하나님의 영광에 이르지 못하기 때문에 (롬 3:23) 구원이 없다. 그러나 하나님이 나타나시면 하나님의 영광이 현시되므로 거기에 우리의 구원이 있다.

인간 피조물에게 적용할 때 거룩은 죄에서 떠남을 말한다. 우리의 거룩은 그리스도의 피로 씻어져서 깨끗해짐을 말한다.

구약에서 제사장들을 '여호와에게 거룩'이라고 할 때는, 하나님을 섬기는 일을 위해서 일반백성과 구분되고 격리되어 하나님에게 바쳐드림을 말하였다. 제사장들이 윤리적으로 완전해서가 아니라 하나님 섬김을 위해서 구분되었기 때문에 거룩이라고 하였다. 또 하나님에게 바쳐드렸기 때문에 거룩이라고 하였다.

신약에서 거룩은 새 언약백성이 그리스도의 피로 깨끗이 씻음 받았음에 적용되었다.

제4장

삼위일체 하나님

(Deus Triunus, Trinitas)

제1절 삼위일체 교리

그리스도교의 근본 교리는 삼위일체 교리이다. 유일한 하나님이 세계의 창조와 섭리 그리고 구원사역과 교회 설립과 보존의 과정에서 자신을 아버지와 아들과 성령 세 위격으로 계심을 계시하셨다.

세상에 대해서 자신을 유일한 신적 존재로 계시하신 하나님이 내적 존재방식에 있어서는 세 위격으로 계신다. 아버지와 아들과 성령은 세 위격이셔도 동일하고 참되신 한 하나님이시다. 세 위격이 한 하나님이신 것은 실체가 하나이고 동일하고 분할 불가하기 때문이다.

한 하나님이 세 위격으로 존재하심의 방식은 인간의 이성으로는 영원히 탐구할 수 없다. 영원세계에서도 탐구할 수 없다. 오직 믿음으로 이 신비를 받아들이는 것뿐이다.

그러므로 삼위일체 교리는 교회가 스스로 공식화한 것이 아니다. 오직 성경계시에 근거해서만 그 교리를 공식화하였다. 공식화과정에서 실체, 위격, 동일 실체 등의 용어는 신앙의 신비를 지키기 위해서 철학에서 빌려왔다. 근본진리는 전적으로 성경계시에 근거하였고 성경계시에 합치하게 공식화되었다. 오직 하나님의 직접적인 자기 계시인 성경계시에서만 하나님의 존재방식이 밝혀졌다.

삼위일체 교리는 그리스도교의 근본진리로서 영원한 신비이다. 그러므로 믿음고백으로 굳게 붙들어야 할 근본 교리이다. 삼위일체 교리가 그리스도교의 근본 교리이어서 교회의 서고 넘어짐이 전적으로 이 교리를 고백하고 붙드느냐 아니냐에 달려 있다.

삼위일체 교리와 하나님의 성육신(incarnatio Dei) 교리는 하나로 연결되어 있다. 삼위일체 교리가 부정되면 하나님의 성육신의 교리가 자동적으로 부정된다. 하나님의 성육신의 교리를 고백하고 붙들면 자동적으로 삼위일체 교리도 고백되고 붙들게 된다.

삼위일체 교리에 구원경륜과 하나님을 믿는 그리스도교의 믿음이 전부 정초되어 있다. 그리스도의 교회가 삼위일체 교리를 고백하고 붙들면 그리스도교는 그리스도교로 존속한다. 만일 그리스도의 교회가 삼위일체 교리를 부정하면 그리스도교이기를 그친다. 이 부정이 교회의 배도이다.

제2절 삼위일체 교리는 그리스도의 계시에서 왔음

그리스도 자신이 "나는 아버지와 하나"라고 선언하셨다 (요 10:30). 그리고 자신이 "하나님의 아들"이라고 선언하셨다 (마 11:27; 26:63-64; 막 14:61-62, 36; 요 17:1-5, 24). 또 사도 요한은 예수 그리스도가 하나님의 아들이심을 반복적으로 강조한다 (요 1:1-2, 14, 18).

요한은 말씀 하나님의 존재로 그의 복음서를 시작한다. 태초에 말씀이 계셨는데 이 말씀이 곧 하나님이라고 선언한다 (요 1:1). 또 만물이 다 그로 말미암아 만들어졌다고 선언한다 (요 1:3). 이 창조 중보자가 성육신하여 사람들 가운데 나타나고 그들 가운데 사셨는데 아버지의 독생자의 영광이 나타났다고 증거한다 (요 1:14).

독생하신 하나님이 하나님을 계시하신다. 그러면서 말씀을 독생하신 하나님이라고 선언한다 (요 1:18).

이렇게 성육신하여 자기들 가운데 와서 거하시는 이가 성령으로 세례 주는 자라고 단언하여 하나님이심을 확증한다 (요 1:33). 세례 요한은 성령으로 세례 주는 자를 하나님의 아들이라고 증거한다 (요 1:34, 49). 즉 말씀이 하나님이시고 그가 창조 중보자이신데 독생하신 하나님으로서 하나님의 아들이라고 증거한다 (요 3:16-17).

그리스도는 자신이 하나님이 보내신 독생자 곧 아들이라고 증거하신다 (요 3:16, 35-36). 또 "내 아버지가 이제까지 일하시니 나도 일한다"고 하시어 자기를 하나님과 동등으로 여기셨다 (요 5:17). 자기가 하나님의 아들이므로 아버지가 하는 것을 보고 아들로서 그것을 행한다고 말씀하신다 (요 5:19-21). 또 아들이므로 아버지가 행하시는 심판을 아들이 심판한다고 제시하신다 (요 5:27).

그리스도는 아버지와 아들의 관계를 말하면서 자기가 아버지와 완전히 동일한 한 하나님이심을 말씀하신다 (요 10:30).

또 그의 복음서에서 사도 요한은 이사야가 바라본 여호와가 (사 6:1-5) 지금 자기들 가운데 와 있는 예수 그리스도라고 증거하고 주장한다 (요 12:36-41). 이사야가 바라본 여호와의 영광이 바로 지금 성육신하여 자기들 가운데 와 계신 예수 그리스도의 영광이라고 단언한다. "이사야가 이렇게 말한 것은 주의 영광을 보고 주를 가리켜 말한 것이라" (요 12:41).

이보다 앞서서 그리스도 자신이 자기가 구약의 여호와라고 단언하신다. 그것은 "나는~이다" (에고 에미, ἐγώ εἰμι, ego sum, I am)라고 주장하여 (요 8:24, 28) 자기가 구약의 여호와이심을 밝히신다.

요한복음은 그리스도를 향하여 "나의 주 나의 하나님"이란 고백으로 마침으로 (요 20:28), 자기들 가운데 사람으로 와 계신 주 예수가 태초부터 계신 하나님이라고 확증한다. 또 성육신하여 자기들 가운데 오신 예수 그리스도가 태초부터 아버지와 함께 계신 독생하신 하나님이심을 처음부터 일관되게 주장하고 있다. 또 요한은 성육신하신 하나님이 참 하나님이시라고 밝힌다 (요일 5:20).

바울은 그리스도를 하나님으로 지목하고 피 흘려 교회를 사셨다고 밝힌다 (행 20:28). 또 그리스도를 만물 위에 영원히 찬송 받으실 하나님이라고 고백한다 (롬 9:5). 그리고 예수 그리스도를 우리의 크신 하나님 구주라고 고백한다 (딛 2:13).

또한 창조주 공식 '~에서 나오고, ~로 말미암고, ~에게로'를 요약함이 없이 그리스도에게 그대로 적용하여 그리스도가 창조주이심을 강조한다 (롬 11:36). 또 창조주의 요약공식인 '말미암고'를 그리스도에게 적용한다. "또한 한 주 예수 그리스도께서 계시니 만물이 그로 말미암고 우리도 그로 말미암았느니라" (고전 8:6).

또 주 예수는 다른 보혜사를 보내어 영원토록 제자들과 함께 있게 하시겠다고 하셨다 (요 14:16). 그는 그 보혜사가 성령이라고 밝히셨다. 그리고 아버지가 보혜사를 아들의 이름으로 보내신다 (요 14:26). 또 보혜사가 와서 주 예수를 증거한다 (요 15:26). 또 성령 보혜사를 주 예수 자신이 보내신다고 하였다 (요 16:7).

성령은 자기의 말을 하는 것이 아니라 주 예수를 말하고 주 예수의 것을 가지고 말한다고 제시되었다 (요 16:13-15). 이로써 성령은 다른 보혜사로서 원보혜사이신 주 예수와 동등이고 동격임을 밝혔다. 또 주 예수와 그의 구원사역을 증거하고 전파할 것이다.

이런 모든 계시 위에 그리스도 자신이 "나와 아버지는 하나"라고 선언하신 것이다 (요 10:30).

요한계시록은 피 흘려 백성을 구원하신 하나님의 어린양이 역사의 주재이시고 심판주이심을 밝히는 것으로 진행한다.

"이기는 그에게 하나님의 낙원에 있는 생명나무의 과실을 주어 먹게 하리라" (계 2:7)고 말씀함으로 그가 생명의 주이심을 밝힌다. 어린양이 심판주로서 하나님의 역사집행의 인을 뗀다고 함으로 인류 역사를 주재하시는 하나님이심을 강조한다 (계 6:1-8:1). 심판주로서 인류를 심판하시되 공의로 공정하게 심판하실 것임을 강조한다 (계 19:11).

어린양 곧 심판주는 하나님의 아들이시다 (계 2:18). 그리고 하나님의 일곱 영을 가졌다고 말함으로 하나님 자신이심을 밝힌다 (계 3:1; 5:6). 그 심판주는 하나님의 창조의 근본이라고 하여 창조주이심을 밝힌다 (계 3:14). 찬송과 존귀와 영광과 능력을 하나님과 어린양에게 돌림으로 아버지 하나님과 동등하신 하나님이심을 밝힌다 (계 5:13).

어린양이 피 흘려 백성을 죄와 죽음에서 구원하셨다는 것을 강조하되 하나님과 함께 구주이심을 말하여 하나님으로서 구주임을 밝히고 있다 (계 1:5-6; 7:10, 17; 12:10). 어린양은 만주의 주요 만왕의 왕이라는 것을 반복적으로 강조하여 그가 하나님으로서 구원을 이루신 이이고 역사의 주재임을 밝히고 있다 (계 17:14; 19:16). 어린양은 하나님 아버지와 함께 구원 얻은 백성들 가운데서 성전이 되시고 영광의 빛을 비추시므로 만유를 살게 하실 하나님이시라는 것을 강조한다 (계 21:22-23; 22:3-4).

계시록 전체의 강조점은 죽임을 당하사 백성들을 죄와 죽음에서 구원하신 어린양은 하나님이시고, 하나님의 아들로서 창조주요 심판주이시라는 진리이다.

히브리서는 예수 그리스도가 하나님의 성육신이심을 밝히기 위해 하나님의 아들이고 (히 1:2; 4:14; 5:8; 10:29) 창조 중보자이심을 강조한다. "이 아들을 만유의 후사로 세우시고 또 저로 말미암아 모든 세계를 지으셨느니라" (히 1:2). 또 그는 섭리주여서 능력의 말씀으로 만물을 붙드신다 (히 1:3). "만물이 인하고 만물이 말미암은 자에게는"이라고 (히 2:10) 반복하여 창조 중보자이신 하나님의 아들이 성육신하여 구원을 이루셨음을 강조한다.

또 히브리서는 성육신하여 대제사장으로서 구속사역을 성취하신 이가 하나님이심을 밝히기 위해서 "예수는 영원히 계신고로 그 제사 직분도 갈리지 아니하나니" (히 7:24)라고 하였다.

이로써 하나님의 존재방식에 구분이 있음을 알게 되었다. 아버지가 계시고 아들이 계시는데 그가 세상에 구주로 오셨다. 그리고 성령은 그 구원을 증거하고 전파하기 위해서 아버지로부터 오셨다.

이런 그리스도의 계시에서 하나님의 존재방식에 구분과 구별이 있어서 아버지와 아들과 성령이 계심이 이해되고 믿어졌다.

성경과 그리스도 자신의 진술에 근거하여 니카야 공회의 (325 AD)는 예수 그리스도를 하나님에게서 나온 하나님이요, 빛에서 나온 빛이요, 참 하나님에게서 나온 참 하나님이라는 신앙고백을 공식화하였다.

이후에는 예수 그리스도가 성육신하신 하나님이시라는 신앙고백에 아무런 의심이 없게 되었다. 그리하여 만대교회의 정통 신앙고백이 되었다.

제3절 삼위일체는 유일한 실체가 세 위격으로 계심임

하나님은 무한한 신성이시므로 세 위격으로 계신다. 하나님은 무한한 신성과 생명과 지혜와 권능이 넘쳐나시므로 한 신적 인격으로만 계시는 것이 아니다. 한 인격으로는 하나님의 무한한 신성과 생명과 지혜를 다 표현하실 수 없다. 그러므로 하나님은 한 인격으로 계시는 것이 아니다. 하나님은 한 인격으로는 그의 신성을 다 드러내실 수 없다.

하나님은 인격으로 계셔서 인격으로서 자기 완결적 존재 (the self-contained God)이심을 기뻐하셨다. 그리하여 한 인격으로 시작하시고 인격으로 존재하시며 인격으로 자기 완결적 존재로 계시기로 하셨다. 자기 완결적 존재로서 하나님은 언제나 자기로 시작하고 자기로 말미암고 자기로 자기 전개를 완성하신다. 그래야 하나님은 자기의 신성과 생명을 다 표현하시기 때문이다. 무한한 인격적 영이신 하나님은 세 위격으로 완전하게 존재하신다.

삼위일체는 한 신적 실체 (divina et unica essentia)와 세 위격 (tres personae)의 관계이다. 한 신적 실체가 내적 존재에서는 영원부터 영원까지 세 위격 곧 아버지와 아들과 성령으로 계신다. 세 개별 위격은 하나의 동일한 참 하나님 (unus idemque verus Deus)이시다. 세 위격이어도 한 하나님이시다. 왜냐하면 세 위격의 실체가 하나이고 동일하고 분할 불가하기 때문이다.

세 위격이 한 하나님이신 것은 위격들이 가장 긴밀한 연합 (arctissima unio, perichoresis, περίχωρησις)을 하시기 때문이기도 하지만, 실체가 하나이고 동일하며 분할 불가하기 (unica et idemque essentia indivisibilis) 때문이다.

신적 실체는 자기를 인격으로 표현하신다. 하나님은 신적 실체로 계시는 법이 없고 언제든지 인격으로 나타나신다. 그런데 하나님의 실체는 한 인격으로 표현되지만 세 인격으로도 표현되신다.

전통적인 이해에 의하면 한 유일한 신적 실체에 세 위격이 계시는 것으로 삼위일체를 표현하였다. (In divina et unica essentia subsistunt tres personae, nempe Pater, Filius et Spiritus sanctus). 베자 (Theodor Beza)는 신적 실체와 위격들이 개별자로 있는 것으로 표현한다. 신적 실체가 있고 세 위격이 별개로 있는 것이 아니다. 신적 실체는 언제나 인격으로 계시고 인격으로 자신을 나타내신다.

아리스토텔레스는 실체를 '스스로 존재하는 존재자' (substantia est ens per se)로 정의하였다. 이 정의는 사물의 우연적인 성질들과 구분해서 사물을 표현하기 위해서 작성되었다. 우연적인 것을 사물의 성질에 적용함으로, 사물의 성질은 존재하는 사물을 떠나서는 존재할 수 없다는 것에 대비해서 실체를 정의하였다.

이 정의를 하나님에게 적용하면 실체는 신적 실체이고 인격은 우연적인 것의 현현이 되지 않겠는가?

위격을 정의한 것을 살펴보자.

폴라누스 (Polanus)는 신적 위격을 정의하기를 신적 위격은 신적 실체 안에 그 실체를 자신 안에 다 가진 존립 (存立)이라고 하였다 (persona Deitatis est subsistentia in divina essentia totam illam divinam essentiam in se habens). 이 정의에 의하면 신적 위격은 신적 실체 안에 존립하는 것인데 신적 실체를 다 가지고 계시는 존재이다.

위격에 관한 이 정의에 의해서도 위격은 신적 실체와 구분된다. 그러나 실체와 위격이 다른 존재자로 분리되는 것이 아니다.

신적 실체 (divina essentia)는 언제든지 위격 혹은 인격으로 표현되고 인격으로 존재하신다. 삼위일체를 한 신적 실체가 세 위격으로 계심으로 이해할 때 실체가 하나이고 동일하며 분할 불가하므로 한 하나님이심이 올바로 이해된다.

아리스토텔레스 식으로 질료 (質料)가 구체화되어 형상이 되는 것 곧 인격이 되는 것으로 생각할 수 없다. 실체는 질료이고 위격은 형상이어서 질료의 구체화로 형상 곧 인격이 되는 것으로 생각하면 안 된다.

하나님은 피조물의 경우처럼 신적 본성이 구체화 곧 현실태 (現實態)로 말미암아 인격으로 계시는 것이 아니다. 하나님은 영원부터 영원까지 유일한 신적 실체가 세 위격으로 계신다.

따라서 신적 실체와 위격은 분리되는 것이 아니다. 신성 (Deitas)은 존재하시면 언제나 인격으로 계신다. 하나님은 신성 자체로 존재하시는 것이 아니고 인격으로 계신다. 신적 실체가 구체화되거나 구현되어서 인격으로 나타나시는 것이 아니다. 하나님은 신적 실체로 계시는 것이 아니라 언제든지 인격으로 계신다. 실체 따로, 인격 따로 계시는 것이 아니다.

하나님은 모든 사역에서 인격 (persona divina)으로서 일하시므로 언제든지 인격으로 자신을 나타내신다. 토마스 아퀴나스가 제시한 것처럼 신적 실체가 창조사역을 하시는 것이 아니다. 창조는 하나님의 의지의 일이므로 하나님의 인격이 일하신다.

구속사역도 동일하다. 하나님의 실체가 일하시는 것이 아니라 위격이 구원사역을 이루신다. 삼위가 함께 일하시지만 한 위격이 중심적인 사역을 하신다. 삼위가 함께 일하심을 신적 실체가 일하신 것으로 볼 수 없다. 모든 사역을 하심에 있어서 언제든지 하나님의 위격이 일하신다.

실체와 위격은 양태적으로 (modaliter) 구분되나 실체적으로 구분되는 것이 아니다. 하나님의 위격 (persona Deitatis)은 자신 안에 전 신적 실체를 가지신다 (totam illam divinam essentiam in se habens). 그러므로 실체와 위격은 실체적으로 구분되는 것이 아니라 양태적으로 구분된다. 실체 따로, 위격 따로 계시는 것이 아니라 신적 실체는 언제나 위격으로 계신다.

동방교회의 대교부인 아다나시오스 (Athanasios)는 삼위 하나님이 한 하나님이신 것은 실체가 하나이고 동일하고 분할 불가하기 때문이라고 확정하였다. 서방교부들 중 암브로시우스와 빅토리누스 그리고 아우구스티누스도 삼위가 하나의 동일한 신격임을 강조하였다. 삼위가 한 동일한 신격이시므로 세 위격은 하나의 동일한 하나님이시란 것이 서방교회의 정통신학이다.

그러나 동방교회의 갑바도기아 교부들은 하나의 동일한 신적 실체에서 신학을 출발하지 않았다. 그들은 세 개별 독립적인 위격에서 신학을 출발하였다.

세 위격은 완전히 개별적인 위격이다. 그래서 세 위격에 공동인 신격을 실체라고 이름하였다. 바실레오스는 그 설명을 사람의 경우에서 가져왔다. 베드로와 요한과 야고보는 세 개별 인격이다. 그들에게 공통인 것은 사람인 점이다. 세 개별 사람에게 공통적인 것인 사람임 (humanness)에 실체란 용어를 적용하였다. 마찬가지로 세 개별 신적 위격에 공통인 신성에 실체라는 용어를 적용하였다. 이렇게 신학을 전개하므로 동방교부들의 신학이 삼신론으로 비난받게 되었다.

이 비난을 해소하기 위해서 닛사의 그레고리오스 (Gregorios of Nyssa)는 페리코레시스 (perichoresis, περίχωρησις) 개념을 도입하였다. 그리하여 세 개별 위격이 다른 위격을 관통하고 둘러싸고 있을 뿐만 아니라 다른 위격들 안에 있다고 하였다. 이것을 위격들의 긴밀한 연합 (arctissima unio) 혹은 무한한 교제라고 하였다. 이 방식으로 세 위격이 한 하나님 되심을 구하려고 하였다.

갑바도기아 교부들은 자기들의 삼위일체론이 삼신론이라는 비난을 피하는 길로 세 위격이 동일 실체 (homoousia)라는 것을 믿고 고백하는 데 두었다. 동일 실체라고 하지만 한 실체라는 것은 강조하지 않았고 실체가 분할 불가하다는 것도 언급하지 않았다.

또 갑바도기아 교부들은 세 위격이 한 동일 실체임을 고백하지 않으므로 다른 문제도 일으켰다. 세 위격은 분리된 개별자들이고 성령은 아버지에게서만 나오시는 것으로 (processio a Patre) 신학을 전개하였다. 여기서도 문제점을 인식하고 닛사의 그레고리오스는 성령이 아들로 말미암아 아버지에게서 출래하심을 (processio a Patre per Filium) 추가하였다 (Ad Ablabium quod non sint tres dii, 5:336).

아다나시오스와 아우구스티누스는 처음부터 성령이 아버지와 아들에게서 출래하심 (processio a Patre Filioque)을 바른 신학으로 정립하였다. 그들은 세 신적 위격이 하나의 동일 실체임을 처음부터 전제했기 때문이다. 두 교부는 한 신적 실체가 세 위격으로 계신다고 표현하였다.

제4절 위격들의 관계와 구별
(relatio et distinctio personarum divinarum)

하나님은 영이시므로 자기를 밖으로 계시하실 때는 언제나 한 하나님으로 나타나신다. 어느 위격이 나타나시든지 하나님이 밖으로 계시하실 때는 동일한 한 하나님으로 나타나신다. 그러므로 피조물은 하나님의 위격적인 존재를 구분하고 인지하기가 어렵다. 성경을 인용하면 이사야가 바라본 여호와가 (사 6:1-13) 신약에서 성육신하신 하나님으로 계시되었다 (요 12:38-41). 구약백성은 이 신비를 도저히 깨달을 수 없었다.

요한계시록에서도 비슷한 경우가 있다. 교회에 말씀하시기 시작하신 이는 예수 그리스도 하나님의 아들이신데, 말씀을 마치실 때는 성령이 교회에 말씀하신 것으로 끝낸다 (계 2:1-3:22).

이런 이해하기 어려운 신비를 만나게 되는 것은 바로 세 위격들은 각각 그 본질에 있어서 참되시고 동일한 한 하나님이시기 때문이다.

4.4.1. 관계에 의한 위격들의 구별

하나님 안의 위격들은 서로의 관계에서 구분되는 특성 (notio

personalis)을 가지신다.

아버지의 위격적 특성은 비유래성과 아버지 되심 (paternitas), 아들은 아들 되심 (filiatio) 곧 출생 (nativitas, seu generatio)과 로고스 되심, 성령은 나오심 혹은 출래 (processio)의 특성을 가지신다.

하나님 아버지의 위격적 특성을 아버지 되심이라고 한 것은 아들에 대한 관계로 말한 것이다. 아버지는 출생과 기원 없이 존재하시므로 비유래성과 비출생성을 특성으로 가지신다. 그러므로 아버지를 전 (全) 신성의 원천 (fons totius Deitatis)으로 삼는다.

아버지의 위격적 특성으로 아버지 되심을 말하지만 그 위격적 유래가 다른 위격으로부터 비롯되지 않았다. 그러므로 아버지의 위격적 특성은 비유래성임을 강조해야 한다.

4.4.2. 교부들의 이해

삼위의 위격적 특성 논의는 삼위일체 논의의 시작 때부터 시발하였다.

4.4.2.1. 사도적 교부인 이그나치오스 (Ignatios, 30-107)

이그나치오스는 출생하지 않으신 아버지와 독생하신 아들 하나님을 말하고 세 위격들의 특성으로 비출생, 출생과 보혜사를 말하여 세 위격을 구분하였다 (Epistula Ignatii ad Philadelphianos, 4).

4.4.2.2. 변증가 유스티노스 (Ioustinos, Justine Martyr, 110-165)

유스티노스는 하나님 안에 내재하신 로고스가 방출된 것을 출생이라고 이름하여 첫 출생자라고 하였다 (1 Apologia, 23; 33; 46; 58; 63). 그리고 첫 출생자를 아버지의 독생자라고 하였다 (Dialogus cum Trypho, 105).

4.4.2.3. 안디옥의 떼오필로스 (Theophilos of Antiochos, 115-181/186)

떼오필로스는 하나님을 비기원, 비출생으로 하나님의 특성을 처음으로 표기하였다 (Ad Autolycum, I, 4; II, 34, 35; III, 9).

4.4.2.4. 에레나이오스 (Eirenaios, Irenaeus, 120-202)

에레나이오스는 아버지와 아들의 관계를 출생으로 표기하였다 (Adversus Haereticos, II, 28, 6; 32, 4).

4.4.2.5. 텔툴리아누스 (Tertullianus, 145-220)

텔툴리아누스는 아들의 특성을 아버지에게서 출생으로 규정하고 (Adversus Praxeas, 2), 성령의 위격적 특성을 아버지에게서 출래 (processio a Patre)로 말하였다 (Adv. Praxeas, 4, 26). 그리고 아버지를 출산자라고 (Adv. Praxeas, 8) 언명하므로 아버지의 위격적 특성을 부성 (paternitas)이라고 말할 길을 열었다. 그뿐만 아니라 아버지와 다른 위격들의 관계를 말할 때 아버지는 신성의 원천 (fons Deitatis)이라고 밝혔다 (Adv. Praxeas, 29).

이에서 나아가 그는 실체는 하나이신데 섭리에 있어서 삼위일체이심을 강조하였다 (Adv. Praxeas, 2).

4.4.2.6. 알렉산드리아의 클레멘트
(Klement of Alexandria, 153-217/220)

클레멘트는 아버지 하나님의 위격적 특성을 비출생, 비유래로 말하고 (Protreptikos, 6, 12; Stromata, VI, 7, 18), 로고스 곧 아들을 출생으로 말하였다 (Stromata, VII, 1, 2, 3; VI, 7; IV, 25; Paedagogus, I, 6, 8). 그러나 그는 성령의 출래는 발언하지 못하였다.

4.4.2.7. 오리게네스 (Origenes, 185-254)

오리게네스는 위격들의 특성들을 밝혔다. 아버지는 신성의 원천 (πηγή τῆς θεότητος, fons Deitatis)이라고 정의하여 (In Joannes, II, 3) 비유래이심을 강조하였다. 아들은 출생이 그 특성임을 밝혔다 (In Joan., XIII, 36; de Principiis, I, 2, 1-3, 4, 13; IV, 1, 28). 그리고 성령은 아버지에게서의 출래가 그의 위격적 특성이라고 강조하였다 (de Principiis, I, 2, 13; VII, 1; Ad Rom., VII, 1).

4.4.2.8. 아다나시오스 (Athanasios, 296/298–373)

아다나시오스는 아들의 특성이 아버지에게서 출생임을 반복적으로 강조하였다 (contra Gentes, 46; 47; Ecthesis sive Expositio Fidei, 1; 2; 3; de Decretis, 11, 12; contra Arianos, II, 70). 그는 또 성령의 위격적 특성은 출래임을 강조하였다.

그런데 동방교회의 주장과는 달리 아다나시오스는 성령의 이중(二重) 출래 곧 아버지와 아들에게서의 출래를 처음으로 가르쳤다 (ad Serapionem, I, 20, 24; III, 3, 4; Expositio Fidei, 4).

성령의 위격적 특성의 본격적인 논의는 갑바도기아 교부들에 의해서 이루어졌다.

4.4.2.9. 바실레오스 (Basileios, 329–379)

바실레오스는 처음으로 위격들의 특성을 확정하였다. 그 후 갑바도기아 교부들은 그의 가르침을 거의 그대로 따랐다.

바실레오스는 아버지의 위격적 특성으로 비출생성, 비유래성, 아버지 되심 (πατροτης, paternitas)으로 확정하였다 (Basileios, epistula, 236, 6; 38, 4). 아들의 특성은 출생 곧 아들 됨 (nativitas, υιοτης, filiatio)으로 확정하였다 (ep., 38, 4, 8; 236. 6). 또 그는 성령의 위격적 특성을 출래 (ἐκπορεύσις, processio)와 성화 (ἀγιασμός, sanctificatio)로 확정하였다. 그리고 이 위격적 특성들은 서로 교환이 안 되는 것임을 강조하였다 (ep., 38, 4; 38, 6).

4.4.2.10. 나지안주스의 그레고리오스
(Gregorios of Nazianzus, 330-390)

그레고리오스는 바실레오스에게서 배웠으므로 그의 가르침을 반복하였다. 아버지에게는 비출생성 혹은 비유래성을 그 특성으로 귀속시켰다 (Orationes, 29, 3; 30, 2; 45, 4; 42, 15).

그레고리오스는 아들의 위격적 특성으로 출생을 강조하였다 (Orationes, 29, 3. 6. 8). 또 성령의 위격적 특성으로 출래를 확정하였다 (Orationes, 31, 8. 9).

4.4.2.11. 닛사의 그레고리오스 (Gregorios of Nyssa, 335/6-395)

닛사의 그레고리오스는 그의 형 바실레오스에게서 배워 그의 가르침을 반복하였다.

그러나 세 위격들의 공동특성을 말한 점이 두드러진다. 위격들의 공동특성은 비창조성과 불변성이라고 하였다 (contra Eunomium, I:22).

아버지의 특성은 비창조성 곧 비유래성과 비출생성 (αγεννησια)으로 확정하였다 (contra Eunomium, I:22; I:37, 38). 아들의 특성은 아들 됨 (υιοτης, filiatio)과 독생자 되심 (μονογενής)이고 (contra Eunomium, I:22), 성령의 위격적 특성으로는 출래 (ἐκπορεύσις, processio)를 확정하였다 (contra Eunomium, I:22).

제5절 삼위일체의 사역의 방식

삼위일체의 사역의 방식은 아다나시오스에 의해서 처음으로 공식화되었다: 아버지는 아들을 통하여 성령 안에서 일하신다 (Pater agit per Filium in Spiritu Sancto).

4.5.1. 아다나시오스의 가르침

아다나시오스는 세라피온에게 보낸 편지에서 다음의 두 진술을 하여 삼위의 사역의 방식을 확정하였다.

아버지는 로고스로 말미암아 성령 안에서 만물을 만드신다 (Ο γαρ Πατηρ δια του Λογου εν Πνευματι αγιω τα παντα ποιει; ad Serapionem, I, 28). 또 다음의 진술로 삼위 하나님의 사역의 방식을 확정하였다. 아버지 자신은 로고스로 말미암아 성령 안에서 만물을 이루시고 주신다 (Αυτος γαρ ο Πατηρ δια του Λογου εν τω Πνευματι ενεργει και διδωσι τα παντα; ad Serapionem, III, 5).

이 사역의 방식대로 창조도 삼위가 이루신다. 곧 아버지가 로고스를 통해서 성령 안에서 만물을 창조하신다 (Ει δε ο Πατηρ δια του Λογου εν Πνευματι αγιω κτιζει τα παντα; ad Serapionem, I, 24).

은혜도 삼위의 사역의 방식대로 주어진다. 은혜와 은사는 삼위 안에서 곧 아버지로부터 아들로 말미암아 성령 안에서 주어진다 (Η γαρ διδομενη χαρις κατ δωρεα εν Τριαδι παρα του Πατρος δι' Υιου εν Πνευματι αγιω; ad Serapionem, I, 30).

아버지는 창조와 구원 작정을 하셨다. 이 때문에 아버지에게 창조주와 구속주라는 이름과 직임이 배정되었다.

그러나 사실 아들이 아버지의 작정을 따라 모든 창조와 구원을 이루셨다. 그러므로 아들이 창조주이시고 구속주이시다. 그래서 아다나시오스는 아들이 창조를 이룬 창조주이시라는 것을 강조한다 (contra Arianos, II, 47; 50; 64; 71; IV, 4; 26).

교회의 최초의 신학자인 에레나이오스도 아들을 세상의 창조주로 이름하였다 (Adversus Haereticos, I, 9, 2; I, 22, 1; II, 2, 4, 5; II, 11, 1; II, 30, 9; III, 6, 2, 4, 5; IV, 33, 7; V, 1, 3; et passim).

4.5.2. 힙폴리토스의 견해

그는 로고스로 말미암아 만물이 창조되었다는 것을 강조하였다 (contra Noetum, 12; Daniel, V).

4.5.3. 알렉산드리아의 클레멘트의 제시

클레멘트는 하나님이 만물을 창조하셨는데 실제 창조활동은 아들이 하셨다고 하였다 (Stromata, VI, 17). 하나님의 아들 자신이 우주를 지으셨다고 하여 (Stromata, VI, 15; VII, 2) 아들이 창조주라고 단언한다.

4.5.4. 오리게네스의 강조

오리게네스는 아버지가 일차적 창조주라고 하고서 아들이 직접적 창조주라고 단언하였다 (contra Celsum, VIII, 13).

구원에 대해서도 동일한 가르침을 교부들이 베풀었다. 하나님 아버지가 구원 작정을 하시고 아들이 실제로 구원사역을 하셔서 구원주가 되셨음을 강조한다.

제6절 각 위격의 사역의 방식

4.6.1. 아버지는 유래 없이 스스로 일하심 (Pater a nullo agit)

아버지는 신성의 원천이고 위격적 존재의 시작이다. 그러므로 아버지는 독자적으로 일하신다. 왜냐하면 아버지는 아들과 성령으로 말미암아 일을 이루시기 때문이다. 아버지는 창조와 구원과 역사의 섭리를 작정하시고 그 작정을 아들을 통해서 이루신다.

그가 창조 작정을 하셨으므로 하나님 아버지를 창조주라고 하고 창조를 아버지에게 귀속한다. 아버지가 구원 작정을 하셨고 그 작정을 아들을 통해서 이루신다. 구원경륜을 작정하신 자로서 아버지에게 구속주를 귀속시킨다.

4.6.2. 아들은 아버지로부터 일하심 (Filius agit a Patre)

"여호와께서 하늘 곧 여호와에게로서 유황과 불을 비 같이 소돔과 고모라에 내리사" (창 19:24). 이 본문에서 여호와는 아들 하나님을 가리키고 여호와에게로서는 아버지 하나님을 가리킨다.

여기서 아들 하나님은 아버지 하나님으로부터 일하심을 말하고 있다. "아들이 아버지의 하시는 일을 보지 않고서는 아무것도 스스로 할 수 없나니 아버지께서 행하시는 그것을 아들도 그와 같이 행하느니라"(요 5:19).

"아버지께서 아들을 사랑하사 자기의 행하시는 것을 다 아들에게 보이시고"(요 5:20). "또 내가 스스로 아무것도 하지 아니하고 오직 아버지께서 가르치신 대로 이런 것을 말하는 줄도 알리라"(요 8:28).

위의 본문들은 아들이 사역하실 때 아버지로부터 일하시는 것임을 명백하게 가르친다.

아들 하나님은 하나님의 로고스이기 때문에 아버지가 작정하신 사역들을 다 이루신다. 아버지가 창조 작정을 정하셨다. 아들이 그 작정대로 모든 창조를 이루어내신다. 이것이 아들로 말미암아 창조를 이루셨다는 말씀의 뜻이다(요 1:3, 10; 고전 8:6; 골 1:16-17; 히 1:2).

아버지가 구원 작정도 하셨다. 이 때문에 하나님 아버지가 구원주가 되신다(딤전 1:1; 딛 2:10; 3:4; 유 25). 그러나 아들 하나님이 하나님의 로고스로서 구원사역을 이루시어 실제로 범죄한 인류를 구원하신 구주이시다(눅 2:11; 요 4:42; 행 5:31; 13:23; 엡 5:23; 딤전 1:1; 2:3; 4:10; 딤후 1:10; 딛 2:10; 3:4, 6; 벧후 1:1, 11; 2:20; 3:2, 18; 요일 4:14).

섭리의 작정도 아들 하나님이 하나님의 로고스로 이루신다. 하나님의 섭리를 이루시기 위해서 하나님 자신을 나타내셨다. 그 나타내신 하나님은 아들 하나님이시다.

역사의 시작점에 첫 인류가 범죄하였을 때 그들에게 나타나시어 심판하시고 구원을 약속하신 이도 아들 하나님이시다. 여호와로 나타나신 하나님이 바로 아들 하나님이시다 (창 3:8-22).

아브라함에게 할례 약속과 언약을 맺으신 하나님도 여호와로 오셨는데 그가 아들 하나님이시다. 또 아들 약속을 주시고 그로써 세상을 구원하시기 위해서 아브라함에게 오신 하나님도 아들 하나님이시다 (창 17:1-21; 18:1-33). 또 소돔과 고모라를 멸망시키기 위해 오신 여호와도 아들 하나님이시다 (창 19:24-25).

하나님의 섭리를 이루시기 위해서 세상에 나타나신 여호와 하나님은 다 아들 하나님이 나타나신 것이다.

4.6.3. 성령은 아버지와 아들로부터 일하심
(Spiritus agit ab utroque)

성령이 두 위격으로부터 일하심을 밝히는 성경본문이 있다. "진리의 성령이 오시면 그가 너희를 모든 진리 가운데로 인도하시리니 그가 자의로 말하지 않고 오직 듣는 것을 가지고 너희에게 알리겠음이니라 그가 내 영광을 나타내리니 내 것을 가지고 너희에게 알리겠음이니라 무릇 아버지께 있는 것은 다 내 것이라 그러므로 내가 말하기를 그가 내 것을 가지고 너희에게 알리리라 하였노라" (요 16:13-15).

성령은 두 위격으로부터 일하신다. 성령은 아버지와 아들의 위격으로부터 일하심으로 아버지의 작정을 따라 아들이 이룩한 사역을 완성하신다.

창조사역도 아버지의 작정을 따라 아들 하나님이 다 이루셨다. 성령은 아들 하나님이 이룩하신 창조사역을 완성하신다. 생명과 질서와 아름다움으로 창조를 완성하심이 성령의 사역으로 늘 믿어지고 인정되었다.

4.6.3.1. 에레나이오스 (Eirenaios, Irenaeus, 120–202)

에레나이오스는 성령이 창조사역에 있어서 아버지의 손으로 일하셨으며 세계를 장식한다고 하였다 (AH, IV, praef. 4; V, 1, 3; IV, 38, 3) 그의 가르침에서 성령이 창조를 완성한다는 사상이 비롯되었다.

4.6.3.2. 바실레오스 (329–379)

바실레오스는 가르치기를 하나님은 성령의 사역으로 만물을 완전하게 하신다고 하였다. 성령은 생명의 공급자이고 만물을 충만하게 하시며 편재하신다고 하였다 (de Spiritu, 16:37; 9:22; 22:53; 24:56). 만물 곧 창조를 완전하게 하시는 일을 성령이 그의 현존 곧 편재로 하신다고 강조하였다 (de Spiritu, 16:37, 38).

4.6.3.3. 닛사의 그레고리오스 (335/6–395)

그레고리오스는 바실레오스의 가르침을 이어받아 창조가 아버지에게서 시작하고 아들을 통해서 진행되며 성령 안에서 완성된다고 하였다 (Gregorios of Nyssa, de Spiritu Sancto, 1317M).
선도 아버지에게서 나와 아들을 통하여 진행되고 모든 것 안에서 모든 것을 이루시는 성령으로 완전해진다고 하였다 (de Spiritu

Sancto, 1329M).

4.6.3.4. 암브로시우스 (Ambrosius, 340-397)

암브로시우스는 성령이 창조를 완성함을 만물을 채우며 만물 안에서 일하신 것으로 가르쳤다 (Ambrosius, de Spiritu Sancto, I, 7, 88). 또 성령도 아버지와 아들처럼 생명이고 만물에게 생명을 주신다고 하여 생명으로 창조를 완성하심을 함의한다 (de Spiritu Sancto, I, 14, 171. 172. 174; II, 5, 32).

4.6.3.5. 루피누스 (Tyrannius Rufinus, 344/5-410/1)

루피누스도 만물을 거룩하게 하심을 성령의 사역에 넣음으로 성령이 창조를 완성하시는 이심을 함의한다 (Rufinus, Comm., 35).

제7절 한 하나님이 세 위격으로 계심의 방식
(내적 사역, opus Dei ad intra)

전통적으로 아버지의 위격에서 다른 두 위격이 나오시게 된 사항을 하나님의 내적 사역이라고 한다. 밖으로의 하나님의 모든 사역은 (opera Dei ad extra) 비분리라고 하지만 하나님의 내적 사역은 분리적이라고 말해진다.

신성의 원천에서 나오신 위격들은 개별존재자로 존재하시기 때문에 분리적이라고 하였다. 아버지의 위격에서 아들이 나오시고 아버지와 아들의 위격에서 성령이 나오심을 '안으로의 하나님의 사역들'(opera Dei ad intra)이라고 한다. 두 위격이 나오심을 분리적인 사역이라고 말한다.

그러나 삼위일체의 존재방식을 하나님의 내적 사역이라고 할 수 있는가? 삼위일체의 존재방식은 의지의 일이 아니고 본성의 일이기 때문이다.

그러므로 전통적인 논의에서 하나님의 내적 사역이라고 한 것은 한 하나님이 세 위격으로 계심이라고 말해야 한다 (unus idemque Deus subsistet ut tres personae).

4.7.1. 하나님은 스스로 계심

하나님은 아무런 유래가 없다. 한 하나님이 스스로 영원히 존재하시기 때문이다. 따라서 하나님은 아버지로서 비유래성을 특성으로 가지신다. 다른 위격으로부터 유래하지 않으셨다.

하나님 곧 아버지는 삼위일체의 제 1 위격 (prima Deitatis persona)이시다. 아버지는 다른 위격과의 관계에서는 아들을 출생하시고 (gignere Filium) 아들과 함께 성령을 호흡하신다 (spirare Spiritum Sanctum cum Filio).

아버지는 아들을 출산하시면서 그의 무한한 동일 신성 혹은 실체를 아들에게 주신다. 아버지의 실체가 아들의 실체를 낳으신 것이 아니고, 아버지의 위격이 아들의 위격을 낳으셨는데 실체로부터 위격을 낳으셨다. 이 출생과정은 영원하고 항속적이다. 따라서 아들은 영원한 아들이시다.

아버지가 아들을 출산하시는 것은 신적 본성이 하는 일이 아니라 아버지의 위격이 아들의 위격을 있게 하신다. 그러나 결코 아버지의 의지의 일이 아니다. 아들의 출생은 본성의 일이다. 하나님이 아들을 출산하는 일은 본성적인 일이므로 필연적으로 영원한 아들을 낳으신다.

아버지는 아들과 함께 성령을 호흡하신다. 성령은 아버지와 아들에게서 출래하실 때 호흡의 방식으로 나오신다. 성령은 아버지와 아들에게서 출래하시면서 두 위격으로부터 신적 본성 (essentia divina)과 모든 본성적인 것을 받으신다.

삼위일체의 이 관계 곧 아버지에게서 아들이 나오고 성령이 나오는 것을 텔툴리아누스는 오이코노미아 (οἰκονομία) 곧 섭리라고 하였다 (Adv. Praxeas, 2).

아우구스티누스는 삼위가 다 하나님이시지만 아버지가 하나님으로 호칭되는 이유를 두 위격이 아버지에게서 비롯되었기 때문이라고 설명하였다 (Augustinus, de Trinitate, I, 6, 12; II, 2, 2; II, 10, 19). 또 아버지가 전 신성의 원천 혹은 시작 (principium Deitatis totius)이기 때문이라고 가르쳤다 (de Trinitate, IV, 20, 29; V, 13, 14).

4.7.2. 아들의 출생

4.7.2.1. 출생: 아버지에서 아들의 위격이 나오심 (processio)

아들은 아버지의 위격적 실체에서 출생하심으로 위격적 존재를 가지신다. 하나님은 위격과 실체가 분리되지 않으시기 때문에 위격적 실체이다. 아버지에게서 한 위격적 존재가 나오셨다. 그렇게 나오신 위격적 존재가 아들이시다.

아들의 위격도 하나님으로서는 유래가 없다. 하나님으로서 비유래성이고 비창조성이다. 그러므로 아들도 하나님으로서 영원하시다. 그러나 아들은 신성의 원천 (fons Deitatis)이신 아버지로부터 위격을 가지신다. 먼저 아버지의 위격에서 아들의 위격이 나오셨다. 이일을 아들의 출생이라고 한다. 출생이 아들의 위격적 존재방식이다.

폴라누스 (Polanus)는 출생을 정의해서 아버지가 아들을 낳으시면서 그에게 실체와 권능과 다른 모든 본질적인 것들을 주시고 통보하심이라고 하였다 (Pater gignit Filium et gignendo dat et communicat ei essentiam, potentiam et alia essentialia omnia).

폴라누스는 아들의 관점에서 같은 내용을 좀 다르게 진술하였다. 아들은 아버지에게서 낳아지시면서 신적 실체와 신성의 모든 본질적인 것들을 받으신다 (Filius nascitur a Patre et accipit essentiam divinam atque omnia essentialia Deitatis nascendo).

이런 정의로는 출생이 무엇을 뜻하는지 알 수가 없다. 하나님의 출생이 무엇을 뜻하는지는 말로 밝히기 어렵기 때문이다.

신약에 예수 그리스도를 하나님의 아들로 말한 본문들은 가득해도 (마 4:3, 6; 8:29; 14:33; 16:16; 27:43; 막 1:1; 3:11; 5:7; 눅 1:35; 22:70; 요 1:34, 49; 5:25; 10:36; 11:4, 27; 19:7; 20:31; 행 9:20; 롬 1:4; 갈 2:20; 엡 4:13; 히 4:14; 6:6; 7:3; 10:29; 요일 3:8; 4:15; 5:5, 10, 13, 20; 계 2:18) 출생을 하나님의 아들에게 직접 적용하지는 않았다.

단지 요한의 글에 홀로 나심 곧 '독생하신' (μονογενής)이란 단어를 그리스도에게 적용하였다 (요 1:14, 18; 3:16, 18; 요일 4:9). 그러나 '독생하신'이란 용어로도 하나님의 출생이 무엇을 뜻하는지 밝히지 않았다.

교부들도 바르고 확실한 제시를 하지 못하였다.

4.7.2.2. 교부들의 이해

4.7.2.2.1. 유스티노스 (Ioustinos)

유스티노스는 로고스의 출생을 말하였다. 로고스가 하나님 안에 지성으로 내재하였는데 방출되었다. 이 방출을 로고스의 출생이라고 하였다. 그리하여 로고스가 하나님의 첫 출생자이고 아버지의 독생자라고 하였다 (1 Apologia, 23; 33; 46; 58; 63; Dialogus cum Trypho, 105).

4.7.2.2.2. 타치아노스 (Tatianos)

타치아노스는 로고스가 하나님 안에 있었는데 주님의 단순한 의지에 의해서 로고스가 튀어나왔다. 이것을 아버지의 처음 출생한 생산품이라고 하였다 (Tatianos, Oratio, 5. 7).

4.7.2.2.3. 아떼나고라스 (Athenagoras)

아떼나고라스는 로고스를 이념과 현실화로서 하나님의 아들이라고 하였다. 지성 자체이신 하나님 안에 있는 로고스가 사물들의 이념과 활력을 주는 능력으로 나온 것을 출생으로 설명하였다 (Supplicatio pro Christianis, 10).

4.7.2.2.4. 에레나이오스 (Eirenaios)

에레나이오스는 로고스가 아버지에게서 출생하여 아들이라고 제시한다. 그러나 그 출생은 말로 표현할 수 없다고 하였다 (AH, II, 28, 6).

4.7.2.2.5. 텔툴리아누스 (Tertullianus)

텔툴리아누스는 하나님이 그의 아들 혹은 말씀을 출생시킨 것을 섭리로 이해하였다. 출생을 아버지에게서 나오심으로 규정하였다 (Adv. Praxeas, 2).

4.7.2.2.6. 힙폴리토스 (Hippolytos)

힙폴리토스는 가르치기를 하나님이 이성, 지성 곧 로고스를 가지셨는데 이 로고스를 출산하셨다. 이 출생을 아버지에게서 나오심으로 규정하였다 (contra Noetum, 11; 16; Scholia ad Daniel, 14).

4.7.2.2.7. 노바치안 (Novatian, 210-280)

노바치안은 아버지가 원하시므로 아들 곧 말씀이 출생하였다고만 말하였다 (Novatian, de Trinitate, 31).

4.7.2.2.8. 알렉산드리아의 클레멘트 (Klement of Alexandria)

클레멘트는 로고스가 하나님의 아들 됨은 출생으로라고만 하였다. 하나님에게서 출생하였으므로 유일한 아들이라고 하였다 (Stromata, VII, 3; VI, 7; IV, 25; VII, 1).

4.7.2.2.9. 오리게네스 (Origenes)

오리게네스는 아버지의 의지에 의해서 아들이 출생하였다고 하였다 (In Joan., XIII, 36; de Principiis, IV, 1, 28). 그러면서도 아들은 하나님의 실체에서 출생하였다고 제시한다 (In Hebraios, 93). 아버지의 의지에 의해서 아들이 출생하였으면 그것은 피조물이 됨을 뜻한다.

4.7.2.2.10. 알렉산드리아의 알렉산드로스 (Alexandros of Alexandria)

알렉산드로스는 아들이 아버지의 실체에서 출생하였다고 가르쳤다. 그의 출생은 사람의 머리로는 도저히 파악하기가 불가능한 방식으로 이루어졌다고 강조하였다. 그런데 출생은 시작이 없는 출생이라고 가르쳤다 (Epistola Alexandri ad Alexandrum Constantinopolitanum in Theoretos, Historia Ecclesiae, I, 3).

4.7.2.2.11. 아다나시오스 (Athanasios, 296/298-373)

아다나시오스는 아들은 하나님 아버지의 실체의 소생이라는 진리를 강조하였다 (Oratio contra Arianos, I, 9). 아버지에게서 출생하되 영원한 출생이라는 것을 반복적으로 강조하였다 (Oratio de Incarnatione Verbi, 10). 더욱이 아버지에게서 영원히 출생하였는데 그 출생은 파악할 수도 없고 말로 할 수 없는 방식으로 출생하였다는 것을 가르쳤다 (Expositio Fidei, I, 3; de Decretis, 11).

4.7.2.2.12. 힐라리우스 (Hilarius, 315-367)

힐라리우스는 아들은 비출생이신 아버지에게서 출생하셨다는 것을 밝혔다. 이 신적 출생이 어떻게 이루어졌는지 알 수 없다는 것을 강조하였다. 그리하여 이 신적 출생은 출생자와 출생된 자에게만 알려진 비밀이라고 하여 아다나시오스와 같은 주장을 하였다 (Hilarius, de Trinitate, II, 9; de Synodis, 11).

4.7.2.2.13. 바실레오스 (Basileios, 329-379)

바실레오스는 아들은 비출생하신 하나님에게서 독생하신 이로 제시한다 (Basileios, epistula, 38, 4).

4.7.2.2.14. 나지안주스의 그레고리오스 (Gregorios of Nazianzus, 330-390)

그레고리오스는 아들이 아버지에게서 나오심을 출생으로 표기하였다. 이 출생은 비감성적 출생이라고 단언하였다. 왜냐하면 영적 출생이기 때문이다 (Gregorios of Nazianzus, Orationes, 29, 4).

4.7.2.2.15. 닛사의 그레고리오스 (Gregorios of Nyssa, 335/6-395)

그레고리오스는 아들은 아버지에게서 만세 전에 출생하여 영원한 출생이라고 단언하였다 (contra Eunomium, I, 39. 42).

제8절 출생의 성경적 해명

교부들은 아들의 위격적 존재를 아버지에게서의 출생으로 고정하였다. 그러나 출생이 신비한 영적 출생이어서 말로 표현할 수 없다고 단언하였다.

그들은 아들의 출생이 피조물들에게 있는 출생의 방식이 아니라는 것은 강조하였지만 그 내용은 밝히지 못하였다. 출생이 영적이고 신적이라고만 하였다. 그러나 출생이란 용어는 성경에서 아들에게 적용되지 않았다.

그러므로 출생을 달리 이해해야 합당하다.

4.8.1. 정의: 아들의 출생=하나님의 자기 객관화; 자기 객관화 (obiectificatio Ipsius Dei)가 한 인격을 이룸

하나님은 언제나 자기 자신을 객관화하는 방식으로 존재하신다. 그 객관화는 하나님의 일이므로 영원한 객관화이다. 이 객관화는 피조물의 방식처럼 심리적인 것이 아니다.

하나님은 자신을 객관화하므로 자신의 모든 것을 그 객관화에 넣으신다. 그리하여 객관화가 하나의 인격을 이룬다. 하나님의 자기 객관화가 하나의 인격을 이루기 때문에 이 객관화를 로고스라고 한다. 하나님의 자기 객관화는 바로 로고스 사건이다.

하나님은 자신의 모든 것을 이 객관화에 넣으신다. 그의 신성, 인격, 생명과 권능, 지혜 그리고 그의 작정을 그에게 다 넣으신다 (요 1:3, 4). 이것이 하나님의 자기 객관화가 로고스로 불리는 이유이다 (요 1:1; 계 19:13). 로고스는 하나의 인격이다. 그것도 하나님의 인격이다. 로고스 곧 하나님의 자기 객관화가 아들로 불린다.

하나님의 자기 객관화이신 로고스가 하나님의 아들로 불리는 이유는 로고스가 아버지의 모든 것을 완전하게 복사하고 있기 때문이다. 하나님은 자기의 모든 것을 로고스에 넣으셨으므로 로고스가 하나님을 완전하게 대표하여 하나님의 아들이라 불린다.

하나님은 자신을 객관화하여 한 인격을 이루시므로 그 인격을 형상이라고 이름한다. 하나님은 영원부터 영원까지 자기를 객관화하신다. 하나님의 자기 객관화가 바로 하나님의 로고스이다.

로고스 안에서 하나님의 모든 것을 다 발견한다. 곧 로고스 안에서 하나님인 것만 만난다.

그러므로 하나님을 만나고 아는 길은 로고스를 통해서만이다. 하나님을 아는 길의 시작은 바로 로고스를 믿고 믿음으로 아는 길이다. 하나님은 밖으로 자기를 계시하실 때 언제나 로고스를 통해서 알리신다 (요 1:10). 이것이 하나님을 아는 길이 하나님의 로고스를 통해서인 이유이다. 로고스에 하나님의 전부가 다 들어 있기 때문이다. 하나님은 처음 말씀과 마지막 말씀을 다 로고스를 통해서 하셨다 (창 1:1; 요 1:14; 3:16; 계 1:1; 22:20).

로고스가 하나님의 자기 객관화이므로 하나님은 자기 계시와 모든 사역 곧 창조와 구속과 섭리를 로고스를 통해서 하신다 (요 1:3, 10, 14; 계 1:5-6).

하나님은 로고스이신 아들을 통하지 않고는 어떤 일도 하지 않으신다. 아버지는 아들을 통해서만 일하신다.

제9절 성령의 출래 (processio a Patre Filioque)에 관한 교부들의 가르침

4.9.1. 출래: 성령의 위격적 존재방식

성령은 하나님으로서는 아버지와 아들과 함께 동일 실체이시고 영원하시다. 그러므로 성령은 하나님으로서는 유래가 없으시다. 비유래성과 비창조성은 성령이 다른 위격들과 함께 가지시는 특성이다.

그러나 성령이 한 위격으로 계시는 것은 출래 (出來, ἐκπορεύσις, processio)로 이루어진다. 성령은 아버지와 아들에게서 출래하신다. 아버지와 아들에게서의 성령의 출래는 영원한 출래이고 필연적인 나오심이다. 성령의 출래는 본성적인 일이고 의지의 일이 아니다. 곧 성령 하나님은 영원히 출래의 방식으로 계신다. 성령은 아버지와 아들에게서 나오신다.

텔툴리아누스 (Tertullianus, 145-220)가 성령의 출래를 처음으로 제출하였다. 그는 성령이 아들로 말미암아 아버지에게서 나오신다고 출래를 말하였다 (Adv. Praxeas, 4). 그 후 동방교회에서는 텔툴리아누스의 가르침을 따라 성령이 아버지에게서 나오심으로 이해하였다. 그러나 동방교부인 아다나시오스는 성령의 출래를 아버지와 아들에게서로 확정하였다.

서방교회는 아다나시오스를 따라 성령의 출래를 아버지와 아들에게서 나오심 (processio a Patre et Filio)으로 확정하였다.

성령의 단일 출래냐, 이중 출래냐 하는 문제는 동방교회와 서방교회 간에 아무런 합의가 없다.

4.9.2. 교부들의 이해

교부들은 성령의 위격적 존재를 출래라고 할 때 요한복음에 있는 주의 말씀에 의거해서 전개하였다.

"아버지께로서 나오시는 진리의 성령이 (요 15:26; τὸ πνεῦμα τῆς ἀληθείας ὃ παρὰ τοῦ πατρός ἐκπορεύεται,) 오실 때에." 여기 아버지에게서 나오심 (παρὰ τοῦ πατρός ἐκπορεύεται)에 근거해서 단일 출래를 성령의 존재방식으로 삼았다.

4.9.2.1. 텔툴리아누스 (Tertullianus)

텔툴리아누스가 처음으로 출래를 성령의 존재방식으로 세웠다. 그는 아들의 위격적 존재방식을 출생으로 말하고 성령은 아들로 말미암아 아버지로부터 나오신다고 제시하였다 (Adv. Praxeam, 4, 8). 동방교회는 이 가르침을 따라 이중 (二重) 출래를 완전히 거부하였다.

4.9.2.2. 오리게네스 (Origenes)

오리게네스는 성령이 아버지에게서 나오신다고 (Patre Spiritus Sanctus procedens, de Principiis, I, 2, 13) 말하고 또 하나님 자신에게서 출래하신다고 제시하였다 (ex ipso Deo procedit, Origenes, Ad Romanos, VII, 1).

4.9.2.3. 아다나시오스 (Athanasios)

아다나시오스는 성령이 아버지에게서 출래하였다고 하고서 동시에 아들에게서 나오심을 가르쳤다 (Expositio Fidei, 4; ad Serapionem, III, 6).

4.9.2.4. 힐라리우스 (Hilarius, c. 315-367)

힐라리우스는 성령이 아버지와 아들에게서 나오신다고 고백한다 (de Trinitate, II, 29).

4.9.2.5. 바실레오스 (Basileios)

바실레오스는 성령이 아버지에게서만 나오시는 것으로 확정하였다. 또 출래는 출생과 다르다는 것을 강조하였다. 그래서 성령이 아버지에게서 나오시되 입의 호흡처럼 나오신다고 하여 출생과 출래의 차이점을 강조하였다 (de Spiritu, 18:46).

4.9.2.6. 나지안주스의 그레고리오스 (Gregorios of Nazianzus, 330-390)

그레고리오스는 바실레오스를 따라 성령이 아버지에게서 출래하신다고 단일 출래를 강조하였다 (Orationes, 31:8, 9). 그러나 그는 성령을 '그리스도의 다른 자아' (alter ego)라고 말하므로 단일 출래의 문제점을 인지하였다고 할 수 있다.

그의 신학에 의하면 성령은 아버지에게서 출래하신다. 아들로 말미암아 성령이 나오심을 생각할 수도 없었다. 그런데도 성령을 예수의 다른 자아라고 단언하였다 (Orationes, 41:12). 성령을 그리스도의 다른 자아라고 말한 것은 성령의 출래가 아버지에게서만 나오실 수 없다는 것을 함의하는 것이다. 곧 성령은 아버지와 아들에게서 나오시기 때문에 아들의 제 2 자아가 될 수 있다.

4.9.2.7. 닛사의 그레고리오스 (Gregorios of Nyssa)

그레고리오스도 바실레오스를 따라 성령은 아버지에게서 나오신다 (εκ Πατρος εκπορευομενον, de Spiritu Sancto, 1313M; 1317M)고 말하여 출래가 성령의 위격적 존재 방식임을 강조하였다.

그러나 성령은 아버지에게서 나오시되 아들로 말미암아 출래하심이라고 주장하였다 (Ad Ablabium quod non sint tres dii, 5:336). 아버지에게서 출래라고 주장하고 아들에게서의 출래는 부정하면서도 아들에게서 모든 것을 받는다고 하였다 (de Spiritu Sancto adversus Pneumatomachos Macedonianos, 5:319).

성령이 아들에게서 나오지 않으셨는데도 아들에게서 모든 것을 받을 수 있는가? 그러므로 성령의 출래가 아버지와 또 아들에게서 (procedens a Patre Filioque)로 말해야 합당한 신학이다. 성령이 아들에서도 나오셔야 (procedens Filioque) 성령이 아들에게서 모든 것을 받을 수 있다.

닛사의 그레고리오스는 바실레오스의 가르침에만 부착하지 않고, '아들로 말미암아'를 성령의 출래에 부가하였다.

4.9.2.8. 콘스탄티노폴리스 신경
(Symbolum Constantinopolitanum, 381)

콘스탄티노폴리스 신경도 갑바도기아 교부들의 가르침대로 성령이 아버지에게서 나오심을 (τὸ ἐκ πατρός ἐκπορεύομενον) 성령의 위격적 존재의 방식으로 확정하였다.

4.9.2.9. 암브로시우스 (Ambrosius, 340-397)

암브로시우스는 갑바도기아 교부들과는 달리 성령의 출래가 아버지와 아들에게서 이루어졌음을 강하게 주창하였다 (de Spiritu Sancto, I, 11, 119. 120; I, 16, 177-178).

4.9.2.10. 루피누스 (Tyrannius Rufinus, 344/5-410/1)

루피누스도 동방교부들과 달리 성령이 아버지와 아들에게서 나오심을 (de utroque procedens; Comm., 35) 강조하였다.

4.9.2.11. 아우구스티누스 (Augustinus, 354-430)

아우구스티누스는 서방교회의 이해를 따라 성령이 아버지와 아들에게서 출래하였다고 (procedens a Patre Filioque) 확정하였다 (de Trinitate, XV, 26. 27). 그는 콘스탄티노폴리스 공회의의 출래 결정에도 불구하고 성령은 아버지와 아들에게서 영원히 또 단번에 나오심을 반복적으로 말하고 성령의 출래가 영원한 출래임을 강조하였다 (de Trinitate, V, 15, 16; V, 16, 17).

아우구스티누스의 가르침을 따라 서방교회는 성령의 이중 출래를 성령의 위격적 존재의 방식으로 고수하였다.

4.9.2.12. 아다나시오스 신경
(Symbolum Athanasianum, Symbolum Quicumque)

아다나시오스 신경은 아우구스티누스의 신학으로 공식화되었으므로 성령의 출래를 아버지와 아들에서로 (Spiritus Sanctus a Patre et Filio procedens) 확정하였다.

4.9.2.13. 다메섹의 요한네스 (Johannes of Damascus, 650-750)

요한네스는 동방교회의 마지막 정통신학자로 동방교회의 전통대로 성령이 로고스를 거치지 않고 아버지에게서 나오심을 (εκ του υιου δε το πνευμα ου λεγομεν, πηγη γνωσεως, I, 8) 성령의 위격적 존재방식이라고 단정하였다.

교부들은 성령의 출래가 아들의 출생과 다르다고 제시하였다. 그러나 출생과 출래가 어떻게 다른지에 대해서는 아무런 가르침을 제시하지 못하였다.

성령의 출래에 대해 더 깊은 탐구가 어렵게 된 것은 나지안주스의 그레고리오스가 성령의 출래는 하나님의 신비이므로 설명할 수 없다고 단정하였기 때문이다 (Orationes, 31:8). 그는 성령의 출래를 하나님의 깊이와 신비로 보고 침묵으로 존경해야 한다고 제시하였다 (Orationes, 31:9). 또 그는 출생과 함께 출래도 말로 표현할 수 없다고 (ineffabilis) 하여 신비로 남겼다 (contra Eunomium, I:22).

그래서 고대교회 이래 성령의 출래가 무슨 내용인지를 아무도 탐구하거나 묵상하지 못하였다.

4.9.3. 성령의 출래: 하나님의 호흡의 방식

교부들이 성령의 위격적 존재방식은 출래라고 단정적으로 주장하고 가르쳤어도, 출래의 내용이 무엇인지 출생과 어떻게 다른지에 대해 확실하게 제시하지 못하였다.

아들과 성령이 다 아버지에게서 나오셨는데 아들은 출생의 방식으로, 성령은 출래의 방식으로 나오셨다고 할 때 어찌 두 방식이 다른지 이해할 길이 없게 되었다.

성령의 출래는 출생과 달리 입의 호흡의 방식이라고 부가하였다. 그리하여 성령을 하나님의 호흡이라고 일반적으로 말하게 되었다.

아다나시오스 (Athanasios)는 성령이 출래하신다고 할 때 성령이 아버지와 아들에게서 나오심을 표기하였다. 그리고 출래가 출생과 다르다는 것을 밝히기 위해서 아들과 성령의 관계에서 출래는 아들의 호흡이라고 제시하였다 (ad Serapionem, III, 3). 아다나시오스는 성령의 출래를 아들의 호흡이라고 단정한 것이 주목할 점이다.

아레안파는 성령이 신적 위격이 아니라고 하였다. 그들은 성령이 아버지에게서 출래하였으면 아들과 성령이 형제가 된다고 주장하였다. 그러나 성령이 아들 다음에 지목되면 아버지의 손자가 된다는 것이다 (Athanasios, ad Serapionem, I, 15, 16; IV, 4).

아다나시오스는 아들의 출생과 성령의 출래가 다름을 밝히기 위해서 성령이 아버지에게서 출래하지만 아들의 호흡이라고 제시하였다 (ad Serapionem, III, 3). 이후부터는 성령을 아버지와 아들의 호흡이라고 보편적으로 인정하게 되었다.

바실레오스 (Basileios)도 성령의 위격적 존재방식을 아버지에게서의 출래로 확정하면서 아버지의 입의 호흡처럼 나오신다고 제시하였다 (αλλ' ως Πνευμα στοματος αυτου; de Spiritu, 18:46). 그러나 성령이 아버지의 입의 호흡으로 나오신다고 할 때 사람 입의 호흡처럼 흩어져 없어지는 것이 아니라는 것을 함께 강조하였다.

교부들의 이해에 성령의 출래와 호흡함이 무슨 뜻인지 아무런 해명이나 설명이 없다.

4.9.4. 단일 출래를 교리로, 그러나 이중 출래도 주장

성령은 삼위일체의 한 위격이시다. 성령이 하나님으로서 위격적 존재를 어떻게 가지시느냐가 동방교회와 서방교회 간에 큰 논쟁점이었다. 동방교회는 바실레오스와 나지안주스의 그레고리오스와 닛사의 그레고리오스의 지도를 따라, 성령은 아버지에게서만 나오신다고 강하게 주장하므로 381년 콘스탄티노폴리스 공회의는 단독 출래를 교리로 공식화하였다.

그러나 서방교회는 아다나시오스와 아우구스티누스의 가르침대로 성령은 아버지와 아들에게서 출래하신다는 것을 교리로 정하였다. 암브로시우스, 빅토리누스, 루피누스 등이 다 성령이 아버지와 아들에게서의 출래하심을 강하게 주창하였다. 이런 가르침 때문에 아우구스티누스는 성령의 이중 출래를 정통으로 확정하였다.

아버지와 아들이 성령을 보내심을 보면 아들의 구속사역에 근거해서만 성령을 보내셨음을 밝히 알 수 있다.

아버지가 신성의 원리이고 원천(principium et fons Deitatis)이시기 때문에 성령이 아버지에게서 나오시지만 아들에게서도 성령이 나오신다. 아들에게서 성령이 나오시지 않았으면 아들이 무슨 권리로 성령을 보내실 수 있는가? 따라서 성령이 아들에게서도 나오심(processio a Patre Filioque)이 신학적으로도 정당한 진리이다.

제10절 출래의 합당한 해명: 출래=무한한 신성의 현시

4.10.1. 정의: 성령의 출래: 하나님의 충만 (=무한한 신성)의 현시; 무한한 신성의 현시가 한 인격을 이룸

성령의 출래는 하나님의 충만의 현시이다. 하나님은 무한한 충만이시다. 충만은 하나님의 신성 자체를 말한다 (골 1:19; 모든 충만, πᾶν τὸ πλήρωμα; 골 2:9; 신성의 모든 충만, πᾶν τὸ πλήρωμα τῆς θεότητος; 요 1:16; 그의 충만에서, ἐκ τοῦ πληρώματος αὐτοῦ).

신약은 하나님의 신성 자체를 충만으로 표기하였다. 하나님은 그의 본성과 생명과 권능과 지혜와 영광과 작정과 은혜가 무한하시다. 하나님은 신적 본성을 충만히 가지시는 존재이시다. 곧 하나님은 무한한 신성 자체이시다.

성령의 출래는 바로 하나님의 충만의 현시이다. 하나님은 성령의 출래로 자기의 존재방식을 다 드러내셨다. 그가 무한한 신성이시며 따라서 영이심을 성령의 출래로 다 드러내셨다. 성령의 출래는 하나님이 무한한 신성이심 (infinita Deitas)을 밝혔다.

하나님은 충만 자체이심을 성령의 출래 혹은 호흡하심으로 드러내신 것이다. 하나님의 존재방식은 언제나 무한한 충만이다. 하나님은 나타나시면 언제나 무한한 충만으로 자기를 나타내신다. 하나님은 무한한 영이시므로 그의 나타나심은 충만의 현시로 나타나신다. 성령의 출래는 바로 하나님의 무한한 신성의 현시이다.

하나님은 그의 존재가 무한한 충만이시므로 호흡하신다. 하나님이 호흡하심은 그의 충만 곧 신성 자체를 현시하심이다.

하나님은 무한한 충만 곧 무한한 신성이시므로 호흡하심으로 자기의 충만 곧 신성 자체를 밖으로 드러내신다. 곧 하나님은 호흡하심으로 자기의 충만을 드러내신다.

하나님은 무한한 생명이시므로 그의 호흡하심으로 다른 인격을 산출하신다. 하나님은 그의 호흡하심으로 하나의 동일한 신적 인격을 산출하신다.

하나님은 호흡하심으로 자기의 무한한 충만을 드러내심이 한 인격의 존재를 시작하심이다. 곧 무한한 신성의 현시가 한 인격을 이룬다. 이렇게 하나님이 자기를 호흡하심으로 드러내신 존재가 바로 하나의 무한한 인격 곧 성령이시다.

성령의 출래는 하나님의 무한한 존재에서 일어나므로 영원한 출래이고 영원한 호흡하심이다. 이 호흡은 하나님으로서의 호흡이므로 아버지와 아들의 동일한 한 호흡하심이다. 두 위격의 한 호흡이므로 한 위격이 출래하신다.

4.10.2. 무한한 충만은 편재하심임

하나님은 무한한 충만 곧 무한한 신성이시므로 편재하신다. 하나님이 만물을 채우시는 것은 권능과 지혜로도 하시지만 그의 신성 자체가 무한하시므로 만물을 충만하게 하신다 (엡 1:23; τὸ πλήρωμα τοῦ πάντα ἐν πᾶσιν πληρουμένου). 곧 영으로 만물을 충만하게 하신다. 영이 하나님의 충만의 현시이기 때문이다. 그리고 하나님은 언제나 영으로 임재하신다.

무한한 신격 (the Godhead)의 존재방식은 피조물을 대하여는 편재이다 (omnipraesentia; 시 139:7-10). 하나님은 편재하시기 때문에 영으로 인정되고 이해된다.

성령의 출래를 호흡으로 말하고 표기하는 것도 하나님이 피조물에 이르시고 피조물을 가득 채우심을 뜻한다.

하나님은 계시면 언제든지 충만히 계시고 모든 곳에 계신다 (렘 23:24; 사 66:1-2; 암 9:2; 시 139:7-10; 행 7:49). 하나님은 임재하시면 한 곳에만 계시는 법이 없다. 한 곳에 계심과 함께 모든 곳에 동시에 계신다. 그러므로 그 임재는 편재하심이다.

하나님은 계시지 않는 곳이 없으시고 언제든지 동시에 모든 곳에 계신다. 한 곳에 계심과 함께 온 우주를 감싸고 계신다 (창 1:2). 하나님은 영이시므로 임재하시면 언제나 권능과 지혜와 은혜로 함께 계신다.

이처럼 성령의 출래를 호흡하심으로 표기한 것은 하나님은 영으로서 임재하실 때 충만한 임재하심을 표시한다. 하나님의 임재는 언제나 편만하시고 편재하신다.

성령이 하나님에게서 나오심은 하나님의 충만한 임재를 표시한다. 그리고 출래를 호흡하심이라고 한 것은 하나님의 임재는 언제든지 편재하심임을 표시한다.

제11절 보혜사 성령

4.11.1. 성령=보혜사

성령 파송자이신 그리스도가 (요 15:26; 16:7; 행 1:5-8; 눅 24:49) 성령을 보혜사 (Parakletos, παράκλητος)로 지목하셨다 (요 14:16, 26; 15:26; 16:7).

그리스도의 구속사역으로 말미암아 오신 성령은 보혜사로 지목되었다 (요 14:16, 26). 성령의 오심은 전적으로 그리스도의 구속사역에 의해서만 가능하게 되었기 때문이다. 하나님 아버지가 아들과 함께 그리스도의 구속사역 후에 성령을 보내셨다 (요 15:26; 14:16). 주 예수를 믿는 자들에게 보혜사 성령을 보내셨다.

그러므로 성령이 믿는 자들에게 오실 때는 보혜사로서 오신다.

4.11.2. 보혜사 성령의 직임

그리스도는 그의 구속사역에 근거해서 성령을 보혜사로 보내셨다 (요 14:16, 26).

그리스도는 보혜사의 직임도 규정하셨다. "보혜사를 너희에게 주사 영원토록 너희와 함께 있게 하시리니" (요 14:16). 성령은 복음선포에 역사하셔서 믿음을 일으키시고 믿음고백을 하게 하신 다음에 그 사람과 영원히 함께 거하신다. 곧 보혜사는 영원히 백성과 함께 하시는 하나님이시다. 이것이 보혜사의 직임이다.

4.11.3. 보혜사 성령은 믿는 백성과 영원히 함께 하심

보혜사는 하나님의 백성과 영원히 함께 하신다 (요 14:16). 이 목적을 위해서 성령이 그리스도의 구속사역으로 말미암아 인류에게 오셨다. 성령의 직임은 구원받은 백성과 영원히 함께 하심이다. 성령은 주 예수를 믿어 구원받은 백성에게 오셔서 영원히 그들과 함께 하시고 결코 떠나시지 않는다. 성령이 믿는 자 각자 안에 오시고 영원히 함께 거하신다. 그러므로 보혜사는 백성과 영원히 함께 하시는 하나님으로 불린다.

4.11.4. 보혜사는 사람들 안에 믿음을 일으키심

성령은 그리스도의 구속사역으로 오시고 또 그의 구속사역 선포에서만 일하신다. 바로 복음이 선포될 때 성령이 일하신다. 그리하여 보혜사는 복음이 선포될 때 사람들을 거듭나게 하셔서 믿음고백을 하게 하신다 (딛 3:5-7).

성령이 사람으로 주 예수를 믿게 하시므로 주 예수를 믿는다는 믿음고백 (confessio fidei)을 한다 (고전 12:3). 복음전파로 성령이 거듭나게 하시기 전에는 사람은 부패의 덩어리 (massa corruptionis)일 뿐이었는데 성령이 거듭나게 하시므로 영 곧 새사람이 된다 (요 3:6). 성령의 역사로 새사람이 되므로 그 사람은 믿음고백하여 믿는 자가 된다. 그때에 성령이 내주하신다 (inhabitatio; 갈 3:2, 5). 이것을 성령 주심 혹은 성령 받음으로 표기하였다 (갈 3:2, 26; 4:6; 살전 1:6; 딛 3:6; 고전 2:12; 3:16; 6:19; 12:13; 고후 1:22; 5:5; 엡 1:13).

4.11.5. 보혜사 성령의 내주

보혜사 성령은 내주하시는 하나님이시다. 그러나 성령의 내주는 신적 실체의 내주가 아니고 인격적 연합관계를 뜻한다. 성령은 항속적인 인격적인 교제관계로 믿는 사람 안에 거주하신다.

그리스도의 구속사역 때문에 성령이 보혜사로 오셨으므로 성령은 그리스도를 믿는 사람들에게만 내주하신다. 하나님이 성령으로 우리 믿는 사람들 안에 거주하게 하셨다 (롬 8:9, 11, 14-15; 고전 2:12; 3:16; 6:19; 12:13; 고후 1:22; 5:5; 갈 3:2, 5; 4:6; 5:25; 엡 1:13; 요일 3:24; 4:13; 약 4:5).

보혜사 성령은 믿는 사람들 각자 안에 거주하시므로 결코 믿는 사람들을 떠나시는 법이 없다 (요 14:16). 믿는 자에게 한번 오신 성령은 결코 떠나시는 법이 없어서 영원히 함께 하신다.

성령이 믿는 사람 안에 거주하시는 것은 그 사람을 먼저 거듭나게 하셔서 새사람으로 만드시고 믿음고백을 하게 하신 다음에 내주하신다.

4.11.6. 보혜사는 구원진리를 가르치심

성령은 그리스도의 피로 사서 세상에 보내지셨다. 따라서 그는 보혜사 (Parakletos)로 오셨다.

보혜사는 그리스도의 구속사역을 증거하고 전파하며 가르치신다. 보혜사로서 성령은 자기를 말하는 것이 아니라 그리스도와 그의 구원사역을 가르치고 증거하신다 (요 15:26; 16:14-15). 성령은 결코 자신을 말하지 않고 자기를 증거하지 않고 오직 그리스도의 인격과 구원사역만을 말한다 (요 16:14-15).

성령은 구주이신 예수 그리스도가 하나님의 아들 곧 하나님의 성육신이시며, 그가 피 흘려 죗값을 지불하므로 믿는 자들을 죄와 죽음에서 구원하여 영생에 이르게 하셨다는 것을 증거하신다.

그리스도의 인격과 구원사역을 잘 가르치고 증거하시므로 모든 믿는 자들로 하여금 바르게 믿어 확실한 구원에 이르게 하신다.

보혜사는 복음을 증거하고 전파하기 위해서 오셨으므로 복음이 선포될 때 자신을 나타내시고 능력으로 역사하신다 (고전 2:4). 이렇게 능력을 주심으로 복음을 전하는 자들이 그 소임을 다하도록 역사하신다.

4.11.7. 보혜사는 믿는 자들을 위로하고 지키심

보혜사 성령은 그리스도를 대신하여 믿는 백성들에게 오셨으므로 원보혜사이신 그리스도의 직임을 다 행하신다. 보혜사 성령은 그리스도가 육체 안에 계실 때 하셨던 것과는 달리 (마 17:22) 언제나 백성들과 함께 계시고 그들과 함께 가신다. 곧 백성들이 당하는 모든 경우들에 언제나 함께 계신다.

보혜사는 믿는 백성을 위로하시고 연약함을 도와 일으켜 세우신다 (롬 8:23, 26; 갈 5:18; 빌 1:19). 그리하여 마침내 구원에 이르고 (빌 1:19) 온전한 거룩함에 이르게 하신다 (살후 2:13; 벧전 1:2). 이것이 성화작업의 완성 (perfectio sanctificationis)이다.

4.11.8. 보혜사는 거룩하게 하심

복음선포로 사람들이 주 예수를 믿고 믿음고백을 하면 성령은 그들 안에 거주하신다 (요 14:17; 롬 8:15-16; 고전 12:13; 고후 1:22; 5:5; 갈 4:6; 엡 1:13; 4:30).

믿는 자들 안에 거주하시는 보혜사 성령은 육의 욕망을 버리고 의와 거룩을 좇게 하신다 (갈 5:16-25). 온갖 더러운 육체적 욕망을 버리고 거룩함과 의를 구하게 하신다 (갈 5:19-23). 그리하여 그리스도의 장성한 분량에까지 이르게 하시고 (엡 4:13), 믿는 자들로 하나님의 성전이 되게 하시며 하나님의 거소로 지으신다 (엡 2:21-22). 이것이 성령의 성화작업 (sanctificatio Spiritus)이다.

보혜사 성령은 믿는 자 안에 거주하실 때부터 옛사람의 역사로 일어나는 육의 욕망을 거슬러 싸우셔서, 믿는 사람으로 하여금 육의 욕망을 따라 살지 못하게 하신다 (갈 5:16-17).

성령이 육체의 욕망을 거스려 육체의 욕망을 이루지 못하게 하신다 (갈 5:16-17). 그리하여 성령은 우리로 음행, 더러운 것과 호색과 우상숭배와 술수와 원수 맺는 것과 분쟁과 시기와 분냄과 당 짓는 것과 분리함과 이단과 투기와 술 취함과 방탕을 따라가지 못하게 역사하신다 (갈 5:19-21). 이런 일들을 행하면 하나님의 나라를 상속받지 못하기 때문이다.

오히려 성령은 그리스도인들에게 역사하셔서 사랑과 희락과 화평과 오래 참음과 자비와 양선과 충성과 온유와 절제를 행하게 하신다 (갈 5:22-23).

그리스도인들은 내주하시는 성령의 인도를 따라서 살아야 한다. 그 길만이 죄짓는 것을 버리고 거룩하게 되는 길이다.

제12절 원보혜사와 다른 보혜사

4.12.1. 원보혜사가 성령을 다른 보혜사로 지목

그리스도는 성령을 보혜사로 제시할 때 '다른 보혜사' (ἄλλον παράκλητον)라고 지목하였다 (요 14:16). 이 지목은 그리스도 자신이 원보혜사임을 밝히신 것이다.

세상에 계실 때 그리스도는 제자들과 함께 하시고 그들과 함께 사시고 그들을 지키시고 인도하셨다. 이 사실은 그리스도가 원보혜사로서 일하셨음을 말한다.

구속사역 후에 그리스도는 이 세상을 떠나 아버지에게로 가므로 (요 16:27-28; 17:11, 13) 성령에게 보혜사의 직임을 넘기려고 하셨다. 그래서 자기의 직임을 성령에게 넘기므로 성령을 다른 보혜사라고 지목하셨다 (요 14:16). 그리고 보혜사가 오시는 것이 유익이라고 하셨다 (요 16:7).

성령은 보혜사로 오셔서 그리스도의 자리를 대신하셨다. 그리스도가 제자들과 함께 계시고 지키시고 인도하셨는데 성령이 보혜사로서 그 직임을 다 맡으셨다.

성령이 보혜사로서 오시는 것이 원보혜사가 같이 있는 것보다 더 낫다고 하신 이유는 두 위격의 존재방식의 차이 때문이다.

그리스도는 하나님이시지만 성육신하여 육체로 계신다. 그러므로 제자들과 함께 계시긴 하지만 제자들 각자와 늘 함께 하실 수 없었다. 제자들은 일이 있을 때에 흩어져 각자 자기 곳으로 갔다. 그리고 약속하여 한 장소에 모였다 (마 17:22). 이렇게 제자들이 각각 흩어져서 자기들의 집이나 일이 있는 곳으로 갈 때 그리스도는 그들 각자와 함께 가실 수 없었다. 영과 권능으로는 그들 각자와 함께 가시지만 육신을 입고 있는 한 그리스도는 몸으로 그들 각자와 같이 가실 수 없었다.

성령은 영으로 오셔서 믿는 사람들 각자 안에 내주하신다. 그리하여 믿는 사람 각자가 어디로 가든지 언제나 그들과 함께 가신다. 이것이 성령이 보혜사로 오심이 유익이라고 한 이유이다. 성령이 그리스도의 이름으로 와서 믿는 백성들과 영원히 함께 하신다.

4.12.2. 그리스도는 구속사역에 근거하여 성령을 청구

보혜사 성령은 아버지가 보내시고 또 아들이 보내신다 (요 14:16, 26; 15:26; 행 2:33; 눅 24:49). 아버지가 성령을 보내실 때 아들 하나님이 아버지 하나님에게 구하므로 보내신다. 이것은 그리스도의 구속사역에 근거하여 성령을 보내시게 된 것을 말한다. 그리스도는 자기의 구속사역에 근거하여 하나님에게 성령을 보내실 것을 구하셨다 (요 14:16; 행 2:33). 그리스도가 성령을 보혜사로 보내실 것을 아버지에게 구한 것은, 십자가에 죽고 부활하신 후 하늘에 오르사 아버지의 얼굴 앞에 나타나셔서 자기의 몸을 아버지에게 보임으로 아버지 하나님의 만족을 얻으셨기 때문이다 (히 9:24). 이 일이 그리스도의 구속사역의 완성이다. 그리스도는 구속사역을 완성하시고 그 사역에 근거하여 성령을 보혜사로 보내기를 구하셨다 (요 14:16; 행 2:33; 눅 24:49).

이로써 하나님은 성령을 보혜사로 주 예수를 믿는 자들에게 보내셨다 (롬 8:15; 갈 4:6; 엡 1:13-14; 살전 1:6; 행 2:1-4).

따라서 성령이 보혜사로 믿는 사람들에게 오시게 된 것은 전적으로 그리스도의 구속사역 때문이다 (행 2:33).

4.12.3. 보혜사 성령을 보내심

성경의 제시에 의하면 성령은 스스로 오시는 것이 아니다. 아버지가 성령을 보내시므로 그가 백성들에게 오신다 (요 14:16, 26). 또 아들이 성령을 보내시므로 오신다 (요 15:16).

아버지는 아들의 구함을 따라서 성령을 보내시고 (요 14:16) 아들의 이름으로 보내신다 (요 14:26).

아담의 범죄로 성령이 인류에게서 철수하셨다 (창 6:3). 성령이 범죄한 인류에게 다시 오시기 위해서는 그 범죄가 무효화되고 죗값이 지불되어야 한다.

그런데 그리스도가 육신을 입으시고 십자가에서 피 흘림으로 모든 죗값을 다 치르셨다 (요 19:30). 따라서 성령이 범죄한 인류에게 다시 오실 수 있게 되었다. 그리스도가 속죄사역을 다 이루시고 부활하셔서 하신 첫 말씀이 "성령을 받으라" (요 20:22)이다. 그리스도가 하늘에 오르사 아버지께 속죄사역을 보고하여 완성하시므로 (히 9:24) 성령이 아버지와 아들의 보내심을 받아 오순절에 사람의 육체에 부어지셨다 (행 2:1-4).

바로 이 진리 때문에 베드로는 이렇게 선언하였다. "하나님이 오른손으로 예수를 높이시매 그가 약속하신 성령을 받아서 너희 보고 듣는 이것을 부어 주셨느니라" (행 2:33).

아들은 자기의 피로 속죄사역을 다 이루셨으므로 아버지에게 성령 보내시기를 청하고 (요 14:16) 또 친히 성령을 보내셨다 (요 15:26).

4.12.4. 보혜사 성령의 본질

요한복음은 성령 곧 보혜사의 본질을 제시한다. 아버지와 아들이 백성에게 오실 때 성령도 언제든지 함께 오신다 (요 14:23). 아버지와 아들을 말하면 언제나 성령은 함께 하신다. 이것이 요한복음이 가르치는 성령의 본질이다.

제13절 위격 (persona)의 문제

4.13.1. 실체와 위격의 관계

하나님은 세 위격으로 계신다. 아버지와 아들과 성령이 영원부터 영원까지 존재하신다. 두 위격이 아버지에게서 유래하시지만 신격 (θεοτης, Deitas)으로서는 세 위격이 다 시작이 없고 자존하시며 영원하시다.

세 위격은 무한한 신성 (infinita Deitas)이며 영 (Spiritus)이시다. 그러므로 위격들을 구분하여 인지하는 일은 참으로 어려운 일이다. 한 무한한 신격이 세 위격으로 계심을 표현하기 위해서 휘포스타시스 (ὑποστασις) 혹은 뻬르소나 (persona)를 사용하여 구분을 표기하였다. 위격은 개별 신적 존재자를 뜻하고 표기한다. 그러기 때문에 위격은 세 개별 신적 존재자들로 이해된다.

갑바도기아 교부들은 분리된 세 개별 위격들로부터 삼위일체 논의를 시작하고 그 위격들로 논의를 마친다.

바실레오스는 하나님은 실체를 지시하고 위격은 신적 개별 존재자를 지시하는 것으로 표기하였다. 사람이란 용어가 많은 사람들에게 적용되는 것처럼 신적 실체를 설명하였다. 사람이란 용어는 베드로와 안드레와 요한과 야고보에게 적용된다. 실체의 개념은 개별자들을 서로 구분시켜 주는 특성에 적용되지 않는다 (Basileios, epistula, 38, 2).

베드로와 요한과 야고보와 디모데는 사람으로는 공통이다. 이 개인들에게 적용되는 공통개념인 사람을 실체라고 하고 사람이 구체적으로 개별화된 것을 인격이라고 하였다. 베드로와 요한과 야고보와 디모데는 구체적인 개별자이다. 이것이 인격 혹은 위격이다.

바실레오스 (Basileios)는 이것을 하나님의 삼위일체에 그대로 적용하였다. 세 위격에 공통인 것은 하나님이란 실체개념이다. 그러나 세 위격은 서로 완전히 구분되고 분리된 세 개별 존재자이다. 이 개별 존재에 위격을 적용하였다. 그러면 셋으로 분리된 개별 위격들이 있다. 그리하여 삼신론이라고 공격을 받았다.

이 가르침을 갑바도기아 교부들이 그대로 받아들였다. 셋으로 구분된 개별 존재자들이 위격으로 표기되었다.

이들의 신학은 아다나시오스의 신학과 다르다. 아다나시오스 (Athanasios)에 의하면 실체는 하나이고 동일하며 분할 불가하다. 그러므로 세 위격이 한 하나님이시다.

갑바도기아 교부들의 가르침을 따르면 세 위격은 완전히 분리되어 세 하나님으로 인정되는 경향이 강하게 된다.

아우구스티누스 (Augustinus)는 갑바도기아 교부들의 가르침을 따르지 않으면서도 위격이란 용어를 사용함에서 오는 문제점을 잘 인지하였다. 위격은 개별 존재자를 뜻하므로 하나님을 세 위격이라고 하면 세 하나님으로 이해될 수 있다는 것을 밝혔다. 그래서 그런 위험을 피하려면 위격을 쓰지 않는 것이 합당하다고 보았다.

그러나 위격이란 용어를 쓰지 않으면 하나님 내의 구분을 인지할 수 없게 되므로 위격을 사용한다고 하였다. 곧 세 위격들을 완전하게 언급하기 위해서가 아니라 다만 언급하지 않고 남겨둘 수가 없기 때문이라고 하였다 (de Trinitate, V, 9).

세 위격이 무엇이냐고 물으면 침묵하지 않기 위해서 위격을 쓰고 세 실체라고 말하지 않는다고 하였다 (de Trinitate, VII, 6, 11). 곧 위격에 대해 한 말로 답해야 하기 때문에 위격이란 용어를 쓴다고 하였다 (de Trinitate, VIII, praef. 1, 2).

칼빈 (Calvin)은 아우구스티누스의 가르침을 이어받아서 위격을 사용하는 것이 어려우면 subsistentia (숩시스텐치야), 곧 존재방식을 사용하는 것이 좋다고 하였다 (Inst, I, 13, 2).

4.13.2. 페리코레시스 (perichoresis, περιχωρησις)

페리코레시스는 삼위일체의 각 위격이 다른 위격 안에 있고 감싸며 관통하여 있음을 뜻한다. 곧 세 위격들 간에 분리할 수 없게 결합되어 긴밀히 연합되어 있음 (arctissima unio)을 말한다.

페리코레시스 교리는 갑바도기아 교부들의 삼위일체 전개방식 때문에 마침내 도입되었다. 갑바도기아 교부들은 아다나시오스와는 달리 삼위일체 교리를 전개함에 있어서 개별 위격들에서 출발하였다.

실체와 위격의 관계에 있어서 실체를 삼위에 공통인 하나님에 적용하였다. 이것은 마치 베드로와 요한과 야고보가 세 사람으로는 세 인격이다. 세 인격의 공통점은 사람이라는 데 성립한다. 그래서 세 개별자에게 공통인 사람을 실체로 정하였다. 사람이 구체화되어 존재하게 된 것이 인격이다. 세 개별 존재자인 베드로와 요한과 야고보에게 사람의 구체화로서 인격을 적용하였다.

바실레오스 (Basileios)의 말로 표현하면, 아버지와 아들과 성령이 한 하나님이시다. 한 하나님이심은 수에 있어서가 아니라 본성에 있어서 한 하나님이시다. 세 위격 내의 한 실체이시다 (μια ουσια εν τρια υποστασεσιν, ep., 38, 2. 3. 4. 5). 한 실체 곧 한 신격이 세 위격에 공통이다 (ep., 236, 6). 실체나 본질은 공통개념이다.

인간성의 실체 혹은 본질은 바울에게 적용된다. 그 동일한 개념 혹은 용어는 실루아노와 디모데에게도 적용된다. 혹은 베드로와 안드레와 요한과 야고보에게도 적용된다 (ep., 38, 1. 2). 이 개별자들에게 공통점은 사람이란 단어이다. 그리하여 각 개인에게 곧 베드로와 안드레와 바울에게 사람이란 개념이 적용된다. 그러나 그 개별자들 각각이 가지는 특성, 그래서 서로 구분되는 특성에는 사람이란 개념을 적용하지 않고 인격이란 개념을 적용한다 (ep., 38, 2).

바실레오스는 이 특성을 위격이라고 표기하였다. 위격은 실체 혹은 본질이 구체적으로 자기 존재로 존재하는 형식에 적용된다. 다시 말하면 개별자들에게 함께 적용되는 개념은 실체이다. 그런데 같은 개념 곧 실체가 적용되는 개별자들이 서로 구분되는 특징으로 존재하는 것은 위격이라고 부른다 (ep., 38, 3).

바실레오스는 이런 실체와 위격의 관계를 하나님에게 적용한다. 하나님이란 용어는 실체에 적용되는 이름 혹은 개념이고 하나님 내의 구분된 존재에는 위격을 적용한다. 위격은 한 본성을 지시하지만 특별하고 특수한 방식으로 지시되는 것이다. 가령 한 사람이라고 하면 한 본성을 지시하지만 실재하면서 특수하게 존재하는 것에 대해서는 본성 개념이 명료하지 않다. 따라서 바울이라고 하면 그 이름으로 지시된 것으로 실재하는 존재를 뜻한다. 이것이 위격이다 (ep., 38, 3).

따라서 실체 혹은 본질은 일반적으로 표기된 것이어서 서 있음 (στάσις) 혹은 존립 (存立) 곧 개별자로 있음을 표기하지 않는다.

곧 위격은 일반적인 것 곧 본성을 한정해 주는 것이다 (ep., 38, 3).

바실레오스는 이 도식을 하나님과 위격에 그대로 적용할 수 있다고 하였다. 곧 하나님은 실체 혹은 신적 본질에 적용되는 이름이고 위격은 아버지와 아들과 성령의 존재방식에 적용되는 개념이다 (ep., 38, 3).

실체는 일반적이어서 한정되지 않는 개념이다. 일반적인 것과 한정되지 않는 것을 개별 존재자로 (στάσις) 한정해주는 것이 위격 (ὑπόστασις)이다 (ep., 38, 3). 그러므로 실체나 본질은 여럿에 공통으로 적용할 수 있는 개념이고 실체가 구체적으로 존재하는 것에 위격 혹은 인격이란 이름을 준다. 바울과 디모데는 실체 혹은 본질로는 사람이지만, 사람이 구체적으로 존재하는 것 곧 바울이나 디모데로 구체적으로 존재하는 개별 존재자가 위격 혹은 인격이다.

바실레오스는 이것을 신적 교의에 적용하면 그대로 타당하다고 가르쳤다. 아버지의 존재방식, 아들의 존재방식, 성령의 존재방식은 위격으로 표현된다. 곧 세 위격들의 실체는 동일하고 공통이나 위격은 존재방식이 달라 개별자로 계신 것을 말한다. 실체는 일반적인 것이어서 결코 개별 존재방식 (subsistensia)을 표기하지 않는다 (ep., 38, 3).

바실레오스의 이 가르침을 갑바도기아의 다른 교부들 곧 나지안주스의 그레고리오스와 닛사의 그레고리오스가 받아들였다. 두 그레고리오스는 콘스탄티노폴리스 공회의에 참석하여 회의를 주재하며 교리공식화 작업을 주도하였다. 교리의 3조를 결정할 때 바실레오스의 가르침에 기초하여 실체와 위격의 관계를 확정하였다.

갑바도기아 교부들은 세 개별 위격들에서 동일 실체를 도출하였다. 그리하여 실체는 세 위격들 안에 있는 동질의 실체가 되고 세 개별 위격들만이 존재하므로 세 하나님으로 인정되는 결과를 가져왔다. 따라서 정통교회에서 갑바도기아 교부들의 가르침을 삼신론으로 비난하는 일이 일어났다.

동방교회의 교부인 아다나시오스 (Athanasios)는 한 하나님 (unus Deus)이 삼위일체 (Trinitas)이시고 삼위가 한 하나님이신 것은 실체가 하나이고 동일하고 분할 불가하기 때문이라고 하였다 (ad Serapionem, III, 3. 6; I, 17. 27; I, 31; III, 6; contra Arianos, III, 15; In Illud Omnia, 6; Expositio Fidei, 2).

아다나시오스의 가르침은 갑바도기아 교부들의 가르침과 상충되었다. 따라서 갑바도기아 교부들의 삼위일체론은 삼신론으로 정죄되는 일이 얼마 동안 끊이지 않게 되었다.

나지안주스의 그레고리오스는 한 실체가 세 위격에 공통이므로 삼신론이 아니라고 논박하였다 (Orationes, 31:14. 15).

닛사의 그레고리오스는 "세 하나님이 아니다" (quod sint non tres dei)라는 책을 써서 삼신론을 적극 부정하고, 세 위격이 한 하나님이란 주장을 전개하였다. 그래서 본성의 연합 혹은 분리 불가한 교제를 뜻하는 페리코레시스 (perichoresis)를 도입하였다. 이로써 닛사의 그레고리오스 (Gregorios of Nyssa)는 갑바도기아 교부들의 신학은 결코 삼신론이 아니라고 변호하였다.

닛사의 그레고리오스는 세 개별 존재자들이어도 페리코레시스로 한 하나님이심을 변호하였다. 세 위격들이 한 하나님 되심을 밝히기 위해서 각 위격이 다른 위격들 안에 함께 있고 감싸고 있으며 관통해 있다고 하였다.

닛사의 그레고리오스가 이 신학적 작업을 잘 수행하여 갑바도기아 교부들의 신학이 정통으로 확립되도록 하였다.

그레고리오스는 세 위격이 동등하고 한 본성으로 동일하다고 하므로 세 하나님으로 여기게 됨을 인정하였다. 그리하여 세 위격들이 서로 침투하고 결합되어 있음을 제시하였다. 곧 아버지에게서 나온 아들은 아버지와 비분리적으로 결합되어 있고 성령도 동시에 가장 긴밀한 연합 안에 있다고 주장하여 (contra Eunomium, I:16) 페리코레시스를 확립하였다.

"세 위격들이 한 하나님일 수 있는 것은 아버지가 만세 전에 존재하여 항상 영광 안에 계시고, 무시간적인 아들이 그의 영광이며, 그리스도의 영도 아들의 영광이고 항상 아버지와 아들과 함께 사고되기 때문이다" (contra Eunomium, I:26)라고 하였다.

4.13.3. 분리 불가한 교제

페리코레시스는 닛사의 그레고리오스가 공식화하였지만 바실레오스가 먼저 기본을 제시하였다.

바실레오스는 위격들이 특징들에 따라 분리되어도 한 하나님이시므로 위격들 간에 교제가 있음을 강조하였다. 위격들이 서로 교체할 수 없는 특성들이 있으므로 위격들은 분리된다. 그러나 그 위격들 간에는 해소할 수 없는 계속적인 교제가 있다 (epistula, 38, 4). 아버지 안에 영원히 존재하시는 이는 아버지에게서 결코 절단되지 않는다. 만물을 영으로 역사하시는 이는 그 자신의 영에서 분리되지 않는다. 분리나 분열을 생각할 수 없기 때문에 아들을 아버지 없이 생각할 수 없고 영을 아들에게서 분리해서 생각할 수 없다. 본성의 연속성은 위격들의 구분에 의해서 찢어지지 않고, 고유 구분의 특성이 본질의 공동체에서 혼동되지 않는다 (ep., 38, 4)고 하였다.

이렇게 바실레오스는 본질의 공통성과 분리 불가한 교제에서 한 하나님이심을 보았다. 이 가르침에서 페리코레시스는 도출되었다.

4.13.4. 신격과 위격들이 분열되지 않음

나지안주스의 그레고리오스 (Gregorios of Nazianzus)는 분리 불가한 교제로 신격과 위격들이 분열되지 않으므로 한 하나님이라고 강조하였다.

세 위격들이 신격에 있어서는 하나이고 그 특성에 있어서는 셋이라고 하였다. 그래서 세 위격이 하나 됨을 강조하였다 (Orationes, 31:9). 세 위격들이 한 하나님이고 한 신격이어서 영예와 영광과 실체와 나라에 있어서 나뉘지 않는다 (Orationes, 31:28). 세 위격들은 의지와 능력에 있어서 떨어져 있지 않다. 곧 신격은 개별 위격들 안에서 분열되어 있지 않다 (Orationes, 31:13).

그레고리오스는 실체와 위격들이 분리되지 않았음에서 한 하나님이심을 강조하여 페리코레시스의 길을 열었다.

제14절 페리코레시스 (perichoresis)에 대한 현대적 이해

현재 활동하고 있는 희랍정교회의 신학자인 지지울라스 (John D. Zizioulas, b. 1931)는 페리코레시스에 대한 이해를 새롭게 전개한다.

갑바도기아 교부들은 삼위일체 교리를 공식화할 때 세 개별 위격에서 출발하였다. 그 후 삼신론이란 비난을 받자 바실레오스는 세 위격들이 개별 위격들이지만 실체가 공동이므로 한 하나님이라고 변호하였다. 그래도 삼신론이란 비난이 중단되지 않으므로 나지안주스의 그레고리오스는 세 위격들의 분리 불가한 교제를 강조하였다. 그 후 닛사의 그레고리오스는 세 위격이 개별 위격들로 계시지만 한 하나님이신 것은 각 위격이 다른 위격들과 함께 있고 안에 있고 서로 관통하여 있으므로 한 하나님이라고 가르쳤다.

지지울라스는 세 위격이 한 하나님이신 것은 아버지가 인격이고 그 인격에서 다른 위격들이 나오기 때문이라는 것을 전제하여 하나의 교제로 한 하나님의 존재라고 강조하였다. 그래서 실체가 하나이고 분할 불가하며 동일하기 때문에 한 하나님이시라는 아다나시오스의 가르침을 반박한다.

지지울라스는 실체가 세 위격이 한 하나님이신 것을 결정하는 것이 아니라 인격이 하나님의 존재를 결정한다고 주장한다. 아버지가 한 하나님이시므로 아버지의 인격이 삼위일체의 원인이고 원천이지 한 실체가 한 하나님임을 결정하는 것이 아니라고 한다. 그러므로 실체가 한 하나님을 구성하는 것이 아니라 인격이 한다고 주장한다 (Communion and Otherness, 160-162). 하나님에게서 인격이 하나님의 존재방식을 결정하지 본성이 하는 것이 아니라는 것이다 (Since in God…, the person, and not nature, causes him to be the way he is). 그러면 하나님에게 있어서도 인격이 존재의 일차적이고 절대적 관념이라는 것이다 (Communion and Otherness, 166). 그러면 실체가 삼위일체를 구성하는 것이 아니라 아버지의 위격이 삼위일체의 원천이고 원인이라는 것이다 (Communion and Otherness, 160-162).

더구나 본성 자체가 절대적 유일성과 특수성을 주지 못하는 것은 본성은 항상 일반적인 것을 가리키기 때문이라고 한다. 유일성과 절대적 특수성을 보장하는 것은 인격이라는 것이다 (Communion and Otherness, 166-167).

지지울라스 (Zizioulas)는 실체의 관념이 하나님의 하나이심을 규정하는 것이 아니라 교제의 관념이 정하는 것이라고 한다 (Communion and Otherness, 184). 교제는 인격에서 나온다. 하나님의 존재는 실체에서 기원하는 것이 아니고 인격에서 유래한다. 인격이 하나님의 존재의 원천이다. 그 인격은 아버지를 말한다. 자유로운 인격이신 아버지가 하나님의 존재의 원인이라고 반복적으로 강조한다 (Communion and Otherness, 186-187).

하나님은 교제 없이는 존재하지 않는다. 하나님도 교제의 사건 때문에 존재한다는 것이다 (Being as Communion, 17). 교제는 자유로운 인격에서 비롯되는데 (Being as Communion, 18), 교제의 원인은 아버지이시다. 그래서 지지울라스는 교제 없이는 하나님의 존재는 없다고 한다 (Being as Communion, 17-18).

지지울라스의 페리코레시스 논의는 하나님은 교제라는 것이다 (The person cannot exist in isolation, God is not alone; he is communion.; Communion and Otherness, 166-167).

세 위격이 한 하나님이신 것은 셋이 교제로 연합되어 있기 때문이다. 서로 다른 세 위격이 하나님이신 것은 세 위격들이 깰 수 없는 교제 안에 연합되어 있기 때문이라는 것이다 (Communion and Otherness, 159). 자유로운 교제를 하는 인격이 하나님 자신의 존재방식을 구성한다고 지지울라스는 강조한다 (Nothing is more sacred than the person since it constitutes the way of being God himself). 하나님이 아버지로 불리는 것은 실체 때문이 아니고 인격이기 때문이라는 것이다. 곧 한 하나님은 아버지이고 한 실체로 말할 것이 아니라는 것이다. 한 하나님은 아버지이시고 그가 아들과 성령을 출산하고 출래시킴으로 삼위일체를 이룬다. 인격이신 아버지가 자유로운 사역으로 두 위격의 원인이 되셨다 (Communion and Otherness, 160-162). 그러므로 위격들이 상호관계에서 연합되어 있으므로 서로 안에 페리코레시스를 가진다고 결론한다 (Communion and Otherness, 174). 분리 불가한 연합이나 무한한 연합이 아니어도 한 인격 곧 아버지에게서 아들과 성령이 나와서 서로 교제하므로 삼위가 페리코레시스라고 지지울라스는 단언한다.

제5장

삼위 하나님의 사역

(opera Dei ad extra)

Trinitas et Illius Opera

아다나시오스 (Athanasios)는 삼위 하나님의 사역의 방식을 확정하였다. 아버지는 아들로 말미암아 성령 안에서 모든 일을 하신다 (Ο γαρ Πατηρ δια του Λογου εν Πνευματι αγιω τα παντα ποιει; ad Serapionem, I, 24).

이 사역의 방식대로 창조도 삼위가 이루신다. 즉 아버지가 로고스로 말미암아 성령 안에서 만물을 창조하신다 (Ει δε ο Πατηρ δια του Λογου εν Πνευματι αγιω κτιζει τα παντα; ad Serapionem, I, 24).

은혜도 삼위의 사역의 방식대로 주어진다. 은혜와 은사는 삼위 안에서 주어진다. 곧 아버지로부터 아들을 통하여 성령 안에서 주어진다 (Η γαρ διδομενη χαρις και δωρεα εν Τριαδι διδοται παρα του Πατρος δι' Υιου εν Πνευματι αγιω; ad Serapionem, I, 30).

하나님의 밖으로의 사역 곧 창조와 구속과 섭리의 사역은 삼위가 한 하나님으로서 행하시기 때문에 분리 (opera indivisa)가 안 된다.

제1절 창조

사도신경과 신앙의 규범 (regula fidei)은 한 가지로 하나님 아버지가 창조주이심을 고백한다. 니카야 신경 (Symbolum Nicaenum)과 콘스탄티노폴리스 신경 (Symbolum Constantino-politanum)도 동일하게 고백한다.

하나님 아버지가 창조주로 고백된 것은 그의 창조 작정 때문이다. 하나님 아버지가 모든 창조를 영원에서 작정하고 계획하셨다. 이것이 만유가 아버지에게서 유래한다고 말하는 이유이다.

5.1.1. 창조주 아버지 (Deus Creator): 창조 작정

하나님은 창조를 작정하시고 작정을 집행하셔서 창조를 이루어내셨다. 아버지 하나님은 창조를 작정하시고, 아들 하나님이 그 작정대로 창조를 이루어내셨다. 실제 창조를 이루신 이는 아들 하나님이셔도 아버지가 창조를 작정하시고 아들로 말미암아 창조를 이루셨으므로 아버지를 창조주라고 고백한다.

5.1.1.1. 사도신경과 신앙의 규범의 가르침

교회의 신앙고백의 첫 조항이 창조주 하나님이시다. 사도신경과 신앙의 규범의 제1조가 전능하사 하늘과 땅을 창조하신 하나님 아버지를 믿는다는 고백이다. 아버지 하나님을 창조주라고 할 때 교부들도 그렇게 이해하였다.

5.1.1.2. 로마의 클레멘트 (Clement of Rome, 30-100)

클레멘트는 창조주 하나님과 우리 주 예수 그리스도를 나란히 언급하여 아버지 하나님이 창조주였음을 밝힌다 (Epistula Clementis ad Corinthios, I, 1; 14; 19; 20; 21; 42; 58).

5.1.1.3. 이그나치오스 (Ignatios, 30-107)

이그나치오스는 하나님이 천지를 창조하셨어도 아들에 의해서 만물을 만드셨음을 강조하였다 (Epistula Ignatii ad Philadelpianos, 9).

5.1.1.4. 헤르마스 (Hermas, 160)

헤르마스는 삼위일체를 인정하지 않으므로 하나님만을 만물의 창조주로 말한다. 한 하나님이 만물을 무에서 창조하셨다는 것을 반복적으로 강조하였다 (Mandatii, 1; Similitudines, 9:23). 그의 가르침의 특이한 점은 교회를 위해서 만물을 창조하셨다는 것이다 (Visiones, 4; Mandatii, 12:4).

5.1.1.5. 유스티노스 (Ioustinos, Justinus, 110-165)

유스티노스는 유일신 곧 만물의 창조주를 믿는다고 하였다. 하나님이 그의 선하심에 의해서 비형성 (非形成)된 물질에서 만물을 창조하시되 사람을 위해서 창조하셨다는 것을 강조하였다. 하나님이 그의 로고스로 세상을 고안하고 만드셨다고 제시하였다 (1 Apologia, 61, 64, 65). 하나님은 말씀 곧 아들로 만물을 창조하시고 배열하셨다는 것도 강조하였다 (2 Apologia, 6).

유스티노스의 특이점은 세상 창조를 로고스로 고안하고 창조하였다는 점이다.

5.1.1.6. 타치아노스 (Tatianos, 110-172)

타치아노스는 아버지를 만물의 조물주로 본다 (Oratio, 7). 그러나 실제로는 로고스가 창조를 이루었다고 가르친다. 출생한 로고스가 스스로 필요한 물질을 창조해서 세상을 산출하였다고 말하였다 (Oratio, 5).

5.1.1.7. 안디옥의 떼오필로스 (Theophilos of Antiochos, 115-181/6)

떼오필로스는 하나님이 아무것도 없는 데서 만물을 존재하도록 만드셨다고 가르친다. 그러나 하나님이 천지를 창조하실 때 그 자신의 지혜와 말씀으로 만드셨다는 것을 강조한다. 만물을 창조하실 때 로고스를 조력자로 가지셨고 그로 말미암아 하나님이 만물을 창조하셨다는 것을 강조하였다 (Ad Autolycum, II, 4).

5.1.1.8. 아떼나고라스 (Athenagoras, fl. 177-180)

아떼나고라스는 아버지를 만물의 아버지와 조물주로 말하였다.

그런데 하나님은 자기에게서 나온 로고스로 만물을 창조하셨다고 제시하였다 (Supplicatio pro Christianis, 4; 5; 8; 14; 23; 25; 27).

5.1.1.9. 에레나이오스 (Eirenaios, 120-202)

에레나이오스는 전능하신 하나님 아버지가 만물을 만드셨는데 그의 로고스와 영으로 만물을 만드시고 배정하셨다고 제시하였다 (Adversus Haereticos, I, 22, 1; II, 1, 1; II, 9, 1).

5.1.1.10. 텔툴리아누스 (Tertullianus, 145-220)

텔툴리아누스는 아버지가 창조 시에 명령을 내셨다는 것은 혼자서 창조하신 것이 아니고 둘째 위격에 의해서 창조하심이라고 주장한다 (Adv. Praxeas, 12).

5.1.1.11. 힙폴리토스 (Hippolytos of Rome, 170-236)

힙폴리토스는 하나님 아버지가 만물을 창조하시되 로고스에 의해서 만물이 만들어졌다고 가르쳤다 (contra Noetum, 12; Daniel, V).

5.1.1.12. 노바치안 (Novatian, 210-280)

노바치안은 하나님 아버지가 창조주이신데 그에게서 나온 말씀에 의해서 만물을 창조하셨다고 가르쳤다 (de Trinitate, 31).

5.1.1.13. 알렉산드리아의 클레멘트
(Klement of Alexandria, 153-217/220)

클레멘트는 하나님 아버지를 단자 (單子, Monas)로 여긴다. 이 하나님 아버지가 만유의 아버지이신데 그의 아들 로고스로 말미암아 만물의 조물주가 되신다고 하였다 (Stromata, V, 14; VII, 12).

5.1.1.14. 오리게네스 (Origenes, 185-254)

오리게네스는 하나님이 만물을 창조하셨는데 하나님의 아들이 명령을 받아서 창조하셨으므로 아들이 직접적인 창조주라고 하였다 (contra Celsum, VI, 50; de Principiis, I, 3, 10; II, 6, 1. 3).

5.1.1.15. 아다나시오스 (Athanasios, 296/98-373)

아다나시오스는 오리게네스를 이어 아들을 직접적인 창조주로 말한 교부이다. 그는 하나님 아버지가 만물의 조성자이심을 고백하였다 (Expositio Fidei, 1. 2. 3).

그러나 말씀 곧 아들이 아버지와 함께 있어서 창조를 이루셨다. 로고스가 아버지를 보면서 우주를 조성하고 조직하고 질서를 주었다. 로고스가 만물의 창조주요 조성자이므로 만물을 다스리신다 (contra Gentes, 1. 29. 35. 40. 44)고 하였다.

5.1.1.16. 닛사의 그레고리오스 (Gregorios of Nyssa, 335-395)

그레고리오스는 창조가 아버지에게서 시작하고 아들을 통하여 진행되고 성령 안에서 완성된다고 하였다 (de Spiritu Sancto, 1317M).

5.1.1.17. 아우구스티누스 (Augustinus, 354-430)

아우구스티누스는 아버지가 만드신 것은 또한 아들이 만든 것이라고 가르친다. 그러므로 아들은 피조물일 수 없고 창조주라고 하였다 (de Trinitate, I, 6, 12, 13). 또 그는 삼위일체가 한 하나님이시므로 한 창조주라고 단언하였다 (sermo contra Arianos, 3).

5.1.2. 아들 하나님: 직접적 창조주

하나님 아버지가 창조를 작정하시고 아들로 이루셨다. 아들 하나님은 아버지의 작정을 따라 만물을 실제로 창조하셨다. 그러므로 실제 창조주요 오리게네스의 말대로 직접적인 창조주이시다.

5.1.2.1. 이그나치오스 (Ignatios)

이그나치오스는 하나님이 아들로 만물을 만드셨다고 하여 아들이 창조 중보자임을 말하였다.

5.1.2.2. 유스티노스 (Ioustinos)

유스티노스는 하나님이 아들로 세상을 고안하고 만드셨다고 하여 창조 작정도 로고스가 한 것으로 제시하였다.

5.1.2.3. 타치아노스 (Tatianos)

타치아노스는 로고스가 실제 창조를 이루었다고 하였다.

5.1.2.4. 떼오필로스 (Theophilos)

떼오필로스는 하나님이 창조 시에 로고스를 창조 조력자로 두었다고 하여 창조 중보직에 중점을 두었다.

5.1.2.5. 아떼나고라스 (Athenagoras)

아떼나고라스는 하나님이 로고스로 만물을 창조하셨다고 하였다.

5.1.2.6. 에레나이오스 (Eirenaios)

에레나이오스는 하나님이 로고스와 영으로 만물을 만드시고 만물을 배정하셨다고 하여 창조 중보직에 강조점을 두었다.

5.1.2.7. 텔툴리아누스 (Tertullianus)

텔툴리아누스는 로고스에 의해 만물이 만들어졌다고 하였다.

5.1.2.8. 힙폴리토스 (Hippolytos)

힙폴리토스는 로고스에 의해 만물이 만들어졌음을 지적하였다.

5.1.2.9. 노바치안 (Novatian)

노바치안은 말씀에 의해 만물이 창조되었음을 강조하였다.

5.1.2.10. 알렉산드리아의 클레멘트 (Klement of Alexandria)

클레멘트는 하나님이 그의 아들 로고스로 만물의 조물주가 되게 하셨다고 강조하였다.

5.1.2.11. 오리게네스 (Origenes)

오리게네스는 아들이 명령을 받아 직접 만물을 창조하셨으므로 직접적 창조주라는 것을 천명하였다.

5.1.2.12. 아다나시오스 (Athanasios)

아다나시오스는 로고스가 만물의 창조주라는 것을 강조하였다.

5.1.2.13. 닛사의 그레고리오스 (Gregorios of Nyssa)

그레고리오스도 창조는 아들에 의해서 진행된다고 하여 실제 창조주가 아들임을 지시하였다.

5.1.2.14. 아우구스티누스 (Augustinus)

아우구스티누스는 아버지가 만드신 것은 아들이 만드신 것이므로 아들이 창조주이시라고 밝혔다.

5.1.3. 성령 하나님: 창조의 완성

통상 교회는 성령을 창조주로 고백하지는 않지만 창조를 완성하신 하나님으로 이해하였다. 성령은 아들 하나님이 창조하신 창조를 질서와 생명과 아름다움으로 장식하여 창조를 완성하셨다.

성령이 창조를 완성하시는 신적 위격이심을 밝히는 성경 본문이 있다. 처음 창조 때 땅은 혼돈하고 공허하며 어두움이 깊음 위에 있었다. 이때 성령이 물 위에 다니시면서 물을 감싸셨다 (창 1:2). 이로써 땅 위에 질서와 안정이 세워졌다.

하나님은 만물을 영으로 충만하게 감싸시므로 만물을 유지하시고 지키신다.

5.1.3.1. 아떼나고라스 (Athenagoras)

아떼나고라스는 하나님이 로고스로 만물을 창조하시고 영으로 만물을 유지하신다고 진술하였다 (Supplicatio pro Christianis, 6).

5.1.3.2. 에레나이오스 (Eirenaios)

에레나이오스는 성령이 로고스와 함께 창조 때 하나님의 손들이었다고 말하면서 성령은 세계를 장식하는 일을 하였다고 가르쳤다 (AH, IV, praef. 4; IV, 20, 1. 4; V, 1, 3).

이어서 그는 하나님이 로고스로 만든 창조를 성령으로 만물을 결합하는 일을 하게 하신다고 하였다 (AH, III, 24, 2). 또 성령은 아들에 의해 만들어진 것을 기르고 증가시키는 일을 한다고 하여 성령이 창조에게 생명을 준다는 견해를 시발하였다 (AH, IV, 38, 3). 이렇게 성령이 만물을 장식하고 기르고 증가시키며 생명을 주는 것이 창조완성의 작업이다.

5.1.3.3. 알렉산드리아의 클레멘트 (Klement of Alexandria)

클레멘트는 하나님의 로고스가 성령으로 우주를 조성한다고 진술하였다 (Protreptikos, 1). 클레멘트는 로고스를 창조 중보자로 말하면서 성령으로 우주를 조성한다고 하였으니 이것도 에레나이오스처럼 성령이 창조를 완성하시는 것으로 보아야 한다.

5.1.3.4. 아다나시오스 (Athanasios)

아다나시오스는 아버지는 아들로 말미암아 성령 안에서 만물을 만드신다고 제시하여 삼위의 사역의 방식을 확정하였다 (Ad Serapionem I, 24. 28). 성령 안에서 만물을 만드시고 만물을 창조하신다고 하는 가르침은 성령이 만물을 완성하는 직임을 가지셨음을 말한 것이다.

5.1.3.5. 바실레오스 (Basileios)

바실레오스는 성령이 생명의 공급자이고 만물을 충만케 하며 자기 설립적이고 편재하며 성화의 기원이며 진리 탐구에 필요한 조명을 공급하신다고 주장하였다 (de Spiritu, 9:22; 22:53; 24:56; 23:54; 24:55). 특히 성령은 로고스가 창조한 만물에 현존하시므로 만물이 완전하게 된다고 하는 점을 강조하였다 (de Spiritu, 16:37). 성령이 하나님으로서 만물을 충만하게 하므로 만물을 완성하시는 이임을 강조한다.

5.1.3.6. 닛사의 그레고리오스 (Gregorios of Nyssa)

그레고리오스는 창조와 관련하여 삼위격의 사역을 말하면서 창조가 아버지에게서 시작하고 아들을 통하여 진행하고 성령 안에서 완성된다는 것을 강하게 가르쳤다 (de Spiritu Sancto, 1317M).

5.1.3.7. 암브로시우스 (Ambrosius)

암브로시우스는 성령이 만물을 채우고 모든 것을 하시며 만유 안에서 일하신다고 하여 창조를 완성하는 사역을 하시는 것으로 보았다 (de Spiritu Sancto, I, 7, 88).

5.1.3.8. 루피누스 (Rufinus)

루피누스는 성령이 만물을 성화한다고 하여 만물을 완성하시는 것임을 밝혔다 (Rufinus, Comm., 35).

이렇게 교부들의 가르침을 따라 성령이 창조사역에서 완성의 일을 하시는 것으로 교회가 이해하였다.

제2절 구속과 구속주

하나님의 구속사역에서도 삼위의 사역의 방식이 동일하다. 하나님이 구원을 작정하시고 그 작정을 따라 아들이 실제로 구원사역을 하시므로 구속주가 되신다. 성령은 아들이 이룩한 구원을 적용하시어서 완성하신다.

창조주 하나님은 범죄한 인류를 다시 돌이켜서 자기의 백성으로 삼으시기 위해서 구원협약을 세우셨다. 아들은 아버지의 구원 작정을 받아 사람이 되시고 죗값을 치름으로 인류를 구원하기로 하셨다. 또 아들이 이룩한 구원을 성령이 인류에게 적용하셔서 하나님의 백성으로 돌이키시기로 하셨다.

이 구원 작정에 있어서 아들이 실제 구원주가 되신다. 구원 작정을 세우신 아버지도 그 작정 때문에 구주로 고백된다.

사도신경과 신앙의 규범은 구속사역을 아들에게 전유적으로 귀속시킨다. 니카야 신경과 콘스탄티노폴리스 신경도 동일하게 구속사역을 아들에게 전유적으로 귀속시킨다.

5.2.1. 하나님 아버지: 구원 작정으로 구주로 고백됨

구원 작정을 하나님 아버지가 하셨으므로 하나님이 구원주로 지목되고 호칭된다 (딤전 1:1; 2:3; 4:10; 딛 1:3; 2:10-11; 3:4; 유 25).

5.2.2. 아들 하나님: 구속사역 수행으로 실제 구속주이심

아들 하나님이 실제 구원주이시다. 그가 지으신 창조가 범죄하여 멸망하게 되었으므로 창조를 돌이켜 다시 자기의 백성 삼기로 하셨다. 아들 하나님이 육신을 입으시고 죗값을 지불하여 죽으시므로 인류를 다시 구원하여 구속주가 되셨다.

하나님 아버지가 구원 작정을 세우셨으므로 구주이시다. 그러나 육신을 입고 고난 받아 구원을 이루신 아들 하나님이 실제 구주이시다. 이 신학이 교부들의 일관된 가르침이다.

교회의 첫 신앙고백서인 사도신경과 신앙의 규범은 신약의 가르침을 따라 신앙고백을 확실하게 하였다.

신경들은 하나님의 아들이 우리의 구원을 위해 성육신하사 사람이 되고 고난 받아 죽고 부활하므로 우리의 구원을 성취하셨음을 확증하였다.

5.2.3. 교부들의 증거

교부들은 한결같이 아들 하나님이 아버지의 작정을 따라 실제 구속사역을 하신 구주이심을 증거한다.

5.2.3.1. 로마의 클레멘트 (Clement of Rome)

클레멘트는 하나님의 아들 예수 그리스도가 우리의 구원을 위해 채찍에 맞고 고난 받아 백성의 죄 때문에 죽음에 이르셨다고 가르쳤다. 이렇게 그는 예수 그리스도가 대제사장으로서 피 흘려 구원을 이루셨음을 강조하였다 (Epistula Clementis ad Corinthios, I, 16. 24. 36).

5.2.3.2. 제 2 클레멘트 (2 Clement)

제 2 클레멘트는 그리스도는 우리가 상실되었을 때 우리를 구원하셨다고 강조하였다 (2 Clement, 1:4).

5.2.3.3. 바나바스 (Barnabas)

바나바스는 하나님의 아들이신 주님이 우리를 위해 육체로 나타나 고난을 받음으로 우리를 구원하셨다는 것을 반복적으로 강조하였다 (Barnabas, 14. 5).

5.2.3.4. 이그나치오스 (Ignatios)

이그나치오스는 그리스도를 성육신하신 하나님 (Deus incarnatus)이라고 반복적으로 고백하였다. 주 예수 그리스도 하나님의 독생자가 우리를 위해 고난 받고 죽음으로 넘겨졌음을 반복적으로 강조하였다 (Epistula Ignatii ad Ephesios, 16; Epistula Ignatii ad Magnesianos, 11).

5.2.3.5. 유스티노스 (Ioustinos)

유스티노스는 하나님에게서 나온 로고스가 우리를 위해 사람이 되어 고난을 받으시고 우리에게 구원을 가져오셨다고 하였다 (2 Apologia, 13).

5.2.3.6. 에레나이오스 (Eirenaios)

에레나이오스는 요한 신학과 이그나치오스의 가르침을 이어받아 예수 그리스도 하나님의 아들이 우리의 구원을 위해 성육신하셨음을 강조하였다 (Adversus Haereticos, I, 10, 1; I, 9, 2. 3; III, 17, 4). 에레나이오스는 그가 만민을 구원하기 위해 사람이 되어 오셨음을 반복하였다 (AH, II, 12, 4; II, 32, 4). 성육신하신 구주, 하나님의 아들은 자기의 피로 우리를 배도에서 구원하여 거룩한 백성이 되게 하셨다고 가르쳤다 (AH, III, 5, 3; et passim).

사람이 되신 하나님이 자신 안에 인간의 형성을 총괄하여 죄를 멸하고 죽음의 세력을 빼앗아 사람을 살리셨다고 거듭하였다 (AH, III, 18, 7; V, 2, 1).

5.2.3.7. 힙폴리토스 (Hippolytos)

힙폴리토스는 로고스가 인간의 구원을 위해서 성육신하셨음을 강조하였다 (contra Noetum, 17).

5.2.3.8. 오리게네스 (Origenes)

오리게네스는 하나님의 아들은 인류의 구원을 위해서 사람들에게 나타나시고 그들 가운데 머무셨다고 하였다 (de Principiis, IV, 1, 31).

5.2.3.9. 알렉산드리아의 클레멘트
(Klement of Alexandria, 140/150-216/7)

클레멘트는 말씀 하나님의 유일 사역은 인간을 구원하는 것이라고 제시하였다 (Protreptikos, 9. 10; Paedagogus, I, 6).

5.2.3.10. 메또디오스 (Methodios of Olympos, 260-312)

메또디오스는 가르치기를 하나님의 독생자가 동정녀의 몸에서 아담의 본성을 입으셨다고 하였다 (Oratio, 3). 또 하나님이 성육신하사 사람이 되심은 죄와 죽음에서 사람을 구원하고 사람을 망하게 한 장본인인 사탄을 멸하려고 함이었다고 제시하였다 (Oratio, 7).

5.2.3.11. 니카야 신경 (Symbolum Nicaenum, 325)

니카야 신경은 "한 주 예수 그리스도 하나님의 아들이 우리 인간들을 위해서 또 우리의 구원을 위해 내려오셨고 육신이 되사 사람이 되셨다. 고난 받으시고 제 3일에 살아나시고 하늘에 오르셨다"고 고백하였다.

5.2.3.12. 아다나시오스 (Athanasios)

아다나시오스는 "로고스가 육체를 취한 것은 자기의 성전인 육체적 도구를 바쳐드림으로 모든 빚을 속상하시기 위해서였다" (de Incarnatione Verbi, 9; 10)라고 강조하였다. 로고스는 그의 몸으로 수난을 당하였는데 그는 그의 몸 안에 있었다. 그는 수난을 당하였으나 수난을 당하지 않았다. 왜냐하면 로고스는 본성으로 하나님이시므로 비수난이기 때문이다 (Epistula ad Epictetum, 7, 8).

또 그는 하나님의 아들이 성육신하신 것은 하나님의 형상으로 지어진 인간이 범죄하여 멸망하게 되어 하나님의 형상이 없어지게 되었으므로 그것을 회복하기 위해서 성육신하셨다고 주장하였다 (de Incarnatione Verbi, 6. 7).

5.2.3.13. 나지안주스의 그레고리오스 (Gregorios of Nazianzus)

나지안주스의 그레고리오스는 우리의 구원을 위해서 하나님이 인성을 취하셨다고 단언한다 (Orationes, 30, 2).

5.2.3.14. 닛사의 그레고리오스 (Gregorios of Nyssa)

닛사의 그레고리오스는 사람이 넘어져 병들어 죽게 되었으므로 하나님이 인간을 사랑하시어 반대세력으로부터 그를 빼앗아내어 사람을 원래대로 회복하려고 성육신하신 것을 강조하였다 (Oratio Catechismus, 21. 25).

5.2.3.15. 칼케돈 신경 (Symbolum Chalcedonense, 451)

칼케돈 신경은 우리 주 예수 그리스도는 우리의 구원을 위해서 인성을 따라 동정녀 마리아로부터 나셨다고 고백하였다.

교부들의 모든 가르침은 성경대로 하나님이 세상을 사랑하셔서 죄와 죽음에서 구출하기 위해 하나님의 독생자가 성육신하셨다고 믿는 믿음고백에서 일치한다.

이렇게 하나님의 아들이 성육신하셔서 사람이 되어 고난을 받으시므로 죄와 죽음에서 우리를 구원하셨다. 그러므로 그가 구주이시다.

5.2.4. 성령 하나님: 그리스도의 구원적용으로 구원완성

성령 하나님은 그리스도가 이룩하신 구원사역을 사람들에게 적용하여 하나님을 섬기게 하므로 창조경륜이 이루어지게 하신다.

성령은 구원사역을 이룩하시지 않았으므로 자기를 알리는 일을 하시지 않는다. 성령은 그리스도의 구속사역을 범죄한 백성들에게 적용하여 하나님을 섬기게 하므로 창조경륜이 성취되게 하신다. 성령은 범죄한 백성을 하나님을 섬기는 백성으로 세우시므로 구원을 완성하신다.

성령은 그리스도의 피로 사람들을 죄에서 해방시키셨다. 따라서 죽음의 두려움에서도 사람들을 해방시키셨다. 성령은 그리스도의 피를 사람들에게 바르는 우슬초 역할을 하였다 (시 51:7).

그리고 그리스도의 피로써 구속받은 사람들 안에 거주하시면서 그들을 거룩하게 하신다. 이렇게 하여 성령은 그리스도의 구속사역을 완성하신다.

성령은 그리스도가 세상에 사람으로 오시는 길을 예비하셨다. 먼저 선지자들을 통하여 그리스도의 구속사역을 예언하셨다.

또 그리스도가 사람의 몸을 입고 오시도록 그의 몸을 조성하셨다. 그리고 그 몸에 죄과와 죄의 부패가 전달되지 않게 하셔서 그리스도로 흠 없는 몸과 피로 하나님에게 속죄제사를 드리게 하셨다.

성령은 이렇게 그리스도가 사람의 육신을 입고 세상에 오시는 길을 열었다. 그리고 온 세상에 그리스도의 구속사역을 선포하고 백성들에게 적용하셨다.

이렇게 그리스도의 구속사역과 성령의 구원적용으로 하나님은 그의 창조경륜을 이루시게 되었다.

5.2.5. 교부들의 이해

교부들이 성령의 사역을 어떻게 이해했는지를 살피는 것은 매우 유익한 일이다.

5.2.5.1. 이그나치오스 (Ignatios)

이그나치오스는 하나님의 성육신이 성령에 의해서이고 보혜사의 인도로 이루어졌다고 하여 성령을 성육신의 원리로 삼았다 (Epistula Ignatii ad Ephesios, 18; 20).

5.2.5.2. 에레나이오스 (Eirenaios)

에레나이오스는 성령이 선지자들을 통하여 하나님의 섭리와 그리스도의 강생과 구속사역을 선포하셨다고 가르친다 (Adversus Haereticos, I, 10, 1). 그리고 성령의 사역은 믿는 자들을 거룩하게 하신 것임을 주장하였다 (AH, IV, praef. 4). 또 성령이 사람을 거룩하게 하여 하나님을 직관하는 데로 인도하신다는 것을 처음으로 밝혔다 (AH, V, 8, 1).

5.2.5.3. 노바치안 (Novatian)

노바치안은 성령이 우리의 영원한 구원의 보증서라고 가르쳤고 우리를 하나님의 성전으로 만드신다고 가르쳤다. 또 성령은 우리 몸에 거주하셔서 우리를 거룩하게 하시고 불사의 부활에 이르도록 우리 몸을 일으키신다고 제시하였다 (de Trinitate, 29).

5.2.5.4. 알렉산드리아의 클레멘트 (Klement of Alexandria)

클레멘트는 성령의 사역은 믿는 자들을 영감하고 믿는 자들 안에 거주하심이라고 말하였다 (Stromata, V, 13). 그리고 사람들을 변화시켜 하나님의 자녀로 만드신다고 제시하였다 (Paedagogus, I, 6).

5.2.5.5. 오리게네스 (Origenes)

오리게네스는 성령의 사역의 중심이 성화에 있다고 보았다. 그러므로 성령을 성화의 능력이라고까지 진술하였다 (de Principiis, I, 1, 3). 또 성령의 내주는 합당한 자들에게 국한한다고 제시하였다 (de Principiis, I, 3, 7).

5.2.5.6. 아다나시오스 (Athanasios)

아다나시오스는 성령은 예수 믿는 자들이 세례 받을 때 그들에게 주어진다고 제시하였다 (ad Serapionem, I, 6).

5.2.5.7. 예루살렘의 퀴릴로스 (Kyrillos of Jerusalem)

퀴릴로스는 성령이 자기 실체를 가지시고, 말씀하시고 섭리하시며 교회를 보호하신다고 가르쳤다 (Katechismos, 17, 13. 34; 16, 14). 그러나 성령의 사역의 중심점을 성화하는 일에 두었다 (Katechismos, 17, 5). 그리스도의 구원을 적용하여 사람을 구원하고 고치고 교훈하며 권면하기 위해서 오신다는 점을 강조하였다 (Katechismos, 16, 16. 22).

5.2.5.8. 바실레오스 (Basileos)

바실레오스는 성령의 특성으로 출래와 성화를 지목하였다 (ep., 236, 6). 성령의 주된 사역이 성화임을 말함과 동시에 다스리고 사람을 거룩하게 하고 살게 하고 조명하며 위로하는 일을 하신다고 제시하였다 (ep., 189, 8).

5.2.5.9. 빅토리누스 (Victorinus)

빅토리누스는 성령의 주된 사역을 만물을 성화하시는 것으로 단정하였다 (Victorinus, Comm., 36).

교부들의 주된 관심은 삼위일체 교리의 완전한 공식화 작업이었다. 그들은 성령의 구원적용은 그렇게 많이 다루지 못하였지만 성령이 구원의 완성자임을 잘 밝혔다.

제6장

삼위일체 교리를 부정하는 근세신학

Trinitas et Illius Opera
Trinitas et Illius Opera
Trinitas et Illius Opera

그리스도교는 삼위일체 교리와 하나님의 성육신(incarnatio Dei)의 교리도 성립한다. 두 교리가 그리스도교의 생명이고 근본이다.

두 교리는 하나로 연결되어 있다. 따라서 한 교리를 부정하면 다른 교리도 자동적으로 부정된다. 다시 말하면 한 교리를 긍정하면 다른 교리도 자동적으로 긍정된다.

삼위일체 교리를 부정하거나 하나님의 성육신의 교리를 부정하면 그리스도교가 그리스도교이기를 그친다. 동시에 이방종교의 하나로 전락한다.

4세기 초엽에 삼위일체 교리의 부정으로 교회가 존폐위기에 직면하였다. 정통교부들이 사력을 다하여 성경적인 진리를 지키고 그 교리를 공식화하였다. 그로써 그리스도교는 삼위일체의 종교로 확립되었다. 교리공식화 이후에는 두 교리를 지키는 일에 정통교부들은 진력(盡力)하였다. 교회가 그리스도의 교회로 남으려면 삼위일체 교리와 하나님의 성육신의 교리를 사력을 다해서 지켜야 한다.

삼위일체 교리의 공식화 이후에 전체 그리스도의 교회는 이 교리를 지키는 데 온전히 일치하였다. 이 교리가 그리스도교의 생명이고 근본이기 때문이다. 그리하여 그리스도의 교회는 역사 내내 삼위일체 교리와 하나님의 성육신의 교리에 전체적으로 일치하였고 교리

수호에 전력을 다하였다.

교회 역사 기간 동안 이단들이 일어나서 삼위일체 교리와 성육신의 교리를 공격하고 부정하였다. 그러나 그런 공격과 이단들은 그리스도의 교회 전체를 흔들 수는 없었다.

근세에 이르러서는 모든 신학체계들이 삼위일체 교리와 하나님의 성육신의 교리를 부정하는 것을 신학의 본분으로 삼았다.

현대신학의 가르침을 따라 많은 교회들이 두 근본 교리를 부정하는 데 동참함으로 배도가 널리 진행되었다. 로마교회는 제 2 바티칸 공회의 이후에 전체로 배도를 완료하였다.

근세 신학체계들이 어떻게 삼위일체 교리를 부정하고 변조하였는지 밝히는 것이 필요하다. 그들 중에 대표적인 근세신학자 다섯 사람 곧 슐라이어마허, 칼 발트, 폴 틸리히, 칼 라아너와 몰트만을 살펴보고자 한다.

제1절 슐라이어마허 (Friedrich Schleiermacher, 1768-1834)

6.1.1. 칸트의 인식론 도식으로 신학을 완전히 바꿈

슐라이어마허는 칸트 (Kant)의 인식론으로 신학을 전개하였다. 칸트는 감각기관으로 접촉할 수 있는 현상만이 지식의 대상이라고 하였다. 감각기관으로 현상과 접촉하여 대상을 아는 지식 곧 경험적 지식만이 참된 지식이라고 한정하였다.

반면 완전한 존재자, 최고 존재자, 근원적 존재자와 같은 관념은 하나의 이념일 뿐이어서 그 개념에 대응하는 대상이 없다고 하였다. 그런 사물에 대한 지식은 학적 지식이 아니고 단지 사변적인 이념일 뿐이라고 단정하였다.

슐라이어마허는 칸트 철학의 인식론 도식을 그대로 받아들여 신학도 경험적 지식이어야 한다고 정하였다. 종교는 감정 곧 내적 의식에서 일어나는 것이므로 내적 경험에서 하나님 지식을 도출하기로 하였다.

그래서 슐라이어마허는 그리스도교 신학을 완전히 새롭게 재구성하였다. 하나님의 정의와 삼위일체 교리도 종교적 경험 혹은 의존감정으로 완전히 새롭게 변조하였다.

슐라이어마허에게 하나님은 의존감정의 표현일 뿐이지 자존하시는 하나님, 창조주 하나님이실 수 없다. 그는 하나님 관념을 완전히 바꾸었다.

6.1.2. 신=순전한 의존감정을 발음하는 것 (Aussprechen)

슐라이어마허는 신이란 순전한 의존감정을 발음하는 것으로 정의한다.

이렇게 정의하기 위해서 그는 경건이라는 자기의식 곧 의존감정에서 출발한다. 경건의 본질이란 우리가 우리 자신을 전적으로 의존적이라고 의식하는 것이다. 혹은 우리 자신을 의존적이라고 느끼는 것이다 (der Christliche Glaube, § 4, 1. 2).

그러므로 신이란 표현은 순전한 의존감정을 발음하는 것 외에 다른 것이 아니라고 제시하고 있다 (und also der Ausdruck Gott eine Vorstellung voraussetzt: so soll nur gesagt werden, dass diese, welche nichts anders ist als nur das Aussprechen des schlechthinnigen Abhängigkeitsgefühls; der Christliche Glaube, § 4, 4). 그 표현은 자신을 순전히 의존적이라고 느끼는 것을 말한다 (CG, § 5, 3).

슐라이어마허는 순전한 의존감정을 직접적이고 내적으로 발설하는 것이 신 의식이라고 단언하였다 (Wenn nun das unmittelbare innere Aussprechen des schlechthinnigen Abhängigkeitsgefühls das Gottesbewuβtsein ist; CG, § 5, Zusatz). 이렇게 둘을 일치시킴으로 순전한 의존감정이 바로 신 의식이고 그것이 신이라고 확정하였다 (CG, § 5, Zusatz).

슐라이어마허는 신 (神)신앙은 순전한 의존감정 자체에 대한 확실성 외에 다른 것이 아니라고 표현하여 위 진술을 확실하게 하였다 (die Rede von dem Glauben an Gott, der nichts anders war als die Gewissheit über das schlechthinnige Abhängigkeitsgefühl als solches, CG, § 14, 1). 또 그는 같은 사항을 달리 표현하기도 한다. 자신이 순전히 의존적이라고 느끼는 것과 자신이 신과의 관계에 있다는 것을 의식하는 것은 같다고 하였다 (dass Sich-schlechthin-abhängig-Fühlen und Sich-seiner-selbst-als-in-Beziehung-mit-Gott-bewusst-Sein einerlei ist,; CG, § 4, 4).

6.1.3. 삼위일체 교리의 새로운 논의

슐라이어마허는 삼위일체 교리를 의존감정의 표현으로 제시하였다. 신은 전적인 의존감정을 발언하는 것이라고 하였다.

그는 삼위일체 교리가 그리스도인의 자기의식에 대한 하나의 직접적인 발언이 아니고 여러 진술들을 결합한 것이라고 한다 (CG, Schluss, § 170). 곧 순전한 의존감정이 그리스도와 교회 안에 있었다는 의식에서 삼위일체 교리가 나왔다는 것이다.

6.1.3.1. 삼위일체는 전적 의존감정이 그리스도와 교회 안에 있는 것

슐라이어마허는 삼위일체 교리는 신적 본질 곧 순전한 의존감정과 인간 본성의 연합에 관한 교리라고 단정한다 (die Lehre von der Vereinigung des göttlichen Wesens mit der menschlichen Natur). 이 연합은 그리스도의 인격과 교회의 공통정신에 의해서 이루어졌다.

슐라이어마허는 예수 안에 신 의식이 고정으로 있는 것을 아들이라고 정의한다. 또 그리스도인들 혹은 교회가 나타내는 공통정신을 성령이라고 전혀 새롭게 정의한다 (CG, Schluss, § 170, 1).

삼위일체 교리는 그리스도 안과 교회에 신적 본질 곧 순전한 의존감정이 있었다는 의식에서 나왔다는 것이다.

슐라이어마허의 삼위일체 교리의 핵심은 신적 본질 곧 신 의식이 그리스도와 연합하고 또 교회와 연합한 것이다. 이 연합 안에 있는 신적 본질이 자존하고 있다고 상상한 것이 신적 본질 곧 삼위일체 (mit dem göttlichen Wesen an sich)라는 것이다 (CG, Schluss, § 170, 1).

6.1.3.2. 슐라이어마허는 의존감정을 영원화하여 삼위일체 교리를 만들었다고 주장

슐라이어마허에 의하면 두 연합 곧 그리스도와 교회 안에 있는 신적 존재가 영원히 독립적으로 있는 것으로 상상해서 삼위일체 교리가 생겼다는 것이다.

그러면 삼위일체 교리는 내적 감정에서 떠나 있다고 상정되는 초감성적인 사실에 대한 진술들을 합친 것이다. 따라서 이 교리는 근원적인 의미의 신앙론으로 볼 수가 없다고 한다. 이런 삼위일체 교리는 그리스도교 신앙론에 아무런 자리를 가질 수 없다고 슐라이어마허는 결론한다 (CG, § 170, 3. Zusatz).

6.1.3.3. 슐라이어마허의 전통적 삼위일체 교리 비판

슐라이어마허는 전통적 삼위일체 교리는 하나의 신적 본질과 세 위격을 설정하였다고 한다. 그런데 신적 본질을 아버지와 일치시키고 그리스도와 성령은 이 신적 본질에 동참한 것으로 설정하였다는 것이다. 그러면 아들과 성령은 신적 본질이 아버지보다 적은 것이 된다. 이 두 위격은 아버지보다 하위에 있는 것이 된다. 이것은 세 위격의 동등성 주장과 맞지 않다는 것이다.

가령 아버지와 아들이 구분되어 아버지는 아들을 영원히 생산하고 아들은 영원히 생산된다. 곧 아버지는 영원히 아들을 제 2 위격으로 생산할 능력을 갖고 있으면, 아버지의 능력이 아들보다 더 크고 생산자의 영광이 생산된 자보다 클 것이 틀림없다.

슐라이어마허는 성령에 관해서도 동일하다고 주장한다. 동방교회의 주장처럼 성령이 아버지에게서만 출래한다면 아들은 이중 무능을 드러낸다. 서방교회 주장처럼 이중 출래이면 성령은 이중 종속성을 드러낸다. 어떻든 아버지는 두 위격보다 우위에 선다. 이런 구분으로는 위격들의 동등성은 나오지 않는다는 것이다 (CG, § 171, 1. 2).

위의 내용을 요약하면 아버지는 전적으로 하나님이지만 아들과 영은 신적 본질에 동참함으로 신이라는 것이다. 정통파는 이것을 거부하면서도 비밀리에 삼위일체 교리를 다룰 때 밑바탕에 놓고 있다는 것이다 (CG, § 171, 5).

그러면 삼위가 일체가 되는 것은 성립하지 않고 위격들은 신적 본질 아래에 놓이게 되어 삼신론적 경향에 접근한다. 그래서 일체와 세 위격 간에 늘 왔다 갔다 하였고 중간점은 없었다는 것이다 (CG, § 171, 3). 아버지와 신적 본질을 일치시키고 아들과 영에 대해서는 그렇게 하지 못하였다. 곧 아버지를 첫째 자리에 놓으면서 다른 위격들에 대해서도 동등성을 요구만 하였지 증명은 못하였다는 것이다 (CG, § 171, 5).

결론적으로 말하면 전통적 삼위일체 교리는 성립할 수 없다는 것이다.

6.1.3.4. 삼위일체 교리는 이방 다신교가 그리스도교에 들어와서 형성된 것이라고 함

슐라이어마허는 삼위일체 교리가 공식화될 때는 이교도들이 대량으로 그리스도교로 들어올 때이므로 신을 다수로 말하게 되었다는 것이다. 이교적인 유사성이 아무런 생각 없이 끼어들었다. 그래서 신을 복수로 표기하는 것에 유보조항으로 세워서 다신교로 넘어가는 것을 막으려고 하였다. 신의 존재자체를 세계와의 관계에서 말할 수밖에 없게 되었지만, 세계 안에 있는 신의 존재와 구분된 신의 존재자체에 대한 공식을 가질 수 없었다. 그래서 삼위일체 교리는 동등과 종속 또 삼신론과 일신론 사이에 늘 흔들렸다고 한다 (CG, § 172, 1. 2).

6.1.3.5. 삼위일체 교리를 변형해야 한다고 함

그래서 반 (反) 삼위일체 교리 주장이 늘 일어났다. 이런 상황은 전통적인 삼위일체 교리에 대한 철저한 비판과 당시 상황에 맞게 변형하기를 요구하게 되었다. 그러므로 슐라이어마허는 전통적인 삼위일체 교리를 변형할 수밖에 없다고 주장하고 변형을 시도하였다 (CG, § 172, 2).

슐라이어마허 (Schleiermacher)에 의하면 삼위일체 교리는 그리스도 안과 교회 안에 있는 신적인 것에 대한 우리의 신앙에서 나왔으므로 신 의식의 표현으로 모두 바꾸어야 한다는 것이다.

이렇게 삼위일체 교리 공식을 바꾸어야 할 근거는 전통적인 교리가 그리스도인의 자기의식에 대해서 아무것도 말하지 않았다는 점이라고 한다. 곧 사변적 요소들이 밀려들어오도록 문을 열어 교리가 사변적으로 세워졌다는 것이다.

첫 번째 해결되지 않는 난점은 하나의 실체와 세 위격의 관계문제이다. 한 신적 본질이 셋으로 영원히 분리되어 있다는 것이다.

그러면 이런 관념이 신약에 분명하게 표현되어 있느냐 하는 점이다. 세 위격들을 표시하는 것으로 보이는 본문들은 사벨리오스 (Sabelios)의 표현방식 (양태론)으로 해석될 수 있다. 교리를 표현한다고 하는 본문들을 주석하면 아다나시오스 (Athanasios)가 내세운 주장 (한 실체가 세 위격으로 계심)과 사벨리오스의 가설은 결국 같게 된다는 것이다.

곧 최고본질을 두 연합에서 분리된 것으로 말하지 않고도 최고본질이 인간 본성과 두 번 연합한 것, 곧 개인으로서 그리스도와 연합하고 또 교회와 연합한 것으로 말할 수 있다는 것이 슐라이어마허의 핵심주장이다.

두 번째 난점은 첫 위격을 아버지로 표시하고 아버지와 다른 두 위격들에 대한 관계는 한 본질에 대해 위격들의 관계를 제시하고 있다는 점이라고 한다. 곧 아들과 성령이 어찌 하나님일 수 있느냐 하는 점이고 세 위격들의 동등성에 대해서는 아무것도 말하지 못했다는 것이다 (CG, § 172, 3).

그러므로 이 둘을 하나로 조화할 수 있는 길을 찾아서 고치면 모든 난점들이 다 해소된다는 것이다. 곧 신적 실체와 위격들의 관계를 그리스도인의 신 의식 곧 의존의식으로 바꾸어야 한다는 것이다.

6.1.4. 왜 예수 그리스도가 하나님의 아들로 불리는가?

왜 예수 그리스도를 신적 본질과 인간 본성의 연합이라고 하는가? 신은 순전한 의존감정을 발언하는 것이므로 신 의식은 순전한 의존감정과 같은 것이다 (CG, § 4, 4). 그래서 신 의식이 신의 존재라는 것이다 (CG, § 94, 1. 2; § 96, 3).

슐라이어마허는 모든 신학조항을 사람의 자기의식으로 푼다. 삼위일체와 그리스도의 인격을 자기의식의 표현으로 다 변경하였다. 그러므로 그리스도 안에 두 본성이 있어서 한 인격으로 통일되었다는 것은 성립할 수 없다고 단언한다.

　구주가 죄는 없다고 생각되더라도 인간 본성은 완전히 동일하므로 다른 모든 사람들과 같다. 그리스도가 다른 사람들과 다른 점은 그의 강력한 신 의식일 뿐이다 (CG, § 94, 1). 그리스도가 인격의 원형이 되는 것은 그의 자기의식에 들어 있는 신 의식 때문이다. 그런데 신 의식과 신의 존재는 하나이고 같은 것이라고 한다.

　그리스도가 신 의식이 시발한 자리이다. 왜냐하면 그는 매순간 신 의식으로 지배되어 살았기 때문이다. 그러므로 그리스도로 말미암아 생겨난 신 의식이 인간 본성 안에 있는 신 존재가 된다 (CG, § 94, 2). 슐라이어마허는 사람 안에 있는 신 의식이 신 존재라고 단정한다.

　구주인 그리스도나 우리나 다 똑같다. 단지 차이나는 것은 신 의식의 정도 차이뿐이라고 한다. 우리는 어둡고 무력한 신 의식을 갖는데 반해서, 그리스도 안에는 신 의식이 순전히 명료하고 매순간을 규정하는 것이어서 늘 살아 있는 현존이다. 이것이 그 안에 있는 신의 참된 존재로 여겨져야 한다는 것이다 (Denn wenn der Unterschied zwischen dem Erlöser und uns andern so festgestellt wird, dass statt unseres verdunkelten und unkräftigen das Gottesbewuβtsein in ihm ein schlechthin klares und jeden Moment ausschlieβend bestimmendes war, welches daher als eine stetige lebendige Gegenwart, mithin als ein wahres Sein Gottes in ihm, betrachtet werden muβ; CG, § 96, 3).

　예수는 그의 삶의 시작부터 신 의식을 자신 안에 지녔다. 그러므로 밖으로 말하기 전부터 신 의식을 소유하고 있었다. 그런데 예수 안에 싹으로 있었던 신 의식이 발전하였다는 것이다. 그도 다른 모든 사람과 같으므로 전에는 그 안에 죄가 가능했고 또 실제로 있었다.

곧 신 의식이 예수 안에 없었던 때가 있었다. 이 면에 있어서 예수도 그 인격에서 구속된 자요 구속주이다 (CG, § 93, 3). 그리스도는 교회 공동체에서 첫째로 구속된 자이고 그 다음 구속주라고 반복한다.

따라서 슐라이어마허는 구주 그리스도가 모든 사람과 같지만, 강한 신 의식 때문에 다른 사람들과 구분된다고 주장한다. 그리스도가 올바르지 못한 공동체에 들어 있을 때는 불균형을 겪었지만, 그 안에 있는 강력한 신 의식으로 그것을 이겨냈다는 것이다. 이면에 있어서 그리스도는 다른 사람과 구분된다고 하였다 (CG, § 94, 1).

슐라이어마허는 그리스도가 존엄성을 갖는 것은 자기 안에 있는 신 의식 때문이라고 한다. 이 신 의식이 신의 존재이기 때문이다 (CG, § 94, 2).

신의 존재는 신 의식이므로 신의 존재는 합리적인 존재들에만 있다고 제시한다. 그렇다고 합리적 존재들에 다 신의 존재가 있다고 할 수 없다는 것이다. 왜냐하면 사람 안에 있는 흐리고 불완전한 신 의식은 신의 존재가 못되기 때문이라는 것이다. 신 의식이 신의 존재가 되는 것은 그리스도와 관련시킬 때라는 것이다. 그리스도로 말미암아 인간적인 신 의식이 인간 본성 안에 있는 신의 존재가 되기 때문이라고 한다 (CG, § 94, 2).

그리스도가 우리처럼 인간 본성의 발달을 가졌으면 신 의식도 발달한 것이다. 그의 삶의 시작은 신 의식을 심는 것이고 그의 삶은 인간 본성의 완성으로 보아야 한다. 그리스도가 아담과 다른 점은 아담은 육체적 생을 시작하였지만 그는 새로운 영적 삶을 시작하였기 때문이라는 것이다 (CG, § 94, 3).

그리스도의 행동은 그 안에 있는 신의 존재 (das Sein Gottes)에서 나온다. 왜냐하면 신의 존재가 매순간을 규정하고 있기 때문이다.

그러므로 구주의 모든 인간적인 활동은 전체로 그 안에 있는 신의 존재에 의존한다 (CG, § 96, 3).

그러면 그리스도는 두 본성이 연합하여 한 인격이 된 것이 아니다. 그리스도는 하나님의 아들로 불리지만 인간 본성으로만 구성되어 있기 때문이다 (CG, § 96, 2).

통상 본성은 유한한 존재의 총화 (der Inbegriff alles endlichen Seins)를 뜻한다. 본성을 인간에 적용하면 본성은 육체적인 것의 총화이다. 그러므로 본성을 신에게 적용할 수 없다는 것이다.

그러면 삼위일체 교리가 왜 나왔느냐? 예수 안에 있는 신 의식을 아들로 말한 후에는 아버지라는 구분된 존재를 세울 필요성이 생겨났다. 그래서 이원성 곧 하나의 본질과 세 위격이 나왔다 (CG, § 170, 2)고 주장한다.

요약하면 예수 안에 있는 신 의식으로 한 신성과 세 위격을 설정할 수 없다는 것이다. 다시 말하면 예수는 강한 신 의식을 가진 하나의 인간일 뿐이다. 그 외에는 다른 신적 존재는 없다. 이것이 슐라이어마허의 결론이다.

6.1.5. 성령=그리스도인 공동체의 공통정신

슐라이어마허는 교회가 나타내는 공통정신 혹은 그리스도인들이 공통으로 나타내는 정신을 성령이라고 정의한다.

슐라이어마허의 다른 표현을 빌리면, 성령이란 하나의 도덕적 인격으로서 그리스도인 공동체의 생의 통일 (die Lebenseinheit der christlichen Gemeinschaft als einer moralischen Person) 곧 공통정신 (Gemeingeist)이라

고 한다 (CG, § 116, 3). 전체적 생의 통일이 공통정신으로 개인 각자 안에 있는데 이것이 성령이라는 것이다 (CG, § 116, 3).

이렇게 슐라이어마허는 신 의식으로 삼위일체 교리와 성육신의 교리를 완전히 해소하였다.

제2절 칼 발트 (Karl Barth, 1886-1968)

발트는 슐라이어마허를 따라 삼위일체 교리를 부정한다. 아버지만 계시자로서 하나님이고 아들과 성령은 계시 작용의 과정일 뿐이다. 그러나 계시자 하나님도 자존하시는 하나님이 아니다. 하나님의 존재는 사건이고 행동일 뿐이다.

6.2.1. 하나님은 유일한 신적 존재

발트는 전통적인 삼위일체 교리 대신 한 하나님, 유일한 신적 존재에서 출발한다.

발트에 의하면 하나님은 한 인격적 하나님이시다. 그는 유일한 존재이시다 (Kirchliche Dogmatik, III/1, 204, 205, 208, et passim). 하나님은 그 존재가 유일하다 (die Alleinigkeit seines Wesens, seine Einzigkeit; KD, III/1, 204, 208). 하나 곧 최고의 유일한 법적 주체이다.

그러므로 발트는 아버지의 위격과 아들의 위격 간의 협약에 관한 견해는 수용할 수가 없다고 한다. 삼위 하나님의 첫째와 둘째 위격이 서로 협의하고 서로에 대해서 의무를 지우는 법적 주체라고 제시하는 것은 신화라는 것이다.

발트는 하나님은 삼위가 아니고 한 신적 존재이기 때문에 피조물과 언약관계를 세우려고 하신다고 하였다. 곧 사람과 사랑의 교제를 가지려고 하셨다는 것이다 (KD, IV/1, 105).

6.2.2. 세 위격은 세 존재방식

발트의 신관에 있어서 한결같은 강조는 하나님은 하나이다 (Gott ist Einer). 따라서 삼위일체에 대한 바른 이해는 칼빈의 가르침처럼 세 위격은 하나님의 세 존재방식 (drei Seinsweisen Gottes)으로 이해해야 한다고 주장한다 (KD, IV/1, 69).

발트는 세 위격을 주장하는 것은 다신교이고 우상숭배라는 것이다. 하나님은 한 신적 존재이므로 세 위격 혹은 두 위격이 아니라 한 인격적 한 하나님 (der eine persönliche Gott)이다. 그러므로 위격은 존재방식 (subsistentia)으로 바꾸어야 한다는 것이다.

하나님이 세 존재방식 곧 아버지와 아들과 성령의 존재방식에서 하나이다. 이것이 뜻하는 것은 한 하나님, 한 주, 한 인격적인 하나님이 한 방식에서뿐만 아니라 아버지와 아들과 성령의 방식에서 그이 (Er, 하나님)이시다 (KD, I/1, 379). 존재방식 (Seinsweise)은 hypostasis, υποστασις를 번역한 것이다. 이 희랍어 단어를 라틴어로 subsistentia라고 표기하였다. 칼빈은 위격을 신적 본질 안의 존립 혹은 존재방식 (subsistentia in Dei essentia)으로 정의하였다는 것이다. 결국 위격은 한 하나님이 세 번의 방식 곧 아버지와 아들과 성령으로서 하나님이시라는 것을 뜻한다고 (KD, I/1, 379-380) 하였다.

6.2.3. 삼위일체=계시의 세 계기 (Moment, 契機)로서 하나님의 존재방식

그러면 한 하나님이 어떻게 세 존재방식에서 한 하나님이신가? 발트는 계시가 삼위일체 교리의 뿌리이고 우리의 하나님 지식의 원천이므로 삼위일체 교리를 계시에 기초해야 한다고 주장한다 (KD, I/1, 320ff).

발트의 전개에 의하면 자신을 계시하시는 하나님은 자기를 계시하시는 것 (sein sich Offenbaren; KD, I/1, 314-5)이다. 계시는 하나님의 술어이므로 하나님 자신과 일치한다. 다시 말하면 자신을 계시하는 하나님은 그 계시 자체이고 또 사람에게 미친 결과 곧 계시된 것이다. 그리하여 계시하는 하나님과 계시와 계시의 결과 간에 일치가 성립한다는 것이다. 하나님은 이 삼중 존재방식에서 동일자로 존재한다 (KD, I/1, 315). 왜냐하면 계시는 말씀하시는 하나님의 인격이기 때문이다 (Dei loquentis persona, KD, I/1, 320). 신적 계시에서 하나님의 말씀은 하나님 자신과 일치한다 (KD, I/1, 321). 하나님의 계시가 그의 자기 계시이기 때문이다 (KD I/1, 324).

이 방식으로 성경계시는 자신을 삼위일체 교리의 뿌리로 구성한다 (KD, I/1, 325, 329, et passim). 계시에서 하나님은 자신을 자신과 구분하지만 동일자로 남는다. 계시된 하나님은 숨겨진 하나님 (Deus absconditus)이시다 (KD, I/1, 337-338). 하나님은 자신을 계시하시면서 자신을 숨기시기 때문이다. 그리고 계시에서 형체를 취하신다. 그것은 계시가 하나님의 계시된 것이기 (eines Offenbarseins Gottes) 때문이다 (KD, I/1, 349).

아버지와 아들과 성령의 이름은 하나님이 삼중 반복 곧 계시자와 계시, 계시된 것에서 한 하나님이시다 (KD, I/1, 369). 이렇게 계시된 하나님이 구분된 것은 하나님의 본질 안에 구분이 있기 때문이다. 이 구분은 세 위격들의 구분이 아니고 하나님 안에 있는 세 존재방식 (drei Seinsweisen Gottes in Gott)의 구분을 뜻한다는 것이다 (KD, I/1, 374).

발트에 의하면 하나님은 세 존재방식에서 곧 아버지와 아들과 성령에서 하나이다 (KD, I/1, 379).

계시에서 한 하나님의 삼중 (三重, Dreiheit)은 계시자, 계시와 계시된 것의 삼중이다. 이것은 창조주 하나님, 화해주와 구속주에 상응한다는 것이다.

발트는 계시자를 아버지로, 계시를 아들로, 계시된 내용을 성령으로 일치시킨다 (KD, I/1, 384, 386, 401-403; II/1, 294). 또 계시자와 계시와 계시된 것이 구분되지만 분리되지 않고 일치한다 (KD, II/1, 293). 이것이 한 하나님이 삼위일체로 계심을 뜻한다는 것이다.

6.2.4. 하나님의 존재: 행동과 사건

삼위일체 교리를 계시의 삼중 계기 혹은 한 하나님의 세 존재방식으로 해석한 발트의 신학에 자존하시는 하나님이 있는가?

발트는 왜 한 하나님의 삼위일체를 계시의 세 계기로 해석하였는가? 발트의 신학에는 자존하신 하나님의 존재가 없다. 하나님의 존재는 행동이고 사건이다. 이 행동 배후로 돌아가서 그 자체로 존재하시는 하나님을 붙잡을 수 있는 계기가 없다. 그러면 하나님은 어디에 존재하시는가? 아들의 인격 안에 존재하신다. 발트에게 아들은 인간 예수뿐이다. 다시 말하면 자존하시는 하나님은 발트에게 없다 (KD, II/1, 288-361).

발트는 하나님의 존재를 행동과 사건이라고 함으로 철저하게 헤겔의 행동주의 철학에 근거하고 있다. 물론 행동과 사건만이 나타난 것이라고 주장하는 면에서는 칸트 철학에 근거하고 있는 것이 확실하다. 현상만을 알 수 있다는 칸트의 인식론이 철저하게 발트의 신학을 지배하고 있다.

6.2.5. 하나님의 존재: 행동과 사역들 안에

발트에 의하면 하나님은 그의 행동과 사역들에서 존재하신다. 그는 그의 사역들에서 존재하시는 자이다. 우리는 하나님을 인식할 때 그의 사역들 안에 있는 자로 인식한다 (KD, II/1, 291-2).

그러므로 하나님의 존재는 그의 사역의 관점에서 규정할 수밖에 없다고 발트는 논한다. 그래서 하나님이 존재한다고 할 때 그의 존재는 그의 계시에서의 행동을 뜻한다.

6.2.6. 하나님의 존재: 계시의 행동

발트에 의하면 전통적인 신학은 계시 안에 있는 하나님의 행동에서 존재를 다루지 않고 자존하시는 하나님에게서 출발하였다는 것이다. 그래서 하나님을 존재자로 표기하고 설명하였다. 곧 하나님의 본질을 찾고 다루었다 (KD, II/1, 292-3)는 것이다.

발트에게 있어서 하나님이 존재하신다는 명제는 하나님은 그의 계시의 행동에서 있는 자라는 것을 뜻한다. 하나님의 존재는 계시 안에 나타난 행동을 지시한다. 곧 행동이 존재라는 것이다. 따라서 하나님의 계시 곧 행동은 하나님의 존재와 일치한다는 것이다 (KD, II/1, 293).

6.2.7. 하나님의 신성: 행동하는 사건

발트는 하나님의 신성을 사건 (Ereignis)과 일치시킨다. 곧 계시의 사건이라는 것이다. 그 사건은 현재적인 사건이고 완결된 행동과 사건이고 미래 사건이라고 한다. 하나님의 신성 (Gottes Gottheit)은 바로 사건, 행동의 사건이라는 것이다 (KD, II/1, 294).

6.2.8. 하나님의 존재=생명, 자유로운 행동, 자유로운 사건

발트는 또 하나님의 존재는 생명이고 생명의 원천이라고 한다 (KD, II/1, 295). 하나님을 사건, 행동, 생명으로 이해하면 그의 계시는 특수한 사건이라는 것이다 (KD, II/1, 295-6). 곧 계시에서 일어나는 하나님의 행동은 특수한 사건이라는 것이다. 하나님은 자유로운 사건이고 자유로운 행동이며 자신 안에서 자유로운 생명이다 (KD, II/1, 296).

발트는 하나님과 행동을 일치시킨다. 행동의 주체와 행동을 구분하지 않고 하나님 자신을 행동으로 일치시킨다 (ist Gott freies Ereignis, freier Akt, freies Leben in sich selber; KD, II/1, 296).

발트가 자기 사고의 문제점을 인식했는지 조금 정정하였다. 하나님의 존재는 그의 행동에 성립하는데 이런 신의 존재는 자기 자신으로 말미암아 움직여진 존재 (das durch sich selbst bewegte Sein)라고 부연한다 (KD, II/1, 300-1, 303, 338). 이 문장은 행동의 주체를 인정하려고 하는 것으로 보인다.

6.2.9. 하나님의 존재=자기의 결정

발트는 하나님의 존재를 사건으로 정의하였는데 이에서 나아가 결정이라고 단언한다. 계시의 관점에서 보면 자기의 고유하고 의식적이고 원하고 또 실행된 결정이라는 것이다 (seine eigene, bewusste, gewollte und vollbrachte Entscheidung; KD, II/1, 304, 339).

한 인격의 존재는 행동 안에 있는 존재이다 (das Sein einer Person ist ein Sein in der Tat). 행동 안에 있는 존재는 하나님에게만 말해질 수 있다는 것이다. 그러므로 하나님은 그의 행동 안에 있고 하나님은 그의 고유한 결정이다 (Gott ist in seiner Tat. Gott ist seine eigene Entscheidung; KD, II/1, 304-305, 344).

이런 논의에 의하면 행동 주체는 없고 행동 자체가 하나님이고 결정의 주체는 없고 결정이 하나님이다.

6.2.10. 행동과 결정 위에 신의 본질 내로 소급할 계기 없음

하나님이 결정이고 행동이고 사건이면 그 뒤로 돌아가서 자존하시는 하나님을 붙잡을 수 있는 계기가 있는가? 발트에 의하면 그런 것은 불가능하다. 있는 것은 행동과 결정뿐이다.

이 행동과 결정 위에 있는 하나님의 존재 안에 아무런 계기가 없다 (Es gibt kein Moment im Wesen Gottes oberhalb dieser Tat und Entscheidung). 그러므로 이 행동과 결정 뒤로, 하나님의 활동성 (Lebendigkeit) 뒤로 소급할 수 있는 것이 없다 (Es gibt also kein Zurückgreifen hinter diese Tat und Entscheidung, hinter die Lebendigkeit Gottes). 단지 그의 활동성을 움켜잡는 것만 있다. 그래서 우리가 그의 계시에서 그의 활동성에 의해 움켜잡힐 뿐이라고 한다 (es gibt nur das Ergreifen seiner Lebendigkeit daraufhin, dass wir in seiner Offenbarung von ihr ergriffen sind; KD, II/1, 305).

그런데 발트는 하나님이 곧 행동이란 전개를 계속한다. 하나님은 그의 행동에서 발견할 수 있을 뿐만 아니라 그가 자기의 행동에서만 있기 때문에 그 안에서만 발견할 수 있다 (KD, II/1, 305, 344). 하나님의 존재는 전적으로 그의 행동이다. 그의 행동이 그의 존재이다.

하나님을 하나님으로 만드는 것 곧 하나님의 본질은 그가 계시에서 보이는 행동이다. 곧 활동성이 신을 신으로 만드는 것 곧 그의 본질을 구성한다. 그러므로 그의 존재를 규정하기 위해서 그의 활동성 뒤로 돌아갈 수가 없다. 왜냐하면 그의 이름의 계시에서 행동이 발생하기 때문이다. 곧 행동이 영원히 그의 존재이다 (KD, II/1, 306-7).

6.2.11. 교제를 마련하심=그의 행동, 신의 본질임

발트는 하나님은 모든 것에서 그가 행한 것이 바로 그이 (Er) 곧 하나님이라고 단언한다. 하나님과 행동은 같다는 것을 강조하고 있다 (KD, II/1, 307-308).

6.2.12. 하나님만이 인격: 인간 예수만이 인격

발트는 하나님만이 인격이라고 단언한다. 왜냐하면 그는 사랑하는 자이기 때문이라는 것이다. 그런데 사람으로서는 예수 그리스도만이 인격이라고 주장한다. 왜냐하면 이 한 사람만이 사랑하는 자로서 자기 자신을 우리에게 알리는 하나님의 존재이기 때문이라는 것이다 (Eben dieser eine Mensch ist also das sich selber bekanntgebende Sein Gottes als der Liebende; KD, II/1, 319-321).

6.2.13. 유일한 인격적 하나님

발트의 계속적인 강조는 하나님은 하나이고 (Einer, der Eine) 한 유일한 인격이라는 것이다. 하나님은 하나이고 삼위일체적 삶에서 하나 곧 한 하나님이시다. 하나님은 하나로서 인격이시다. 그러면 인격은 제한되어 있는데 어찌 무한한 영이 한 인격일 수 있는가? 인격은 영의 개별 현상이기 때문이다. 그래서 헤겔주의자들은 하나님을 인격으로 표기하지 않았다. 인격을 유한한 인간 영의 특수한 존재형식으로 표기하였다. 곧 인간에게만 인격을 귀속하였다. 따라서 하나님을 인격체로 말함은 불가능하다는 것이다 (KD, II/1, 320-327).

발트는 헤겔의 철학적 배경에 근거해서 근세신학이 말한 인격 개념을 버리고 자기의 주장을 전개한다. 인격은 절대적 영 혹은 무한한 영으로 말할 것이 아니라 하나님이 사랑하는 자로서 세 존재방식으로 계심으로 이해해야 한다는 것이다.

삼위일체 교리를 다룸에 있어서 위격 혹은 인격이란 개념은 없어져야 한다고 발트는 주장한다. 교회는 하나님 안에 세 위격이나 인격체들의 삼중이나 삼중 주체로의 의미로는 결코 가르치지 않았다는 것이다. 이것은 삼신론 (Tritheismus)이기 때문이라고 한다. 그러므로 위격 (persona) 개념을 존재방식 (modus subsistentiae)으로 이해함으로만이 삼신론을 막을 수 있다고 한다. 하나님은 자기 자신 안에서 아버지와 아들과 성령이시면서 산 자와 사랑하는 자로서 하나 (Einer, der Eine)이다. 그러나 발트는 세 존재방식이라고 해도 스스로 있는 세 개별 존재방식으로 (die einzelnen Seinsweisen für sich) 이해하면 안 된다는 것을 환기시킨다. 곧 인격을 말할 때 삼중이 아니고 세 번의 존재방식으로 이해해야 한다는 것이다. 발트의 요점은 하나님은 오직 인간 예수 그리스도 안에 있다는 것이다 (KD, II/1, 333-4).

6.2.14. 하나님의 존재의 자리: 예수 그리스도 안

발트의 신학에는 자존하시는 하나님이 없다. 한 하나님은 오직 예수 그리스도 안에 있다. 전적으로 한 하나님은 예수 그리스도 안에서 우리에게 계시되어 있고, 단적으로 그 동일한 하나님이 자기 자신 안에도 있다고 한다 (Schlechterdings der eine Gott ist uns offenbar in Jesus Christus, schlechterdings derselbe eine Gott ist er auch in sich selber; KD, II/1, 334).

6.2.15. 하나님=예수 그리스도

발트는 하나님이 예수 그리스도이고 예수 그리스도가 하나님이심이 확정적이라고 제시한다 (Es steht aber darin und nur darin fest, dass Gott Jesus Christus und Jesus Christus Gott ist).

따라서 하나님이 예수 그리스도이고 예수 그리스도가 하나님이시면, 우리는 하나님을 예수 그리스도 안에서만 인식하고 또 예수 그리스도 안에서 유일하신 하나님을 인식하는 것도 확정되어 있다고 주장한다 (KD, II/1, 358).

6.2.16. 예수 그리스도=유일한 하나님

바르트는 하나님의 존재가 예수 그리스도 안에만 있고 그만이 하나님이라는 것을 밝히기 위해 다음과 같이 역설적인 제시를 한다.

"예수 그리스도가 우리에 의해서 유일하신 하나님으로 인정되지 않으면 도대체 이 하나님을 어디서 찾을 수 있을 것인가?" [Mit welchem Sinn und Erfolg sollte er aber irgendwo zu suchen sein, wenn er (sic. Jesus Christus) uns gerade als dieser etwa unbekannt, wenn er von uns nun gerade hier als der eine Gott etwa nicht anerkannt sein sollte?]

이런 질문으로 바르트는 하나님이 예수 그리스도 안에만 있다는 것을 주장한다. 그에 의하면 한 하나님이 존재하시는 자리는 예수 그리스도 안이다. 예수 그리스도가 하나님이시고 하나님이 예수 그리스도이기 때문에 예수 그리스도 안에서만 하나님을 만난다고 주장한다. 그뿐만 아니라 예수 그리스도가 유일한 하나님이시라고 강조한다 (KD, II/1, 359).

6.2.17. 선포: 예수 그리스도만=현존하시는 하나님

하나님이 예수 그리스도이고 예수 그리스도가 하나님이시면 선포할 때 예수 그리스도만을 현존하시는 하나님으로 선포해야 한다 (darum muss den Heiden ganz allein Jesus Christus als der gegenwärtige Gott verkündigt werden). 교회가 이 일에 전심해야 한다 (KD, II/1, 359)고 발트는 강조한다.

6.2.18. 예수 그리스도는 죄를 철저히 회개한 죄인

발트는 예수 그리스도가 하나님이고 유일한 하나님이라고 반복적으로 강조한다. 그러나 또 예수 그리스도가 죄인이고 철저히 죄를 회개한 죄인임을 강조한다. 그는 다른 사람들과 함께 물로 세례 받았고 그러므로 그들과 함께 자기의 죄를 고백하였다고 한다 (KD, IV/4 65; So ließ er sich ganz mit allen Anderen mit Wasser taufen, bekannte er also ganz mit ihnen seine Sünden).

또한 예수 그리스도는 그냥 죄만 고백한 것이 아니라 다른 사람에게는 곁눈질도 하지 않고 솔직하게 자기 죄를 고백하였는데 아무도 그처럼 실질적으로 죄를 고백하지 않았다고 주장한다 (KD, IV/4, 65; Keiner hat da seine Sünden so aufrichtig, so ohne allen Seitenblick auf Andere wirklich als seine Sünden bekannt wie als Er,).

철저한 죄인이 하나님이고 영원한 하나님이시라는 것이 발트의 기본신학이다.

6.2.19. 결론: 인간 예수 그리스도=유일한 하나님; 자존하신 하나님이 없음

발트의 신학에 의하면 인간 예수 그리스도가 하나님이시고 하나님이 예수 그리스도이시다. 그런데 예수 그리스도는 인간 예수일 뿐이다. 그냥 인간일 뿐 아니라 죄를 철저히 고백하고 회개한 죄인이다. 그런데도 예수 그리스도를 하나님으로 인정할 때만 예수 그리스도 안에서 하나님을 만날 수 있다고 한다.

발트의 신학에는 하나님은 없고 인간 예수 그리스도만 있다. 그는 슐라이어마허의 가르침을 따라 삼위일체를 부정하면서 자존하신 하나님도 없애버렸다.

제3절 폴 틸리히 (Paul Tillich, 1886-1965)

틸리히는 하이데거의 철학으로 신학을 완전히 변조하였다. 하이데거의 철학의 중심 주제는 존재와 존재자의 관계이다. 존재는 모든 존재자를 포괄하는 포괄자로 보았다. 이 존재와 존재자의 관계 도식을 틸리히는 신학에 그대로 적용하였다. 전통적인 신학은 신을 존재자로 규정하였다. 창조주 하나님은 존재자이므로 궁극적인 존재 곧 신이 될 수 없다고 탈리히는 주장한다. 그래서 존재자체를 신으로 규정하였다.

사람은 유한한 존재이기 때문에 비존재의 충격을 받아 곧 죽음을 만나 자기의 존재가 문제될 때 자기의 존재를 긍정하면 그 존재자체 (being-itself)가 신이라고 틸리히는 주장한다 (Systematic Theology, II; London: Nisbet & Co LTD; 1953, 182ff, 207). 이렇게 신은 창조주와 같은 존재자일 수 없고 존재자체라는 것이다.

신을 대상으로 보면 신은 주체와 대상의 관계에 들게 되므로 무로 사라진다는 것이다. 신은 존재자체여야지 대상 혹은 존재자이면 안 된다고 틸리히는 주장한다 (ST, II, 182). 신을 인지행동의 대상으로 삼으면 인지주체의 대상이 되어 존재의 기반이 되지 못하고 여러 존재자들 중의 한 존재가 된다는 것이다 (ST, II, 191). 신은 존재자체로서 모든 존재자들을 있게 하는 존재의 기반이라는 것이 틸리히의 근본입장이다.

따라서 신은 인지행동의 대상이 되는 대상 혹은 존재자가 아니라 존재의 기반 혹은 존재자체여야 한다고 주장한다.

6.3.1. 신은 존재자체

사람은 자기의 존재가 위협을 받았을 때 자기의 존재를 심각하게 고민한다. 이때 문제되는 것은 자기의 존재인데 존재를 긍정하므로 자기의 존재를 확실하게 한다. 이 존재가 신 (神)이라고 틸리히는 주장한다 (Tillich, Systematic Theology, I, 181, 184). 따라서 신은 창조주 하나님이 아니고 존재자체이다 (ST, I, 182, 227, 300, 310, 320). 존재자체는 개별 존재자로 존재하는 그런 존재가 아니고 그런 존재자들의 밑바탕에 있는 존재라는 뜻이다. 하나님이 창조주로서 존재하면 개별 존재자이므로 존재자체일 수 없다는 것이다.

틸리히는 신을 존재의 기반 혹은 존재의 힘이라고도 (ST, I, 192,

209, 230) 정의한다. 곧 비존재의 위협을 받았을 때 비존재를 정복하는 존재 혹은 존재의 힘이 신이라는 것이다 (ST, I, 231).

틸리히는 신의 실존 혹은 실재 (existence of God)는 그 자체로 모순이라고 한다. 왜냐하면 신이 실존한다고 하면 그는 존재의 기반이 되지 못하기 때문이라고 한다. 그러므로 신은 본질과 실재를 넘어선 존재자체 (being-itself)라는 것이다 (ST, II, 227). 신 곧 존재자체는 모든 있는 것의 기반이고 심연이라는 것이 틸리히의 신념이다 (ST, II, 229). 그러므로 존재자체는 모든 사물들 가운데서 발견할 수 없다 (ST, II, 227). 곧 신을 최고 존재자로 보는 것은 진리일 수가 없다는 것이다 (ST, II, 230).

그러면 왜 신 문제가 생겼는가? 인간은 유한한 존재여서 비존재 (=죽음)에 대해 늘 불안을 갖고 있다. 그래서 비존재의 위협에 대항해서 비존재를 물리쳐 줄 존재의 문제를 제기하게 되었다. 비존재를 정복할 수 있는 것은 존재이기 때문에 존재를 신으로 불러야 한다는 것이다. 그러므로 비존재의 위협이 없다면 신 문제는 일어나지 않을 것이라는 것이다 (ST, II, 231-232).

6.3.2. 신은 사람의 궁극적 관심사를 표현하는 것

틸리히의 신학에 있어서 신의 개념을 종교의 영역에 적용하면 신은 사람에게 궁극적인 관심사 (關心事)를 표현하는 것이다 (ST, I, 234, 249). 신은 존재와 가치에 있어서 궁극적인 것과 일치된다 (ST, I, 250). 그러면 사람에게 궁극적인 것은 무엇인가? 그것은 존재자체 (esse ipsum)라고 틸리히가 말한다 (ST, I, 255).

신의 존재는 존재자체이지 최고 존재나 완전존재로 이해하면 안 된다는 것이다. 신의 존재가 최고 존재나 완전존재가 되면 그것은 다른 개별 존재자들 옆에 한 존재가 되기 때문이다. 그러므로 신은 존재자체나 존재의 기반으로 이해해야 한다는 것이다. 존재자체는 비존재를 극복하는 존재의 힘 곧 존재의 무한한 힘이라는 것이다 (ST, I, 261, 265, 266, 269).

그러므로 신은 존재자체 혹은 존재의 기반일 때만 신이라는 것이다 (ST, I, 262). 인격적 신은 한 인격일 수 없고 오히려 모든 인격적인 것의 기반이 된다는 의미이다 (ST, I, 271).

궁극적 존재인 신이 존재하므로 사람이 그에게 궁극적 관심을 갖는 것이 아니라고 한다. 신은 사람이 궁극적으로 관심하는 것에 대한 이름일 뿐이라고 틸리히가 말한다 (ST, II, 234).

그러나 실제 종교생활에 있어서 궁극적 관심사가 되는 것은 완전히 구체적인 존재라고 틸리히는 말을 바꾼다. 궁극적 관심사를 대표하는 신들은 존재자들이다. 그래서 경험되고 이름 지어지고, 또 구체적이고 직관적인 용어들로 정의될 수 있다. 결국 신들은 인간의 본성의 상이거나 인간 이하의 능력을 초인간적인 영역으로 끌어올린 것들의 형상일 뿐이다. 신들은 유한한 요소들을 상상해서 투사한 것일 뿐이라는 것이다 (ST, II, 235).

그러면 신들은 참과 선과 구체적인 가치의 구체화일 뿐이다. 그래도 신들로서는 절대성을 요구한다. 종교적인 궁극적 관심이 그런 주장을 하게 하기 때문이라고 한다 (ST, II, 237-238).

인간의 궁극적 관심사가 절대적 강도와 무한한 정열을 요구할 뿐이다. 그러나 무한한 힘과 의미를 최고 존재에게 귀속하면 그는 한 존재자이기를 그치고 존재자체 혹은 존재의 기반이 된다는 것이다 (ST, II, 261). 이것이 종교적 영역에서 신을 만들어 내는 것이 된다고 말한다 (ST, II, 238).

틸리히는 신의 영역은 거룩의 영역이라고 단정한다. 그러나 거룩은 인간에게 궁극적으로 관심사가 되는 것의 질(質)이지 신이란 존재가 있어서 거룩한 것이 아니다 (ST, II, 238-239). 인간의 궁극적 관심사를 대변하는 것이 거룩한 대상물이지 그 자체로 거룩한 대상이 존재하는 것이 아니라고 단언한다 (ST, II, 239-240).

6.3.3. 신은 존재자체이고 존재의 기반이다

틸리히에게 신은 존재자체 혹은 존재의 기반이다. 신이 존재자이면 유한의 범주에 든다는 것이다. 신이 최고 존재이거나 가장 완전한 자라고 불릴 경우라도 여러 존재물들 가운데 하나일 뿐이다. 그러나 무한한 힘과 의미를 최고 존재에게 귀속하면 그는 한 존재자이기를 그치고 존재자체 혹은 존재의 기반이 된다는 것이다 (ST, II, 261).

신을 존재자체라고 할 때 그것은 만물 안에 내재하는 힘을 지시한다고 틸리히는 제시한다. 이 힘은 만물 안에 있고 만물 위에 있는 존재의 힘이라는 것이다. 곧 존재자체라는 것이다 (ST, II, 261-262).

신이 한 존재자가 아니고 존재자체이면 신은 모든 존재를 초월하고 존재의 총화인 세계도 초월한다는 것이다. 모든 유한한 것은 존재자체에 동참하기 때문에 힘이 있다 (ST, II, 263). 그러므로 하나님은 존재자체이고 하나의 존재자가 아니라는 것이다 (ST, II, 262, 263).

또 신을 존재의 기반이라고 할 때 기반은 유한한 존재들의 원인이고 그것들의 실체라는 것이다 (ST, II, 263). 곧 존재를 가진 모든 것의 구조의 기반이라는 것이다 (ST, II, 264-265). 그러므로 신은 존재자체여야 한다는 것이다 (ST, II, 265-266).

그런데 성경이 인격적인 하나님이라고 말하는 것을 틸리히는 어떻게 설명하는가? 인격적인 하나님이라는 것은 그가 한 인격이라는 것이 아니고 모든 인격적인 것의 기반이라는 것이다. 신은 인격을 결정하는 힘을 갖고 있다. 그러나 그는 인격이 아니다. 그렇다고 인격적이 아니라는 것이 아니다. 적어도 인격적이라고 한다 (but he is not less than personal; ST, II, 271).

6.3.4. 존재자체가 삼위일체론적 원리이다

틸리히는 영을 힘과 의미의 통일이라고 정의한다 (Spirit is the unity of power and meaning.; ST, II, 276). 존재자체가 생명으로서 현실화되면, 영으로서 실현된다는 것이다 (Actualised as life, being-itself is fulfilled as spirit.; ST, II, 276). 그러므로 살아 있는 자로서 신은 자신 안에서 신으로 성취되고 따라서 영이라는 것이다 (God as living is God fulfilled in himself and therefore spirit.; ST, II, 276). 그래서 틸리히는 신을 영이라고 선언한다.

영으로서 신은 힘과 의미의 궁극적 통일이라는 것이다. 신은 영이므로 살아 있는 신이라고 말해야 한다고 주장한다 (ST, II, 277). 삼위일체론적 진술은 다 이 기본 진술에서 도출되어야 한다는 것이다.

신은 영으로서 생명이므로 삼위일체론적 원리들은 신적 생의 과정 안에 있는 계기들이라고 한다. 영은 몸과 영혼과 마음을 초월하고 모든 것을 포괄하는 기능이다. 그런데 존재자체도 모든 개물들을 넘어서고 그들을 포함한다 (ST, II, 277). 이런 유비에서 틸리히는 존재자체를 영으로 보며 기독교의 전통적 삼위일체론에 상응하는 영으로 비기고 있다 (ST, II, 277).

틸리히는 전통적인 삼위일체론이 로고스를 제 2 위격으로 제시한 것에 대응해서 로고스를 설정한다. 로고스가 신의 자기 객관화인 것에 상응해서 틸리히는 로고스가 신의 자기 객관화의 원리라고 말한다 (ST, II, 278). 여기서 틸리히가 로고스라고 말할 때는 그것은 의미와 구조의 원리이다. 왜냐하면 로고스가 신적 깊이의 거울이기 때문에, 로고스 안에서 신은 자기 자신 안에서 또 자신을 넘어서서 자기의 말을 하기 때문이라는 것이다 (ST, II, 278).

전통적인 삼위일체론의 제 1 위격 아버지에 상응해서 틸리히는 제 1 원리를 말한다. 이 제 1 원리가 신격의 기초 (the basis of Godhead)로서 신을 신 되게 한다고 제시한다. 그 기초는 바로 존재의 기반이라고 한다. 이 존재의 기반에 만물이 그 기원을 갖고 비존재를 물리치기 때문이라고 한다. 또 모든 있는 것에게 존재의 힘을 준다는 것이다 (ST, II, 278).

틸리히는 이런 삼위일체적 개진이 인간에게서 이루어진다고 주장한다 (ST, II, 277). 여기서 삼위일체적 전개가 인간의 자기 전개 과정이면 그것은 존재자체의 일이 아니라고 말해야 한다. 삼위일체적 전개는 인간의 자기 전개 과정인데 존재자체의 과정인 것처럼 말하고 있다.

6.3.5. 틸리히는 하이데거의 존재와 존재자의 관계 논의로 창조주 하나님을 없애고 존재자체를 신으로 만들었다

틸리히는 실존주의 철학자 하이데거 (M. Heidegger)의 존재와 존재자의 관계 논의를 그대로 신학에 도입하였다. 이 철학적 신학은 창조주 하나님, 자존하신 하나님을 없애버렸다. 그 이유는 하나님이 창조주이면 하나의 존재자이므로 유한의 범주 곧 시간과 공간과 실체 등의 범주에 든다는 것이다. 그래서 신은 유한한 존재자가 되어 궁극적인 존재가 못 된다는 것이다. 또 신이 주체의 지식추구 행위의 대상이 되면 주체와 객체의 관계가 되므로 무(無)로 사라진다는 것이다.

19세기 철학자 헤겔 (F. Hegel)에 의하면 순수존재 곧 존재자체는 순수 무이다. 곧 존재자체는 무이다. 틸리히는 존재자체를 신으로 설정하므로 무를 신으로 대체한 것이 된다. 더 나아가 존재자체를 창조주로 승격시켰다. 존재자체가 존재를 개물(個物)에게 통보하기 때문이라는 것이다.

또 틸리히가 그의 신학의 근본으로 삼는 하이데거의 철학에는 영이 없다. 그런데 그는 영이 유한한 존재요소들을 넘어서는 것에 주목해서 신을 영이라고 말한다. 존재자체가 영도 되고 로고스도 될 수 있는가?

인간의 비존재 문제를 존재자체가 해결해 준다는 말이 무엇인가? 인간이 죽어 무로 돌아가는 것 때문에 존재를 말하고 붙들면 곧 내가 존재한다고 긍정하면 죽음의 문제가 해결되는가?

신은 유한한 인간이 비존재의 충격을 만나 자기의 존재를 문제시할 때 생기는 것이라고 제시한다. 비존재를 막아주고 이기게 해주는 것이 존재이므로 존재자체가 신이라는 것이다. 그래서 창조주 하나님을 존재자체 혹은 존재의 기반 또는 존재의 힘으로 변경하였다. 이런 말장난으로 존재자체가 신이 될 수 있는가?

제4절 칼 라아너 (Karl Rahner, 1904-1984)

6.4.1. 하이데거의 철학으로 신학을 완전 변화시킴

칼 라아너는 마르틴 하이데거의 철학의 중심사상인 존재와 존재자의 관계로 로마교회의 신학을 완전히 현대화하였다. 바티칸 공회의는 그의 신학에 근거하여 종교다원주의를 교리화하고 전통적인 신학을 다 버렸다.

라아너는 하이데거의 존재와 존재자의 도식으로 삼위일체를 존재의 존재 통보 과정으로 변형시켰다. 따라서 자존하시는 하나님 창조주는 전적으로 불가하다고 하여 존재자체를 창조주 하나님으로 삼았다. 존재자체는 실제로는 무(無)이고 이름뿐인 개념이다. 그런데도 라아너는 실체로 존재하시는 하나님, 자존하시는 하나님은 하나님일 수 없다고 주장한다. 그런 하나님은 존재자이기 때문에 다른 존재자들의 옆에 나란히 있는 하나의 존재자일 뿐이라는 것이다.

6.4.2. 신=존재자체, 거룩한 신비

라아너가 존재자체를 신으로 확정한 과정은 이러하다. 사람은 인격이고 주체이다. 혹은 인격적 주체이다. 인격이고 주체이므로 사람은 자신에 대해서 질문하면서 자신을 넘어서므로 (Grundkurs des Glaubens, 39-42) 초월적 존재 (Wesen der Transzendenz)이다. 따라서 사람은 자신을 초월하므로 영이라는 것이다 (Grundkurs des Glaubens, 42-43).

라아너에 의하면 존재가 사람으로 초월과 개방을 이루어내게 하지 사람 자신이 초월하는 것이 아니다. 존재일반 곧 절대적 존재가 사람의 초월을 이루어낸다 (Grundkurs, 44). 주체가 초월운동을 조성하는 것이 아니고 존재가 자신을 드러내기 때문에 초월이 이루어진다. 주체는 존재에 대해 힘이 없다. 사람은 존재를 받는 자이기 때문이다. 주체인 사람은 존재일반으로 이미 열려져 있다는 것이다. 사람에게는 무한한 실재 곧 존재가 신비로 현존해 있다. 곧 무한한 실재인 신비가 자신을 인간에게 보내기 때문에 인간이 초월의 본질이라고 한다 (Grundkurs, 45-46). 사람은 자신을 넘어설 때 존재로 초월한다는 것이다.

라아너는 존재를 신이라고 부르고 절대적 신비라고 지목한다. 더욱이 사람은 신에게로 방향이 설정되어 있는 존재라는 것이다 (Grundkurs, 54, 63). 그런데 사람이 초월하는 것은 절대적 신비 곧 존재자체가 하는 것이므로 사람은 존재자체 곧 신비에 붙잡혀 있다는 것이다 (Grundkurs, 63).

라아너는 사람이 초월하는 것도 존재에 의해서 이루어지고 또 존재로 초월하므로 존재 곧 신이 초월의 목표와 유래처라는 것이다 (das Woraufhin und Wovonher unserer Transzendenz; Grundkurs, 68-69).

존재자체가 신비이다. 존재자체 곧 신은 전통적으로 교회에서 경배해왔다. 존재는 추상적 개념이므로 라아너는 존재를 거룩한 신비라고 해야 한다고 주장한다 (Grundkurs, 70, 73-74). 존재자체를 신이라고 하여 교회에서 신으로 경배하는 것을 라아너는 정당화하려고 한다.

6.4.3. 삼위일체=존재의 통보 도식

라아너는 존재자체를 신으로 정하였다. 따라서 그는 삼위일체를 존재의 자기 통보의 과정으로 대체한다.

이렇게 삼위일체 교리를 전적으로 바꾸는 이유는 전통적인 삼위일체 교리는 현대인들에게 신화적 구성물로 나타나기 때문이라는 것이다 (Grundkurs, 139-140). 라아너는 존재를 신으로 정하였으므로 삼위일체는 존재의 통보 과정이라고 말한다.

존재가 우리를 신 되게 하는 구원 (das uns vergöttliche Heil)으로서 개별 인간의 가장 내면적 중심에 도달하면 (Insofern er als das uns vergöttliche Heil in der innersten Mitte des Daseins eines einzelnen Menschen angekommen ist) 그를 성령이라고 이름한다. 이 동일한 신이 구체적이고 역사적인 우리의 현존에 있어서 우리를 위하여 예수 그리스도 안에 있으면 그는 로고스 혹은 아들이라고 이름한다. 바로 이 신이 영과 로고스로서 우리에게 오시면 우리는 그를 한 하나님 아버지라고 이름한다. 성령, 로고스 아들, 아버지는 하나이고 동일한 한 신이다. 이런 신이 우리의 실존의 영적 깊이에 있다는 것이다 (Grundkurs, 141).

라아너에 의하면 존재자체가 신비로서 신이고 삼위일체이다. 아버지가 성령 안에서 아들로 말미암아 그의 절대적 자기 통보에서 자기 자신을 우리에게 주신다 (Grundkurs, 142).

라아너는 칸트 철학에 기반하고 하이데거의 존재와 존재자의 도식을 활용하여 전통적인 하나님을 존재로 바꾸고, 삼위일체 교리를 존재의 통보의 도식으로 바꾸어 그리스도교를 연기처럼 공중에 날려버렸다.

제5절 위르겐 몰트만 (Jürgen Moltmann, 1926-)

몰트만은 고대교회가 공식화한 삼위일체 교리를 전적으로 부정한다. 그 대신 버림받아 죽은 예수의 십자가 사건을 삼위일체로 제시한다.

6.5.1. 삼위일체: 십자가상의 고통의 사건

몰트만에 의하면 예수는 한 가상적인 신을 아버지라고 불렀다. 그러나 아들은 아버지를 불렀어도 버림받아 죽었다. 버림받아 죽은 아들이 당하는 고통을 아버지가 내려다보면 그 고통을 자기의 것으로 삼아 고통을 당한다. 아들에게서 고통이 나오는 것을 몰트만은 영이라고 지목한다.

몰트만은 세 위격이 동일한 한 실체이므로 한 하나님이라는 것이 결코 아니라고 한다. 십자가상에서 한 인간 예수가 당하는 고통의 사건 혹은 고통의 교류의 사건이 몰트만이 주장하는 삼위일체이다.

먼저 몰트만의 삼위일체 정의를 살펴보자. 삼위일체는 그 자신 안에서 폐쇄된 하늘의 원 (圓, Kreis)이 아니다. 오히려 그리스도의 십자가로부터 출발하는, 인간을 위해 열려진 종말론적 과정을 뜻한다 (dann ist Trinität kein in sich geschlossener Kreis im Himmel, sondern ein für die Menschen offener eschatologischer Prozess auf der Erde, der vom Kreuz Christi ausgeht; Der Gekreuzigte Gott, 235-6; 이후는 DGG로 요약).

삼위일체는 하늘에 있는 아버지에게서 시작하여 아들을 통하여 성령으로 끝나는 그런 원이 아니다. 오직 십자가상에서 예수가 당한 고통의 사건을 말한다. 이 고난의 사건이 반복되지 않으므로 종말론적 과정이라고 한다.

6.5.2. 삼위일체론의 근거는 신론을 그리스도인의 자기의식으로 바꿈에서 나온 것이라고 함

몰트만은 삼위일체 교리를 십자가상의 사건으로 바꾸기 위해서 이 교리의 논의가 근세에서 변경되었음을 강조한다.

슐라이어마허는 모든 신학적 진술은 그리스도인의 자기의식의 진술로서 표현해야 한다고 주장하였다. 삼위일체론은 교리적 형식을 취하고 있지만 그리스도인의 자기의식의 직접적 진술이 아니라는 것이다.

따라서 몰트만은 슐라이어마허를 따라 삼위일체 교리의 완전한 변형의 필요성을 주장하여 삼위일체론을 그리스도인의 자기의식으로 완전히 바꾸어야 한다고 주장하였다. 왜냐하면 고대교회의 삼위일체론은 오늘날 우리에게 이해되지도 않고 실감할 수도 없고, 단지 사변으로 나타날 뿐이기 때문이라는 것이다 (DGG, 225-6). 삼위일체 교리를 이처럼 그리스도인의 자기의식으로 바꿀 수밖에 없는 이유로 그리스도의 인간 역사 (die menschliche Geschichte)가 하나님의 본질이 되기 때문이라고 한다.

시대마다 삼위일체론이 변형되었다. 그러면 삼위일체론을 수정하는 것은 근원으로 돌아가야 한다는 것이다. 몰트만에 의하면 예수 그리스도의 십자가를 삼위일체로 이해해야 하고, 예수의 십자가를 이해하는 형식은 삼위일체론적이어야 한다는 것이다. 왜냐하면 삼위일체적 신(神) 개념의 직관은 예수의 십자가이기 때문이다. 결국 십자가 신학이 삼위일체론이고 삼위일체론이 십자가 신학이라는 것이다 (DGG, 227-8).

6.5.3. 삼위일체를 십자가상의 고통의 교류의 사건으로 전개

이제 몰트만이 십자가 사건을 어떻게 삼위일체로 해석하는지 살펴보자.

그리스도는 가상적인 하나님을 자기 아버지라고 불렀다. 그러나 예수 자신이 하나님으로부터 버림받아 버림받음의 절규로 죽었다 (DGG, 228-230). 몰트만은 내어줌을 이해할 때 하나님이 아들을 내어주면서 자신도 버렸다는 것이다. 아들은 버림받아 죽었다. 그의 신학에는 하나님도 없고 하나님으로서 아들도 없는데도 몰트만은 전통적인 용어를 인간 예수의 죽음에 대입하여 실제 하나님 아버지와 성육신하신 아들 간에 죽음의 고통의 교류가 있었던 것으로 묘사하고 있다.

아버지는 아들을 내어주고 버리면서 아들의 죽음을 감수한다는 것이다. 곧 아들은 죽어감을 당하고 아버지는 아들의 죽음을 겪는다 (Der Sohn erleidet das Sterben, der Vater erleidet den Tod des Sohnes). 그러면 아버지가 당하는 고통은 아들의 죽음과 무게가 같아진다는 것이다. 아들을 내어줄 아버지도 없는데도 아버지가 실제로 존재해서 아들을 내어준 것처럼 몰트만은 전개하고 있다.

십자가 사건에서 아버지와 아들은 분리됨에서 결합하고 결합함에서 분리된다. 여기에 아버지와 아들의 의지의 일치가 있다고 몰트만은 말한다 (DGG, 230).

예수 자신은 하나님에게서 버림받으면서 자신을 헌신하였으니 그 헌신은 사랑이다. 아버지와 아들간의 사랑의 사건에서 나오는 것이 영이다 (DGG, 231, 232). 곧 인간 예수가 당하는 고통을 아버지가 자기 것으로 삼으므로 고통이 아들에게서 아버지에게로 전달되었는데 이 고통의 교류가 영이라고 한다.

그러면 십자가에서 일어난 것은 하나님과 하나님 사이에 일어난 사건이었다는 것이다. 하나님이 하나님을 버린 한에서는 깊은 균열이다. 그러나 하나님이 하나님과 일치하는 한에서는 곧 아버지가 아들의 고통을 자기의 것으로 삼은 데서 통일이 있었다는 것이다. 하나님이 십자가에서 불경한 죽음 곧 하나님 없는 죽음을 죽었다. 그래도 신은 죽지 않았다고 한다 (Gott starb den gottlosen Tod am Kreuz und starb doch nicht. Gott ist tot und ist doch nicht tot; DGG, 231).

이런 전개로 몰트만은 십자가 사건을 위격들 간의 관계 사건으로 곧 삼위일체적으로 해석하였다고 자부한다. 십자가상의 고통의 교류의 사건을 아버지와 아들과 성령으로 지목하고서는 이것을 삼위일체라고 하여 삼위일체적으로 전개하고 있다. 곧 예수의 죽음은 신인의 사건이 아니고 아버지와 아들 간에 삼위일체적 사건이라는 것이다. 그것은 그리스도의 신성과 인성의 관계가 아니라 아들 됨의 전 인격적 국면이라는 것이다.

예수의 십자가를 하나님 사건 곧 예수와 하나님 아버지 사이에 일어난 사건으로 이해하면, 아들과 아버지와 영을 삼위일체적으로 말하는 것이라고 한다. 이 삼위일체론은 신의 사변이 아니라 그리스도의 수난사의 요약 외에 다른 것이 아니라는 것이다. 곧 삼위일체론의 내용은 그리스도의 십자가 자체이다. 십자가에 못 박힌 자의 형식이 삼위일체라는 것이다 (DGG, 232-3).

발트가 하나님의 존재를 행동과 사건으로 바꾼 전례를 따라 (KD II/1, 288-305), 몰트만은 삼위일체를 십자가상의 사건으로 완전히 바꾸었다.

몰트만이 자기의 말로 명시한다. 하나님은 하나의 다른 본성이나 하늘에 있는 한 인격도 아니고 또 하나의 도덕적 사례를 뜻하지 않고 사실적으로 하나의 사건 (Geschehen) 곧 골고다 사건을 뜻한다. 골고다 사건은 아들의 사랑과 아버지의 고통의 사건이며 거기서 미래를 열고 생명을 창조하는 영이 나오는 사건이라고 단정한다 (sondern Golgathageschehen, das Geschehen der Liebe des Sohnes und des Schmerzes des Vaters, aus dem der zukunftseröffnende, lebenschaffende Geist entspringt., DGG, 234).

6.5.4. 사건 안에서 기도함

몰트만은 사건이 신이라면 어떻게 그 신에게 기도할 수 있는가 하는 문제를 다룬다. 그는 '사건이 신이면 어떻게 그에게 기도할 수 있는가'라고 의문을 제기한다. 사건에게는 기도할 수 없다는 것이다. 그러나 그는 사실 하늘에 투사된 인격으로서 인격적인 신은 없다고 단정한다. 그러면 사람은 하늘의 당신으로서 신에게 기도하지 않고 신 안에서 기도한다는 것이다. 다시 말하면 한 사건에게 기도하는 것이 아니라 사건 안에서 기도한다 (DGG, 234)고 몰트만은 전개한다.

6.5.5. 사랑의 사건

몰트만은 십자가 사건이 사랑의 해석이라고 한 것을 다음과 같이 설명한다. 예수가 산상수훈에서 원수를 사랑하라고 명한 것이, 십자가 위에서 예수의 죽어감 (Sterben)과 영의 능력 안에서 아버지의 고통이 악한 자들 (die Gottlosen)과 사랑이 없는 자들을 위해서 일어났기 때문이라고 몰트만은 전개한다 (DGG, 234).

몰트만에 의하면 해방을 경험한 믿음은 십자가 사건을 아들의 사랑과 아버지의 고통의 사건으로 이해한다. 그러므로 하나님과 하나님 사이의 사건 곧 내적 삼위일체적 사건으로 이해한다. 그러면 믿음은 십자가 사건을 새로운 삶을 마련하는 해방하는 사랑의 말씀으로 깨닫는 것이라고 몰트만은 해설한다 (DGG, 235).

6.5.6. 삼위일체: 하늘의 원이 아니고 십자가에서 나온 종말론적 사건

이렇게 삼위일체를 예수의 고난과 죽음에서 사랑의 사건으로 생각하면 삼위일체 (Trinität)는 하늘에 있는 폐쇄된 원이 아니고 그리스도의 십자가에서 나오는, 땅 위에 있는 사람을 위해서 열려져 있는 종말론적 과정이라고 몰트만은 전개한다 (DGG, 235-236, 242).

몰트만은 삼위일체를 십자가상의 사건으로 세운 후 신은 신이고 사람이며 또 신은 수난 받고 해방하는 사랑의 사건이라고 정의한다 (DGG, 239, 242).

발트는 신을 행동이요 사건이라고 정의하였는데 몰트만은 그것을 확대해서 삼위일체를 십자가상의 사건으로 정의하였다. 이렇게 하여 그리스도교 신학에서 자존하시는 인격적인 하나님, 창조주 하나님은 없어지고 신이 사건으로 둔갑하였다.

제7장

하나님의 창조경륜

(consilium Dei creationis)

Trinitas et Illius Opera
Trinitas et Illius Opera
Trinitas et Illius Opera

그리스도교의 여러 신학체계들이 먼저 하나님의 존재방식 곧 삼위일체 하나님과 속성을 제시하고 하나님의 창조사역으로 넘어간다.

다만 토마스 아퀴나스가 창조론을 제시하기 전에 하나님의 예정 교리 (de praedestinatione)를 다루고 있다 (Summa Theologica, pars prima, Quaestio XXIII). 개혁신학도 작정 교리 (de decretis Dei)란 이름으로 경륜과 작정을 다룬다. 그러면서도 예정 교리만 다룬다.

우리는 하나님의 작정 교리 항에서 예정 교리만 다루면 안 된다. 하나님의 작정에는 예정 작정만 있는 것이 아니다. 창조의 작정, 섭리의 작정, 구원 작정과 그 완성의 작정들이 속한다.

그뿐만 아니라 작정과 경륜을 성경의 가르침대로 바르게 구분하여 다루어야 한다. 작정은 하나님이 하실 일을 미리 계획하고 정하심이고 경륜은 백성을 가지시기 위해 의논하심을 말한다.

제1절 경륜과 작정에 대한 전통적인 이해

하나님은 사역을 하실 때 먼저 계획 혹은 작정을 세우셔서 일하신다. 그러므로 하나님의 사역을 논하기 전에 하나님의 작정에 대해서 논하는 것이 합당하다.

전통적 개혁신학에 의하면 하나님이 밖으로 사역을 시작하시기 전에 내적 사역을 하셨다. 그 내적 사역을 하나님의 영원한 경륜 (aeternum consilium Dei)이라고 정의하였다. 그런데 통상 경륜을 하나님의 의지의 작업으로 규정하였다. 17세기 개혁파 정통신학자들은 경륜은 하나님의 본질적 내적 사역으로 앞으로 될 모든 것에 대해서 하나님의 지성과 지혜의 판단으로 규정하였다.

다시 정의하면 경륜은 하나님의 전 의식작업을 말하고 작정은 앞으로 할 일을 미리 명령형으로 정해놓으신 것으로 말해왔다.

그런데 이들 논의의 특이점은 신적 작정은 하나님의 존재와 원함 자체라고 정의한 것이다. 하나님의 작정은 하나님의 존재에 상응하는 활동이기 때문이라는 것이다. 그러면 하나님의 작정과 존재는 개념적으로만 구분되고 본질적으로는 다르지 않다는 것이다.

하나님의 존재와 하나님의 작정을 일치시키는 신학은 정당하다고 할 수 없다. 하나님의 작정이 유일하고 단순하며 불변하고 영원하다고 해도, 하나님의 활동과 존재를 일치시키면 하나님의 행동을 떠나서는 하나님의 존재가 있을 수 없게 된다. 이 방식으로 사고를 전개하면 하나님의 존재는 행동이고 행동을 떠나서 자존하시는 하나님은 존재할 수 없게 된다. 이것은 발트의 신학이기도 하다.

우리는 작정과 경륜을 성경의 가르침을 따라 엄격하게 구분해야 한다.

7.1.1. 작정에 대한 전통적인 세 구분

전통 신학자들은 작정을 세 부분으로 구분하였다. 작정하는 행동 (actus decernens)과 발생할 대상에 대한 성향 (tendentia)과 작정된 사물 (res decreta)로 나누었다. 개혁신학자들은 이 중에서 작정하는 행동을 하나님의 본질 혹은 하나님 자신과 일치시켰다.

7.1.2. 일반적 작정과 특별 작정

전통 신학자들은 하나님의 작정을 일반적 작정 (decretum Dei generale)과 특별 작정 (decretum Dei speciale)으로 구분하였다. 일반적 작정에는 창조와 섭리 (decretum creationis et providentiae)를 귀속하고 특별 작정에는 예정 (decretum praedestinationis)을 포함시켰다. 예정 교리에 대해서는 문제점을 느껴 이 작정을 사변적으로 이해할 것이 아니라고 하였다. 단지 성경에서 도출하였다고 해명하였다. 그런데 그들은 예정 교리로 타락 전 선택설의 견해를 피력하였다.

이들은 다음과 같이 예정 교리를 전개한다. 하나님이 먼저 세계를 창조하기로 작정하시고 또 보존하고 통치하기로 작정하셨다. 가변적인 인간들을 창조하시되 시험 받음과 타락을 허용하시고 그 사람들 가운데서 일부를 선택하시고 구원하시며 나머지는 영원한 정죄에 이르도록 정하셨다고 전개하였다.

그리하여 결국 하나님 작정 혹은 경륜이라는 제목 아래 예정 곧 선택과 유기의 작정만을 개진하였다.

제2절 경륜과 작정에 대한 바른 성찰

하나님의 경륜은 유일하고 단순하며 영원하다. 하나님은 한 경륜만 가지셨다. 그것은 창조경륜이다. 작정들은 하나님의 경륜을 성취하기 위해서 세우신 구체적인 계획이다.

경륜은 하나님이 그의 백성을 가지시기 위해서 의논하심을 말한다. 하나님이 자기의 백성을 가지시기 위해서 삼위 간에 의논하셨다 (창 1:26-27).

하나님이 사람을 그의 형상으로 창조하시고 언약을 체결하여 자기의 백성 삼기로 의논하셨다. 그리고 그 백성들이 어떻게 하나님을 섬기며 살 것인가를 의논하여 정하셨다. 이것이 창조경륜이다.

언약체결 후에 백성이 언약을 어기고 하나님을 반역하여 범죄자들이 되었다. 그래도 하나님은 창조경륜을 성취하기 위해서 다시 반역한 백성들을 돌이키는 작업과정과 위격들의 소임을 배정하기 위해서 의논하셨다. 그러므로 구원사역도 구원경륜으로 말해야 한다.

하나님은 창조를 계획하고 집행하실 때 한 가지 기뻐하신 뜻을 가지셨다. 그것이 창조경륜이다. 광대무변한 세계를 창조하시는 것 자체가 하나님의 창조사역의 목표가 아니었다. 하나님은 창조경륜을 이루기 위해서 창조를 작정하시고 창조를 다스릴 것을 미리 정하셨다.

창조경륜을 위해서 하나님은 창조를 이루셨다. 또 역사의 진행도 작정하시고 구원 작정을 세우셔서 기어이 창조경륜을 이루려고 하셨다. 창조경륜이 하나님의 기뻐하신 유일한 뜻이다.

7.2.1. 작정=하실 일을 미리 정하심

작정은 하나님이 그의 지혜와 권능으로 모든 사역을 미리 정하심을 말한다. 하나님이 이루려고 하시는 모든 사역은 창조와 섭리와 구원과 창조의 완성이다. 하나님은 정하신 사역을 이루기 위해 그의 지혜와 권능으로 과정과 방식을 미리 다 정하셨다. 작정들은 미리 계획하시는 하나님의 의식작업의 결과라고 정의해야 한다. 모든 작정의 목표점은 창조경륜이다.

제3절 작정과 경륜에 대한 성경적 근거

하나님은 그의 작정과 계획대로 모든 일을 집행하셨다. 하나님은 작정과 계획 없이는 결코 일하시지 않는다.

하나님은 자기가 하시고자 하는 일을 작정하시고 이루실 뿐만 아니라 그것을 피조물들에게 알리셨다. 하나님은 그의 작정과 계획을 계시로 알리셨다.

따라서 작정과 경륜에 대한 논의와 신학은 다 성경에 근거해서 이루어져야 한다. 성경에는 작정과 경륜이 기쁘신 뜻, 그의 뜻, 원하심, 예정, 정하심, 모략 등으로 표현되어 있다.

7.3.1. 하나님의 뜻을 작정으로 표현한 성경본문들

마 11:26; 옳소이다 이렇게 된 것이 아버지의 뜻이니이다

눅 22:42; 아버지여 만일 아버지의 뜻이어든 이 잔을 내게서 옮기시옵소서

행 2:23; 그가 하나님의 정하신 뜻과 미리 아신 대로 내어준 바 되었거늘

행 4:28; 하나님의 권능과 뜻대로 이루려고 예정하신 것을

엡 1:5; 그 기쁘신 뜻대로 우리를 예정하사

엡 1:9; 그 뜻의 비밀을 우리에게 알리셨으니 곧 그 기쁘심을 따라 그리스도 안에서 때가 찬 경륜을 위하여 예정하신 것이니

엡 1:11; 모든 일을 그 마음의 원대로 역사하시는 자의 뜻을 따라 우리가 예정을 입어 그 안에서 기업이 되었으니

엡 3:11; 곧 영원부터 우리 주 그리스도 안에서 예정하신 뜻대로 하신 것이라

빌 2:13; 너희 안에서 행하시는 이는 하나님이시니 자기의 기쁘신 뜻을 위하여

딤후 1:9; 오직 자기의 뜻과 영원한 때 전부터 그리스도 예수 안에서 우리에게 주신 은혜대로 하심이라

히 6:17; 하나님은 약속을 기업으로 받는 자들에게 그 뜻이 변치 아니함을 충분히 나타내시려고

계 4:11; 주께서 만물을 지으신지라 만물이 주의 뜻대로 있었고 또 지으심을 받았나이다

시 107:11; 하나님의 말씀을 거역하며 지존자의 뜻을 멸시함이라

시 115:3; 오직 우리 하나님은 하늘에 계셔서 원하시는 모든 것을 행하셨나이다

잠 19:21; 사람의 마음에는 많은 계획이 있어도 오직 여호와의 뜻이 완전히 서리라

7.3.2. 경륜을 직접 표현한 성경본문

엡 1:9; 그 뜻의 비밀을 우리에게 알리셨으니 곧 그 기쁘심을 따라 그리스도 안에서 때가 찬 경륜을 위하여 예정하신 것이니

7.3.3. 예정으로 작정을 표현한 성경본문들

행 4:28; 하나님의 권능과 뜻대로 이루려고 예정하신 그것을 행하려고 이 성에 모였나이다

고전 2:7; 오직 비밀한 가운데 있는 하나님의 지혜를 말하는 것이니 곧 감췄던 것인데 하나님이 우리의 영광을 위하사 만세 전에 미리 정하신 것이라

엡 1:5; 그 기쁘신 뜻대로 우리를 예정하사 예수 그리스도로 말미암아 자기의 아들들이 되게 하셨으니

엡 1:9; 그 뜻의 비밀을 우리에게 알리셨으니 곧 그 기쁘심을 따라 그리스도 안에서 때가 찬 경륜을 위하여 예정하신 것이니

엡 1:11; 모든 일을 그 마음의 원대로 역사하시는 자의 뜻을 따라 우리가 예정을 입어 그 안에서 기업이 되었으니

엡 3:11; 곧 영원부터 우리 주 그리스도 예수 안에서 예정하신 뜻대로 하신 것이라

7.3.4. 작정을 직접 표현한 성경본문

눅 22:22; 인자는 이미 작정된 대로 가거니와

7.3.5. 경영과 도모, 모략으로 작정을 표현한 성경본문들

시 33:11; 여호와의 도모는 영영히 서고 그 심사는 대대에 이르리로다

사 5:19; 이스라엘의 거룩한 자는 그 도모를 속히 임하게 하여 우리로 알게 할 것이라 하는도다

사 14:24; 나의 생각한 것이 반드시 되며 나의 경영한 것이 반드시 이루리라

사 14:26; 이것이 온 세계를 향하여 정한 경영이며 이것이 열방을 향하여 편 손이라

사 46:10; 내가 종말을 처음부터 고하며 아직 이루지 아니한 일을 옛적부터 보이고 이르기를 나의 모략이 설 것이니

미 4:12; 그들이 여호와의 뜻을 알지 못하며 그 모략을 깨닫지 못한 것이라

7.3.6. 택하심으로 작정을 표현한 성경본문들

롬 9:11; 그 자식들이 아직 나지도 아니하고 무슨 선이나 악을 행하지 아니한 때에 택하심을 따라 되는 하나님의 뜻이 행위로 말미암지 않고

엡 1:4; 곧 창세 전에 그리스도 안에서 우리를 택하사

행 15:7; 오래 전부터 너희 가운데서 나를 택하시고

7.3.7. 인봉, 인봉한 책, 책으로 하나님의 작정을 표현한 성경본문들

계 5:1; 오른손에 책이 있으니 안팎으로 썼고 일곱 인으로 봉하였더라

계 5:2; 누가 책을 펴며 그 인을 떼기에 합당하냐 하니

계 5:3; 하늘 위에나 땅 위에나 땅 아래에 능히 책을 펴거나 보거나 할 이가 없

더라

계 5:4; 이 책을 펴거나 보거나 하기에 합당한 자가 보이지 않기로 내가 크게 울었더니

계 5:5; 다윗의 뿌리가 이기었으니 이 책과 그 일곱 인을 떼시리라 하더라

계 5:7; 어린양이 나아와서 보좌에 앉으신 이의 오른손에서 책을 취하시니라

계 5:8; 책을 취하시매

계 5:9; 책을 가지시고 그 인봉을 떼기에 합당하시도다

7.3.8. 지혜와 지식으로 하나님의 작정을 표현한 성경본문들

롬 11:33; 깊도다 하나님의 지혜와 지식의 부요함이여 그의 판단은 측량치 못할 것이며 그의 길은 찾지 못할 것이로다

고전 2:7; 오직 비밀한 가운데 있는 하나님의 지혜를 말하는 것이니 곧 감췄던 것인데

제4절 창조경륜 (consilium Dei creationis)

7.4.1. 창조경륜 정의

하나님의 창조경륜은 하나님이 자기 백성을 가지시고 그 백성 가운데 거하시며 찬양과 경배를 받으시는 것이다 (계 21:3; 출 6:7; 19:6; 레 26:12; 신 4:20; 7:6; 14:2; 29:13; 32:9; 수 24:18, 21-22, 25; 시 106:48; 사 2:3; 43:21; 렘 7:23; 11:4; 24:7 30:22; 31:33; 겔 11:20; 14:11; 36:28; 37:27; 호 2:23; 슥

8:8; 고후 6:16; 히 8:10; 벧전 2:10). 그리하여 창조주는 백성의 하나님 되시며 백성은 창조주의 언약백성이 된다.

하나님은 창조경륜을 이루시기 위해 창조를 작정하시고 다스림과 보존 또 구원 작정도 세우셨다.

성경 역사에 관통하는 일관된 하나님의 기쁘신 뜻은 자기의 백성을 가지시는 것이다. 그리고 그들로부터 영광과 찬양을 받으시는 것이다. 세상 백성들이 하나님의 백성이 되고 하나님은 그들의 하나님 되시는 것이다 (계 11:15).

7.4.2. 창조경륜을 집행하심: 선악과계명으로 언약을 맺으심

창조주 하나님은 창조경륜을 집행하셨다. 온 세계를 창조하신 후 사람을 창조하셔서 자기의 백성으로 삼기로 하셨다. 하나님은 사람을 자기의 형상으로 지으셨다. 하나님의 형상으로 지으심은 하나님이 인격이시므로 그의 인격을 따라 사람을 피조수준에서 인격체로 지으심을 말한다.

이렇게 사람을 인격체로 지으셨으므로 그냥 창조주 하나님을 섬기라고 명령하실 수 있었다. 그러나 하나님은 사람을 인격적으로 대우하셔서 언약을 체결하여 자기 백성으로 삼으셨다.

언약은 사람을 하나님의 백성 삼으시는 약정이다. 하나님은 백성의 하나님 되시고 사람은 하나님의 백성 되기로 한 약정이 언약이다.

하나님은 창조주만을 하나님으로 섬기도록 하려고 사람과 언약을 맺으셨으므로 자기를 온 마음으로 섬기는 백성을 가지시게 되었다. 백성도 창조주를 하나님으로 섬길 수 있게 되었다. 하나님을 섬기는 방식은 창조주를 하나님으로 찬양하고 경배하는 것이다.

이렇게 창조주만을 하나님으로 섬기도록 하려고 하나님은 선악과계명으로 언약을 맺으셨다 (창 2:17). 하나님은 선악과계명을 한 나무에 매셨다. 그 나무의 실과를 먹지 말라고 명하셨으니 그 실과를 먹지 않으면 하나님의 말씀대로 하나님을 바르게 섬기는 것이 되었다. 선악과계명은 선악을 아는 지혜와 지식이 한 나무에 있다는 뜻이 전혀 아니다.

선은 창조주만을 하나님으로 섬기는 것이다. 본래 사람을 이 목적으로 지으셨으므로 사람의 본분대로 하나님을 섬기면 선이어서 생명에 이르게 하셨다.

악은 사람의 본분을 저버리고 창조주 하나님 섬김을 거부하는 것이다. 이것이 악이므로 죽음에 이르게 된다 (창 2:17). 하나님은 하나님 섬김과 섬김 거부를 선악으로 정하셔서 언약을 체결하셨다.

언약체결로 아담과 하와는 창조주 하나님만을 섬기는 백성으로 세워졌다. 아담과 하와는 언약체결대로 창조주 하나님을 온 마음과 힘으로 섬겼다. 날마다 삶에서 자기들 주변의 사물들을 살피고 들여다볼 때마다, 창조주 하나님의 무한한 지혜와 권능을 보고 하나님께 감사하고 감탄하며 찬양과 경배를 쉬지 않았다. 날마다의 삶과 하나님을 찬양하고 경배하는 일은 언제나 함께 갔다.

언약백성으로서 아담은 하나님을 잘 섬겼다. 날마다 하나님 찬양으로 시작하고 날을 보내며 하나님 찬양과 경배로 날을 마쳤다. 아담은 자기의 본분을 다하였다. 하나님은 언약백성의 찬양과 경탄과 경배를 만족하셨다.

7.4.3. 반역이 일어남

그런데 어느 날 언약백성의 삶에 대격변이 들어왔다. 유혹자가 나타나 선악계명에 매여서 살지 말고 선악결정을 스스로 하는 자주자가 되라고 촉구하고 유인하였다.

아담과 하와는 그 유혹에 끌려 선악결정을 스스로 하는 자주자가 되기로 작정하였다. 그리하여 선악을 아는 실과를 먹음으로 창조주 하나님만을 섬기는 언약백성의 자리를 거부하였다. 그 결정은 하나님의 선악결정을 전적으로 뒤엎는 일이었다. 더 이상 하나님의 선악결정대로 살지 않기로 한 것이기 때문이다. 하나님을 섬기는 것이 선이 아니고 섬기지 않아도 악이 아니라고 판정하여, 선악과계명을 어기므로 언약백성의 자리를 버렸다. 그들은 스스로 선악을 결정하는 자주자가 되었다. 곧 반역을 감행하였다.

하나님의 말씀대로 범죄에 대한 벌로 죽음과 저주가 들어왔다 (창 2:17; 3:17-19). 모든 인류가 죽음과 저주에 매여 다 사라지게 되었다.

7.4.4. 반역한 백성을 구원하기로 정하심

하나님은 범죄한 백성을 구원하여 다시 자기의 백성으로 삼아 찬양과 경배를 받으시기 위해서 새로운 조치들을 시작하셨다 (창 3:15-20). 곧 창조경륜을 성취하기 위하여 새로운 작정들을 세우셨다.

7.4.5. 창조경륜에 대한 성경적 증거들

창조경륜에 대한 성경적 증거는 성경전반에 걸쳐 밝혀져 있다.

7.4.5.1. 창조경륜의 확실한 성취

창조경륜과 그 성취가 요한계시록 마지막 장에 잘 밝혀져 있다 (계 21:3-5). 역사의 진행과정에서 모든 작정이 성취되어 온전하고 거룩한 백성을 하나님은 다시 소유하게 되었다. 그리하여 하나님이 그 백성 가운데 오셔서 충만히 거주하시므로 만유 안에 만유가 되신다. 이 일이 마지막 날에 이루어진다.

창조경륜이 성취된 상황을 계시록이 구체적으로 기술하고 있다.

"보라 하나님의 장막이 사람들과 함께 있으매 하나님이 저희와 함께 거하시리니 저희는 하나님의 백성이 되고 하나님은 친히 저희와 함께 계셔서"(계 21:3).

역사의 모든 곡절을 다 겪은 후에 그리스도의 피로 창조경륜이 완전히 성취된 상황이 계시록 마지막에 잘 밝혀져 있다.

7.4.5.2. 아브라함과 그의 후손을 백성으로 삼으심은 창조경륜의 성취를 위한 준비

하나님이 아브라함을 부르신 것은 그에게서 한 백성을 얻으시려는 뜻이었다. 그리고 하나님이 그 백성의 하나님 되시는 것이다.

"내가 너로 큰 민족을 이루고"(창 12:2). "하늘을 우러러 뭇별을

셀 수 있나 보라 또 그에게 이르시되 네 자손이 이와 같으리라"(창 15:5). "이는 내가 너로 열국의 아비가 되게 함이니라"(창 17:5). "내가 너로 심히 번성케 하리니 나라들이 네게로 좇아 나며"(창 17:6). "아브라함은 강대한 나라가 되고 천하 만민은 그를 인하여 복을 받게 될 것이 아니냐"(창 18:18).

하나님이 아브라함으로 한 민족을 만드시는 것은 그들의 하나님 되시기 위해서이다. 또 그들로 말미암아 온 인류의 하나님 되시기 위해서이다.

"내가 내 언약을 나와 너와 네 대대 후손의 사이에 세워서 영원한 언약을 삼고 너와 네 후손의 하나님이 되리라…나는 그들의 하나님 되리라"(창 17:7-8).

첫 사람의 범죄로 창조경륜이 이루어질 수 없게 된 후에 하나님은 아브라함으로 한 민족을 만들어 온 인류를 다 돌이키는 바탕으로 삼기로 하셨다.

7.4.5.3. 시내산 언약으로 하나님이 이스라엘을 자기의 백성으로 삼으심은 창조경륜의 성취를 위한 준비임

하나님이 이스라엘 백성을 애굽에서 구출하신 후에 하신 첫 말씀은 이스라엘이 하나님의 백성 되는 것이었다.

"너희가 내 언약을 지키면 너희는 열국 중에서 내 소유가 되겠고 너희가 내게 대하여 제사장 나라가 되며 거룩한 백성이 되리라"(출 19:5-6).

이스라엘을 애굽에서 구출해내신 목적이 바로 이스라엘을 하나님의 백성 삼으시는 것이었다. 신명기에 모세의 고별사에서도 이 뜻이 잘 나타나 있다.

"너는 여호와 네 하나님의 성민이라 네 하나님 여호와께서 지상 만민 중에서 너를 자기 기업의 백성으로 택하셨나니"(신 7:6; 14:2). "오늘날 너를 자기의 보배로운 백성으로 인정하시고…너로 네 하나님 여호와의 성민이 되게 하시리라"(신 26:18-19).

하나님이 이스라엘을 애굽에서 구출하시고 택하신 것은 그들을 백성으로 삼으시기 위해서이다. 그리고 온 세계 백성을 그리스도의 피로 모아 한 백성을 만드시고 그들의 하나님이 되시기 위해서 사전 준비로 이스라엘을 그의 백성으로 삼으셨다.

7.4.5.4. 새 언약의 목표가 창조경륜의 성취를 위한 것임을 밝힘임

"내가 이스라엘 집에 세울 언약은 이러하니 곧 내가 나의 법을 그들의 속에 두며 그 마음에 기록하여 나는 그들의 하나님이 되고 그들은 내 백성이 될 것이니라"(렘 31:33). "그들은 내 백성이 되겠고 나는 그들의 하나님이 될 것이며"(렘 32:38).

"그들은 내 백성이 되고 나는 그들의 하나님 되리라"(겔 11:20). "내가 그들을 그 범죄한 모든 처소에서 구원하여 정결케 한즉 그들은 내 백성이 되고 나는 그들의 하나님 되리라"(겔 37:23). "내 처소가 그들의 가운데 있을 것이며 나는 그들의 하나님이 되고 그들은 내 백성이 되리라"(겔 37:27).

하나님의 모든 사역의 목표가 모든 백성을 자기의 백성으로 삼으시고 그들의 하나님이 되셔서 그들 가운데 거하심이 밝히 드러났다.

새 언약을 세워 이스라엘과 이방족속들을 다 돌이켜 한 백성으로 삼고 하나님은 그들의 하나님이 되시려는 목표를 가지셨음이 밝혀졌다.

7.4.5.5. 그리스도의 피로 사람들을 구속함은 창조경륜의 성취임

"그가 우리를 대신하여 자신을 주심은 모든 불법에서 우리를 구속하시고 우리를 깨끗하게 하사 선한 일에 열심하는 친 백성이 되게 하려 하심이니라"(딛 2:14). "오직 너희는 택하신 족속이요 왕 같은 제사장들이요 거룩한 나라요 그의 소유 된 백성이니"(벧전 2:9).

"우리를 사랑하사 그의 피로 우리 죄에서 우리를 해방하시고 그 아버지 하나님을 위하여 우리를 나라와 제사장으로 삼으신 그에게 영광과 능력이 세세토록 있기를 원하노라"(계 1:5-6). "일찍 죽임을 당하사 각 족속과 방언과 백성과 나라 가운데서 사람들을 피로 사서 하나님께 드리시고 저희로 우리 하나님 앞에서 나라와 제사장을 삼으셨으니 저희가 땅에서 왕 노릇하리로다"(계 5:9-10).

하나님은 사탄의 꾀와 죄를 그리스도의 십자가로 폐하셨다. 그리고 범죄한 모든 백성을 불러모아 다시 하나님의 백성으로 삼으시고 그들의 하나님이 되심으로 창조경륜을 온전히 성취하신다(계 21:3).

제5절 하나님의 작정들 (de Decretis Dei)

작정들은 하나님의 창조경륜을 이루시기 위해서 세우신 구체적인 계획들을 말한다.

하나님은 창조경륜을 이루시기 위해서 먼저 창조를 작정하셨다. 그리고 범죄가 들어와서 경륜의 성취가 낭패하게 되자 하나님은 구원 작정을 세우셨다.

이렇게 창조경륜을 성취하시므로 한 백성을 가지시고 그들 가운데 거하기로 하셨다. 그리고 범죄 때문에 하나님의 백성의 범위를 정하기 위해서 하나님은 선택 작정을 하셨다.

7.5.1. 창조 작정 (Decretum Dei creationis)

7.5.1.1. 물리적 세계를 언약백성의 거소로 창조하기로 하심

하나님은 창조경륜을 이루셔서 한 백성을 가지시고 그들 가운데 거하시며 찬양과 경배를 받기로 하셨다.

이 뜻을 이루기 위해서 먼저 언약백성이 살 생활환경을 조성하기로 하셨다. 언약백성이 살 환경으로 땅을 세우기로 하셨다. 그리고 땅을 언약백성의 거주할 환경으로 세우기 위해서 땅을 지탱할 우주 곧 하늘을 창조하기로 하셨다.

우주의 크기와 별들의 개수와 모든 구조를 작정하고 계획하셨다. 별들의 운행질서와 지속도 다 정하셨다. 그리고 전 우주를 지구를 중심으로 펼치기로 하셨다. 그리하여 전 우주와 별들이 지구를 지탱하도록 조성하기로 하셨다.

왜냐하면 땅이 하나님의 언약백성이 살면서 하나님을 섬기는 곳이 될 것이기 때문이다. 땅 위에서 하나님의 언약백성이 살면서 하나님을 찬양하고 경배할 것이다.

하나님은 언약백성이 우주에서 찬양거리를 구하도록 하셨다. 하늘의 별들과 그 운행을 살핌으로 창조주의 무한한 지혜와 권능을 깨달아 창조주 하나님을 더욱 크게 찬양하고 경배하도록 정하셨다.

하나님은 무한하신 지혜를 펼치기 위해서 광대무변한 우주를 만들기로 하셨다. 그래야 언약백성들이 창조를 끊임없이 탐구하여 그의 지혜와 권능을 인하여 하나님을 찬양하고 경배해야 할 것이기 때문이다.

또 하나님은 언약백성이 사는 땅과 그 주변을 안전하고 안정되게 하시므로 백성이 창조주 하나님을 섬기는 일에 아무런 부족이 없도록 모든 것을 베풀어두셨다. 먹고 마시며 사는 데 필요한 풀들과 나무와 곡식과 과실과 채소와 다른 것들을 갖추어 놓으셨다.

또 땅을 흙과 돌과 여러 광물질로 만드셔서 사람이 집을 짓고 안정되게 살 수 있도록 모든 것을 마련하셨다. 마시고 사는 데 부족함이 없도록 물을 바다와 땅 밑에 마련해놓으셨다. 숨을 쉬고 편안히 살 수 있도록 대기권을 만드셨다.

그리고 물과 공기가 날아가서 없어지지 않도록 전자기장을 설치하셨다. 또 다른 모든 장치들을 세우셨다.

7.5.1.2. 영적 세계를 창조하시어 하나님과 언약백성을 섬기도록 하심

하나님은 영적 존재들을 창조하셔서 창조주를 섬기고 그의 보좌 앞에서 찬양하고 경배하게 하셨다. 그리고 하나님의 보좌를 지키게 하셨다. 또 천사들로 언약백성을 지키며 하나님의 뜻을 전달하게 하셨다.

영적 존재들이 그 직임을 잘 수행하도록 하기 위해서 합당하게 많은 천사들과 천군을 창조하기로 작정하셨다. 천군 (天軍)이 열두 영 더 되면 (마 26:53) 헤아릴 수 없이 많은 천사들을 창조하기로 하셨음을 알 수 있다.

하나님은 영적 존재들도 하늘과 땅을 창조하실 때 함께 창조하기로 정하셨다.

7.5.1.3. 백성으로 창조를 탐구하여 영원히 창조주를 영화롭게 하도록 작정하심

창조주는 그의 무한한 지혜와 권능으로 하늘과 땅을 창조하시고 거기에다 그의 지혜와 권능을 담아놓으셨다.

이것은 역사가 나아가는 동안에 언약백성과 모든 인류로 하여금 창조를 깊이 파고들어가 하나님의 지혜와 권능을 드러내도록 정하신 것이다.

범죄 이후에는 인류가 하나님의 창조세계를 깊이 파고들어가지 못하였다. 오래도록 그 일이 멈추어지고 그쳤어도 일부의 사람들이라도 하나님의 창조세계를 깊이 탐구하도록 하나님은 역사하셨다.

종교개혁 이후에는 구속받은 언약백성들이 앞장서서 하나님의 창조세계를 깊이 탐구하기 시작하였다. 하나님은 사람들의 눈과 지각을 움직여서 창조세계를 들여다보고 그 안에 있는 사물들의 성질과 법칙을 연구하게 하셨다.

하나님의 창조세계를 탐구하는 일은 역사의 끝까지 이어질 것이다. 땅 위에 사는 모든 인류가 이 일을 다 할 수는 없지만 지각이 있는 사람들은 창조세계를 탐구하는 일을 쉬지 않을 것이다.

사람들이 창조세계를 열심히 조사하고 연구해도 하나님의 무한한 지혜와 권능을 다 헤아려내지 못할 것이 분명하다.

7.5.1.4. 영원세계에서도 창조탐구

창조주는 구속받은 백성들로 영원세계에 살 때에도 하늘의 별들과 만물들을 탐구하고 연구하도록 정하셨다. 오리게네스의 가르침처럼 하나님은 구속받은 백성을 이끌어 별자리들에 이르게 하실 것이다.

구속받은 백성들은 더 밝아진 눈과 지각으로 하나님의 창조물들을 조사하고 깊이 파고들어가서 하나님이 어떤 계획과 작정으로 사물들을 창조하셨는지를 찾아낼 것이다. 그리하여 창조주의 지혜와 권능을 인해서 한없는 찬양과 경배를 바쳐드릴 것이다.

구속받은 백성들은 별들 세계뿐만 아니라 온 누리에 가득한 사물들의 성질과 법칙을 조사하고 드러내어 창조주의 무한한 지혜와 권능을 알아보고 창조주에게 감사하고 찬양할 것이다. 이 일이 영원세계에서도 멈추지 않고 영구히 계속될 것이다. 하나님의 지혜와 권능이 무한하므로 영원히 탐구하여도 다 밝혀내지 못할 것이 분명하다.

또 구속받은 백성은 하나님의 역사 섭리의 비밀을 깨닫게 되어 자기들을 이렇게 구속하심을 인해 하나님을 찬양하고 감사하여 경배하는 일을 끊임없이 할 것이다.

구속받은 백성들은 하나님을 친히 모시고 살면서 그의 무한한 지혜와 권능으로 이루신 창조와 구속을 인하여 영원히 감사하고 찬양할 것이다.

7.5.2. 역사진행 작정 (Decretum providentiae)

창조주 하나님은 창조를 계획하실 때 창조 후의 역사의 진행도 계획하셨다.

창조 후에 창조 전체가 스스로 움직이게 하신 것이 아니라 창조주가 주신 성질과 법칙을 따라 움직이게 하셨다. 그 움직임도 창조주가 미리 정하셨다. 큰 별들과 별자리 혹은 은하계들의 운행도 하나님이 미리 작정하고 계획하셨다. 하늘의 별들의 운행은 인류 역사가 끝날 때까지 이어질 것이다.

따라서 하나님의 창조세계에 우연은 없다고 단정해야 한다. 우리의 무지와 하나님의 섭리의 비밀을 조화시킬 수 없는 경우가 많다.

인간세계의 모든 일의 진행도 미리 정하셨다. 그러나 인간세계에는 죄악의 역사가 늘 끼어들어 하나님의 작정들을 방해하는 일들이 있을 것이나 결국 모든 것이 하나님의 작정대로 이루어질 것이다.

하나님의 역사 섭리의 목표는 창조경륜을 성취하는 것이다. 사탄의 꾀와 인간의 죄악된 의도와 행동들에 의해서 역사에 굴곡이 있지만 마침내 하나님의 역사 섭리의 목표가 이루어진다. 그리하여 하나님은 자기의 백성을 가지시고 그들 가운데 거하시며 찬양과 경배를 넘치게 받으시게 된다. 곧 창조경륜이 성취된다.

천체들의 운행도 결국 하나님의 창조경륜을 이루도록 돕는 자리에 세워져 있다.

7.5.3. 구원 작정 (Decretum salutis)

인류 역사의 진행과정에서 새로운 격변이 일어날 것을 대비하여 하나님은 인류를 다시 돌이켜 자기의 백성으로 삼으시는 것을 미리 계획하셨다.

창조주는 영적 존재들과 사람을 창조하실 때 인격적 존재로 만드셨다. 특별히 하나님의 형상을 따라 하나님의 인격의 반사체로 사람을 짓기로 하셨다.

사람은 인격체이므로 자기결정과 자기의식을 갖는다. 인격체는 자기결정과 자기의식으로 자기의 일을 결정할 수 있다.

하나님이 정하신 언약계명대로 온 마음으로 하나님을 섬겨 생명에 이를 수 있고, 하나님 섬김을 거부하여 죽음에 이를 수 있다. 사람이 하나님 섬김을 거부하여 죽음에 이르게 되어도 하나님의 창조경륜은 확고하여 결국 성취될 것이다.

이렇게 창조경륜을 성취하기 위해서 반역한 인류를 구원하기로 한 작정이 구원 작정 혹 구원경륜이다. 인륜세계에서 반역이 일어날 경우에도 이 구원 작정대로 구원을 이루실 것이다.

7.5.3.1. 하나님이 대신 죗값을 갚으심이 예정됨

하나님의 구원 작정에 죄를 범한 본성이 죗값을 갚는 것이 포함된다. 사람이 범죄하여 죽음에 이르게 되었으므로 이 범죄를 무효화하여 사람을 다시 하나님에게로 돌이키는 법은 사람이 자기의 죗값을 갚는 것이다.

그러나 범죄한 사람의 후손들 중에는 아무도 죗값을 갚을 수 없으므로 하나님이 대신 죗값을 갚기로 정하셨다. 이 속죄사역을 위해서 하나님이 사람이 되셔서 사람의 자리에 오셔서 사람을 위해서 죗값을 갚으시므로 하나님의 창조경륜을 회복하고 완성하기로 정하셨다.

7.5.4. 선택과 유기의 작정 (Decretum praedestinationis)

7.5.4.1. 죄 때문에 창조경륜을 이루심에 선택과 유기의 작정을 세우심

하나님은 창조경륜을 이루심에 있어서 죄 때문에 선택과 유기 (버림, 遺棄)의 작정을 세우셨다. 하나님은 구원 작정대로 반역한 인류를 구원하실 때 범죄한 아담의 후손을 다 구원하시는 것이 아니다. 일부는 구원하시고 나머지는 벌하기로 하셨다.

그것은 범죄한 인류 중에서 일부를 죗값대로 죽음에 이르게 정하심을 말한다. 곧 구원의 은혜에서 버림을 말한다. 유기 작정은 죄에 대한 책벌 (責罰)과 주 예수 그리스도를 믿지 않음을 그 조건으로 포함한다.

반면 반역한 백성을 하나님의 백성으로 선택하여 구원에 이르게 하신 것은 전적으로 하나님의 은혜이고 사랑이다. 하나님은 반역한 인류를 다시 돌이켜 자기의 백성으로 삼아 그들 가운데 충만히 거주하시며 백성들의 찬양과 경배를 기뻐하기로 정하셨다.

아들 하나님이 범죄한 백성을 구원하는 구주로 세워졌으므로 하나님이 구원하기로 하신 백성을 아들에게 주셨다 (요 17:2, 24).

7.5.4.2. 그리스도 안에서 선택이 이루어짐

하나님은 죄 때문에 아들을 창조경륜의 성취자로 세우셨다. 선택된 자들이 그리스도의 구속사역을 믿음으로 죄용서 받아 영생을 얻어서 하나님의 백성이 되도록 정하셨기 때문이다.

그리스도 안에서 우리를 택하셨다는 것은 주 예수 그리스도의 인격과 구원사역을 믿어 구원에 이르도록 택정하셨다는 것을 뜻한다. 그리스도 안을 선택의 영역으로 이해할 것이 전혀 아니고, 오직 주 예수를 믿어 구원되도록 정하셨다는 것을 말한다.

그러므로 선택은 그리스도 안에서 그리스도로 말미암아 정해졌다 (엡 1:4). 그가 구원을 이루었기 때문이다. 그리스도 안에서 택정함을 받은 사람들만이 그의 구속사역에 의해서 하나님의 백성이 되도록 정하셨기 때문이다.

유기 작정도 그리스도로 말미암아 이루어졌다. 유기된 자들은 죄 때문에 벌을 받아야 하고 그리스도의 구속사역을 거부하므로 마땅히 구원은혜에서 제외된 자들이다.

7.5.4.3. 예정은 하나님의 기쁘신 뜻의 작정임

선택과 유기의 작정은 하나님의 기쁘신 뜻에 의해서 이루어졌다 (롬 9:6-23). 토기장이가 같은 흙으로 귀한 그릇과 천히 쓸 그릇을 만들듯이 하나님이 죄로 다 망하게 된 자들 가운데서 은혜에 동참

할 자들을 택하셨다.

택함 받지 못한 자들은 본래 죄 때문에 벌을 받아야 할 자들이므로 구원은혜에서 제외되었다.

선택이나 유기는 인간의 공로나 가치와 무관하다. 아담의 후손들은 죄뿐이므로 그들 안에는 가치 있는 것이나 사랑받을 만한 것은 아무것도 없다. 그러므로 인간의 공로나 행적을 미리 아시고 영생과 영광으로 선택하신 것이 아니다. 전적으로 은혜의 역사일 뿐이다. 하나님은 범죄한 사람들을 불쌍히 여기시고 은혜를 베풀어 죽음과 멸망에서 구원하기로 하셨다. 이 구원은 영생에 이르고 하나님의 영광의 광채에 이름이다.

선택된 자들은 반역한 죄인들이지만 하나님의 아들의 구속으로 말미암아 하나님의 아들딸들로 삼고 영광과 영생을 상속받게 정하셨다.

7.5.4.4. 예정은 삼위의 사역

하나님 아버지가 선택을 작정하시고 아들이 그 선택을 집행하시고 보증하시며 (sponsio) 성령이 선택을 인치셨다 (obsignatio). 하나님이 그리스도 안에서 선택하셨으므로 아들이 선택을 수행하시고 선택과 관련된 모든 것을 보증하신다 (엡 1:5-9). 성령은 그리스도의 구속으로 선택을 인치시어 확실하게 하신다 (엡 1:13; 4:30). 하나님의 선택 작정을 그리스도가 수행하시는 것은 그가 택자들을 위해서 구속사역을 이루셨기 때문이다.

이 선택과 유기의 작정에서 그리스도의 속죄사역이 제한된 것으로 나타난다.

7.5.4.5. 선택과 유기의 작정은 확고하고 불변

선택과 유기의 작정은 죄 때문에 이루어졌지만 하나님의 영원한 작정이다. 그러므로 선택된 자들과 유기된 자들이 확정되었다. 하나님의 영원한 작정으로 선택과 유기가 정해졌으므로 불변이다. 선택된 자들과 유기된 자들의 수도 변동되는 것이 결코 아니다.

7.5.4.6. 택자들의 수

선택자들이 누구이고 그 수는 얼마나 되는지는 하나님만이 아신다. 이렇게 하나님은 선택된 자들과 유기된 자들을 확정하셨다.

선택된 자들의 수에 대해서 고대교회 때부터 전해오는 논의가 있다. 아우구스티누스 (Augustinus)는 하나님의 도성에서 하나님이 타락한 인류 중에서 택하여 그들로 타락한 천사들의 자리를 메운다고 제시하였다. 하나님은 사람의 타락을 미리 보셨지만 주신 자유를 제지하지 않으셨다. 하나님은 타락한 인류 중에서 많은 사람들을 모아서 타락한 천사들의 비운 자리들을 채우고 그 비운 지위들로 회복하신다. 그리하여 하늘 도성의 시민들이 충분하게 보충되어 천사들의 타락 전보다 더 충만이 보충된다고 아우구스티누스는 강조하였다 (de Civitate Dei, XXII, 1).

이것은 하늘 도성의 시민들이 처음에는 천사들로만 구성되었다가 그들이 타락하므로 사람들 중에서 택함 받은 자들로 채웠다는 것이 된다.

안셀무스 (Anselmus, 1033/34-1109)는 하늘 도성이 타락한 천사들의 수를 사람으로 보충한다는 아우구스티누스의 가르침을 받았지만 새로운 논의를 전개한다. 천사들이 완전수로 창조된 것이 아니라는 것이다. 완전수로 창조되었으면 타락한 천사들의 수를 택자들로 채울 것이라고 전제한다. 그러나 사람은 고유목적으로 창조되었으므로 천사들이 타락하지 않았어도 하늘 도성에 자리를 가질 것이라고 변론한다. 그러므로 천사들은 처음부터 완전한 수로 창조된 것이 아니다. 만일 천사들이 완전수로 창조되었는데 타락하지 않았으면 사람들은 하늘의 축복에 이르지 못하였을 것이다. 하늘 도성은 천사들과 사람들로 이루어진다. 그러면 택함 받은 사람들의 수는 타락하지 않고 견실하게 남아 있는 천사들과 수가 같을 수 있다고 제시하였다 (Cur Deus homo, XVIII).

안셀무스의 논의가 아우구스티누스의 논의보다 더 낫고 견실하다. 하나님은 천사들과 사람들로 하늘의 도성을 구성하기로 하셨다고 하는 것이 바른 신학이다.

천사들도 하늘 시민에 속하지만 하나님은 그의 창조경륜을 아담의 후손들로 이루기로 하셨다. 그러므로 사람이 범죄하였어도 그들을 다시 돌이켜 하나님의 백성으로 삼기로 하셨다. 곧 창조경륜은 인류로 이루신다.

선택된 자들의 표징은 그들이 끝까지 주 예수 그리스도를 믿는 믿음에 머문다 (롬 1:17; 갈 3:11; 히 10:38). 그리고 믿음의 확신을 가진다. 물론 성령의 역사로 확신을 갖고 자기의 힘으로 가지는 것이 아니다.

아무도 자기의 선택을 외적 증거들로 확증할 수 없다. 오직 성령의 역사로 자기가 택함 받았다는 믿음의 확신을 가진다 (벧후 1:10; 벧전 2:9-10). 곧 그리스도를 믿는 믿음고백이 자기가 택함 받았다는 확증이다. 그리스도를 믿는 사람은 그와 연합되어 있으므로 구원의 확신을 갖는다.

7.5.4.7. 유기 작정

유기도 하나님의 작정이다 (Reprobatio est decretum Dei). 그의 기쁘신 뜻을 따라 어떤 사람들을 택하지 않으시고 그냥 부패의 덩어리 (massa corruptionis)로 남겨두기로 하신 작정이다. 그리하여 죄짓는 것을 계속하여 그 벌로 영원한 정죄와 형벌을 받게 하심이다. 혹은 소극적으로 유기는 하나님이 구원은혜를 베푸심에서 간과함이라고 말할 수 있다.`

그러나 유기된 자들도 믿음을 가질 수 있다. 그것은 일시적인 믿음이어서 끝내는 믿음을 버린다. 또 처음부터 마지막까지 예수 믿음을 완강하게 거부한다. 주 예수를 믿으면 모든 죄를 용서하고 영원한 생명을 주신다고 하는 권고를 끝까지 거부한다. 따라서 그들은 결코 핑계할 수 없다 (롬 1:20). 그러므로 그들은 정죄되고 영원한 형벌을 받는 것이 당연하다.

그들은 실제생활에서 하나님에 대한 반역을 더욱 깊게 하고 날로 계속하며 그리스도의 구원사역과 그 은혜를 한사코 반대하고 대항한다.

하나님은 믿지 않는 자들에게서도 일반은혜는 거두시지 않는다. 그뿐만 아니라 복음의 일반적인 영향력과 복음이 끼치는 복을 누림도 배제되지 않는다. 그러나 그들을 변화시켜 주 예수를 믿게 하는 성령의 적극적인 역사는 제외된다.

유기 작정도 영원하고 불변하다. 이렇게 선택과 유기의 작정으로도 하나님은 창조경륜을 이루신다.

제6절 선택 교리의 논의

선택 작정은 개혁신학에서 체계화되었지만 논의의 시작은 그보다 먼저 이루어졌다. 본격적인 논의는 아우구스티누스에게서 시작되어 루터와 칼빈에게 영향을 미쳤다. 그 중에 칼빈이 선택 작정을 구체화하여 신학의 기초로 삼았다. 그의 후계자들이 이어받아 선택 교리를 개혁신학의 중요한 요소로 확정하였다.

7.6.1. 아우구스티누스의 가르침

아우구스티누스 (Augustinus)는 예정 교리를 체계적으로 전개하지 않았다. 후에 그의 가르침을 싹으로 삼아 예정 교리를 전개할 수 있도록 씨의 형태로 제시하였다.

7.6.1.1. 작정의 불변성

아우구스티누스는 하나님의 예정의 확정성을 강조한다. 하나님의 미리 보심과 아심에 의해서 하나님의 작정이 이루어졌다. 하나님은 만물을 미리 보시고 사람이 죄지을 것도 미리 보셨다. 그러나 사람의 죄지음도 하나님의 경륜들을 바꿀 수 없다고 단정하였다. 곧 하나님이 한번 작정하신 것을 사람이 바꿀 수 없다고 강조하였다 (de Civitate Dei, XIV, 11).

7.6.1.2. 사람의 범죄는 신적 허락에 의해서

그러나 아우구스티누스는 사람이 타락한 것은 하나님의 공의롭고 의로운 허락으로 이루어졌다고 강조한다. 하나님의 공의롭고 의로운 허락에 의해서 첫 사람의 죄가 전 인간종족을 악마의 권세에 두었다고 제시한다 (de Trinitate, XIII, 4).

7.6.1.3. 하나님의 뜻에 어긋나는 것도 하나님의 뜻 없이 되지 않음

아우구스티누스는 이어서 천사와 인류가 다 범죄하였어도 하나님이 원하신 것을 성취하실 수 있다고 주장하였다. 또 하나님이 원하시는 것을 피조물의 의지를 통해서도 이룰 수 있다고 하였다.

최고선으로서 하나님은 피조물들의 악한 행위들도 선하게 사용하시기 때문이라고 하였다. 가령 하나님이 형벌하실 때에도 예정한 사람들의 악행을 그들의 정죄에 사용하시고, 은혜로 예정된 사람들의 구원에도 사용하신다고 제시하였다. 범죄자들의 편에서 보면, 하나님은 그들이 하기를 원하지 않은 것을 하셨다. 그러나 하나님의 전능에 관해서 보면, 그들은 그들의 목적을 성취할 수 없었다. 오히려 하나님의 뜻에 거슬러 행함으로 그의 뜻이 성취되었다고 하여 하나님의 예정의 불변성을 다시 강조한다. 왜냐하면 하나님의 뜻에 거슬러서 행한 것도 하나님의 뜻 없이 행해진 것이 아니기 때문이다. 곧 하나님의 허락하심이 없이는 그것은 행해질 수 없기 때문이라고 하였다. 선하신 이가 그의 전능으로 악에서 선을 이루실 수 없었으면, 악이 행해지도록 허락하지는 않았을 것이라고 한다 (Enchiridion, 100).

7.6.1.4. 모든 인류의 구원은 예정된 자들만 구원되는 것을 뜻함

아우구스티누스 (Augustinus)는 모든 인류의 구원문제에 대해서도 언급한다. 하나님이 모든 사람들이 다 구원되기를 원하신다고 할 때 모든 사람은 인류 전체를 말한다고 해석한다. 인류의 각 그룹이 구원되기를 원하시는 것이지 각 사람이 다 구원되기를 원하시는 것이 아니라는 것을 밝히므로 하나님이 구원 얻을 자들을 예정하셨음을 강조한다 (Enchiridion, 103).

그는 첫 사람의 범죄로 멸망의 덩어리가 된 사람들이 하나님과 사람 사이의 한 중보자에 의해서 해방되지 못하였으면, 그들이 다시 살아나되 악마와 함께 형벌받기 위해 부활한다고 가르쳤다 (Enchiridion, 92).

7.6.1.5. 하나님은 허락으로 이루시거나 실제로 자신이 이루심

하나님은 구원되기를 원하지 않는 사람들에게는 기적도 행하시지 않았다고 아우구스티누스는 주장한다. 따라서 전능자가 원하시지 않으면 아무것도 일어나지 않는다. 하나님은 두 방면으로 일하신다. 그것이 일어나게 허락하시거나 실제로 그것이 일어나도록 하신다 (Enchiridion, 95). 곧 하나님이 예정하신 것을 허락하시거나 또 일어나게 역사하신다는 주장이다.

7.6.1.6. 하나님은 원하시는 것을 다 이루심

그러므로 일어나면 좋지 않은 것이 일어나게 할 때는 공의로운 심판으로 허락하신다. 악한 일들이 존재하는 것이 좋지 않았으면, 전능하신 선 (하나님)이 그것이 존재하도록 허락하지 않으셨을 것이다. 하나님이 전능자라고 불리는 이유는 그가 원하시는 것은 무엇이든지 하실 수 있다는 것이다. 또 그의 전능한 의지의 효능이 어떤 피조물의 의지에 의해서 방해되지 않기 때문이다. 그러므로 하나님은 그가 원하시는 것은 무엇이든지 행하셨다고 가르쳤다 (Enchiridion, 96).

7.6.1.7. 예정은 은혜로 이루어짐

아우구스티누스는 예정 곧 구원으로의 예정이 전적으로 은혜이고 인간의 공로가 아님을 야곱과 에서의 예로 설명한다. 긍휼이 드러나지 않은 경우는 공의의 심판대로 이루어졌다고 강조한다 (Enchiridion, 98).

7.6.1.8. 지성적 존재의 타락을 예지하셔도 하나님은 자유의지를 빼앗지 않으심

아우구스티누스는 하나님이 지성적 존재자들을 만드셨을 때 자유의지를 주셨다는 것을 강조한다. 지성적 본성을 가진 존재들 곧 천사들 중 얼마가 교만하여 그들 자신의 지복(至福)을 원하여 하나님을 버리려고 한 것을 미리 아셨지만 그들에게서 자유의지를 빼앗지 않으셨다. 악이 존재하게 되는 것을 막기보다 악에서 선을 이루어내시는 것이 그의 선하심과 권능에 합당하다고 보았기 때문이라고 전개한다.

하나님은 천사가 가진 것과 같은 동일한 자유의지를 가진 사람을 올바르게 만드셨다. 또 사람이 하나님을 버리고 그의 법을 파기할 것을 미리 아셨다. 그래도 하나님은 그에게서 자유의지를 빼앗지 않으셨다. 왜냐하면 악에서 선을 이루실 것을 하나님 자신이 미리 아셨기 때문이라고 제시한다 (de Civitate Dei, XXII, 1).

7.6.1.9. 하나님의 뜻에 어긋나게 일어나는 것도 하나님의 뜻을 이룸

그의 지혜와 권능이 무한하므로, 악인들이 하나님의 뜻에 어긋나게 많은 일들을 하여도 그 일들이 그의 의롭고 선한 목적들을 이룰 것임을 하나님은 미리 아셨다고 아우구스티누스는 제시한다 (de Civitate Dei, XXII, 2). 곧 하나님이 정하신 대로 모든 일이 이루어지는 것임을 밝히고 있다.

7.6.2. 토마스 아퀴나스의 전개

토마스 (Thomas Aquinas)는 예정은 섭리의 한 부분 (praedestinatio est pars providentiae)이라는 진술로 논의를 시작한다. 곧 하나님의 섭리 때문에 예정이 이루어진다는 것을 전제한다.

토마스는 예정을 부정하는 주장을 반대한다. 곧 하나님은 사물도 예정하지 않으시고 사람들도 예정하지 않는다는 주장을 논박한다. 하나님이 사람을 예정하심이 합당하고 만물은 하나님의 섭리에 종속한다고 제시하여 예정이 하나님의 섭리의 한 부분임을 강조한다 (Summa Theologica, pars prima, quaestio 23, art. 1).

7.6.2.1. 예정은 지성적 존재들을 영생으로 배정하는 것

토마스에 의하면 섭리는 만물을 그 목적으로 배정하는 것이다 (ad providentiam pertinet res in finem ordinare). 왜냐하면 만물은 하나님의 섭리에 종속하기 때문이다.

그런데 예정은 지성적 존재들에게 일정한 목적 곧 영생으로 배정하는 것이다. 따라서 사람들을 예정하는 것이 하나님에게 합당하다 (quod Deo conveniens est homines praedestinare).

하나님이 창조물을 배정하는 목적은 두 가지이다. 첫 목적은 창조물의 유비와 능력을 넘어가는 것인데 곧 영생이다. 다른 목적은 창조된 사물에 적합한 것으로서 피조물이 자기의 본성의 능력에 따라서 도달할 수 있는 것이다. 영생에 합당한 합리적 본성은 영생으로 이끌린다.

예정은 합리적인 피조물을 영생의 목적으로 배정하는 것인데 이 예정에 천사들도 포함된다. 그러므로 예정은 섭리의 한 부분이다 (Summa Theologica, I, q23a1).

7.6.2.2. 예정은 하나님 안에 있는 것을 집행함임

토마스에 의하면 하나님이 예정의 뜻을 자기 안에 가지시고 그것을 집행하셔서 지성적 존재들로 영생에 이르게 하신다. 따라서 예정은 예정된 자들 안에 있는 무엇이 아니고 오직 예정하시는 이 안에 있는 어떤 것이다.

예정은 일부 존재들을 영생으로 배정하는 것을 뜻한다. 이 배정의 집행은 수동적으로 예정된 자들 안에 있지만 능동적으로는 하나님 안에 있다. 곧 예정은 지성적 존재들을 부르시고 영화롭게 하심이다 (vocatio et magnificatio; Summa Theologica, I, q23a2).

예정의 목표를 지성적 존재들을 영화롭게 하는 데 두었다는 것은 전혀 합당한 신학이 아니다.

7.6.2.3. 예정에는 선택과 유기가 있음

토마스는 하나님은 지으신 모든 것을 사랑하시므로 어떤 사람도 유기하지 않으신다는 주장을 반박한다.

신적 섭리는 어떤 사람들이 영생에서 떨어지는 것을 허락한다. 그러므로 섭리는 어떤 사람들을 유기한다 (Summa Theologica, I, q23a3). 이렇게 토마스는 유기를 변호한다.

7.6.2.4. 예정: 영생으로 배정; 유기: 영생에서 탈락 허용

토마스에 의하면 사람들을 영생으로 배정하는 것이 하나님의 섭리이므로 일부 사람들로 영생에서 떨어지도록 허용하는 것도 섭리라는 것이다. 이처럼 유기도 섭리의 한 부분이라고 제시한다.

신적 의지는 은혜와 영광을 수여하고 일부 사람이 죄과로 떨어지는 것을 허락한다. 또 죄과에 맞게 정죄의 형벌을 준다. 이것이 예정이다.

하나님이 모든 사람들과 만물을 사랑하신다고 하는 것은 모두에게 선을 원하시는 한에서 그러하다. 그러나 어떤 사람들에게는 이 선 곧 영생을 원하시지 않는다. 그래서 이들을 미워하신다고 혹은 유기하신다고 토마스는 말한다 (Summa Theologica, I, q23a3).

7.6.2.5 예정: 영광의 원인; 유기: 하나님에 의해 버림받음임

토마스는 예정과 유기에 대해서 다음과 같이 진술한다. 예정은 미래 삶에서 예상되는 것 곧 영광의 원인이다. 유기는 죄과의 원인 (causa culpae)이 아니고 하나님에게서 버림받음의 원인이다. 그러나 유기는 영원한 형벌의 원인이다. 그렇지만 죄과는 버림받은 자의 자유의지에서 나온다고 말한다 (Summa Theologica, I, q23a3).

7.6.2.6. 유기는 자유의지 박탈 아님

또한 하나님의 유기는 유기된 자의 능력에서 자유의지를 제하지 않는다. 이것은 마치 예정된 자가 구원받음에 있어서 자유의지를 빼앗기지 않는 것과 같다. 버림받은 사람은 죄로 미끄러진 것이 자기의 자유의지로 되었으므로 그 공과 (功過)에 따라 죄과가 전가된다고 토마스는 가르친다 (Summa Theologica, I, q23a3).

7.6.2.7. 조건 없는 선택

토마스에 의하면 선택은 무조건적이다. 선택은 사랑을 전제한다. 사랑은 어떤 사람에게 선을 원하는 것이다. 선택은 모든 사람들 중에서 어떤 사람들에게 영생을 원하는 것이다. 곧 조건 없는 선택이다. 사랑은 선택을 따르고 선택은 예정을 따른다. 그러므로 모든 예정된 자들은 선택되고 사랑받는 자들이다.

하나님이 사물 안에 이미 있는 선에 충동되어 선택한다면 선택은 존재하는 자들 안에 있는 선에 달려 있다. 그러나 하나님은 아직 있지 않은 자들을 선택하신다. 선택하시는 이가 잘못하시는 법이 없다. 곧 하나님은 주권적으로 선택하신다는 것이다 (Summa Theologica, I, q23a4).

7.6.2.8. 예정은 공로와 상관없음

토마스는 예지 예정을 반대한다. 곧 하나님이 공로를 미리 아시고 (praescientia meritorum) 그것을 원인으로 삼아 예정하신다는 주장을 반박한다.

또 그는 공로에 의한 예정을 반대하여 바울 사도를 인용한다. 곧 사도는 우리의 의로운 행위들 때문이 아니고 그의 자비를 따라 우리를 구원하셨다고 말하였다 (딛 3:5). 이같이 하나님이 우리를 구원하셨다. 곧 우리가 구원받도록 예정하셨다. 이것을 토마스는 공로 없이 예정하심의 근거로 삼았다.

하나님은 예정하신 사람들에게 그의 선하심을 자비의 방식으로 나타내기를 원하신다. 반면 유기된 사람들에게는 공의의 형태로 그의 선하심을 나타내기를 원하셨다. 그들을 벌하심으로 그렇게 하신다. 이것이 어떤 사람들은 선택하시고 다른 사람들은 유기하시는 이유이다.

집에는 귀히 쓰이는 그릇이 있고 천히 쓰이는 그릇이 있다. 마찬가지로 왜 하나님이 어떤 사람들은 영광으로 선택하시고, 다른 사람들은 버리셨는가는 하나님의 뜻 외에는 아무런 이유가 없다. "네 것이나 가지고 가라. 내가 하기 원하는 것을 내가 할 수 있지 않느냐" 하는 것과 같다 (Summa Theologica, I, q23a5).

이처럼 토마스는 예정에 있어서 인간의 공로를 배제하고 하나님이 기쁘신 뜻대로 선택하고 유기하셨다고 단언한다.

7.6.2.9. 예정은 확실함

토마스는 예정이 확실하지 않다는 주장에 대해서 하나님이 미리 아신 자들을 예정하셨다는 말씀으로 대응한다. 예정은 예지이며 하나님의 은택 (beneficia)을 마련함이다. 섭리의 무오한 질서가 많이 일어나듯 예정의 질서도 확실하다. 의지의 자유처럼 예정의 결과들도 확실하게 일어난다. 예정은 가장 확실하게 또 무오하게 그 결과를 따라온다. 예정은 필연성을 부과하지는 않는다. 그러나 그 결과는 필연성에서 나온다.

이와 같이 예정이 확정되었다고 자유의지가 제거되는 것이 아니다. 왜냐하면 의지의 자유에서 예정의 결과가 확실하게 일어나기 때문이다.

사물들에게서 우연성을 빼앗지 않는 하나님의 지식과 의지는 가장 확실하고 무오하며 합당하다고 해야 한다. 하나님은 예정하실 수도 있고 예정하지 않을 수도 있다. 이로써 예정의 확실성은 떨어지지 않는다고 토마스는 결론한다 (Summa Theologica, I, q23a6).

7.6.2.10. 예정된 자들의 수: 확정적

토마스는 아우구스티누스를 따라 예정된 자들의 수는 확정적이라고 단언한다. 그래서 그 수가 더해지거나 감해지는 것이 아니라고 한다. 만일 증감이 가능하다면 유기된 자들의 수도 확정적이 아니게 된다. 물론 하늘의 지복에 좌정할 선택자들의 수는 하나님에게만 알려져 있다 (Summa Theologica, I, q23a7).

이로써 토마스는 예정된 자들의 수도 변경이 없다고 하여 하나님의 주권성을 강조한다.

7.6.3. 칼빈의 가르침

칼빈 (John Calvin)은 선택 교리를 체계화하였다. 그러나 그가 선택 교리를 처음 제창하고 구성한 것은 아니다.

칼빈은 예정 교리를 시비 불가한 성경적 진리로 주장하고 전개한다. 성경에 근거해서 그렇게 하였다.

7.6.3.1. 자유의지로 공로 이룰 수 없음

칼빈은 선택 교리를 체계적으로 전개하기 전에 사람의 의지로 선행을 행하여 구원 얻을 수 없음을 길게 전개한다 (Institutio, II, 2). 인간이 선행을 행하므로 그것이 공로가 되어 구원에 이를 수 없다는 것이 칼빈의 가르침의 핵심이다.

7.6.3.2. 죄로 자유 박탈됨: 의 추구 못함

칼빈은 사람이 죄로 말미암아 자유를 박탈당하여 죄의 종이 되었다는 것을 강조한다. 그래서 의를 추구할 능력이 없다고 단정한다 (Institutio, II, 2, 1).

7.6.3.2.1. 자유의지 주창자: 이성의 지도를 받아 의지가 선행을 할 수 있다고 주장

자유의지를 강조하는 사람들은 자유의지로 의를 획득하고 공로를 이루어서 구원에 이를 수 있다고 주장한다. 이런 주장에 대항해서 칼빈이 반대논의를 편다.

자유의지 주창자들은 다음과 같이 주장한다. 오성 안에 이성이 있어서 사람의 의지를 지배한다. 이성이 사람의 행동에 최선의 지배 원리이어서 선하고 복된 삶을 살도록 하는 데 최선의 원리라는 것이다 (Institutio, II, 2, 2).

인간의 오성에 자리한 이성은 올바른 행동을 하는 데 충분한 안내자이다. 의지는 자유가 있어서 이성을 따르는 데 방해를 받을 것이 없다. 그래서 의지가 덕을 세울 수 있다. 이 면에 있어서 하나님에게 감사할 것이 없다고 주장한다 (Institutio, II, 2, 3).

7.6.3.2.2. 교부들도 의지의 자유 인정, 선행 가능성 주장

칼빈은 주장하기를 교부들은 이성이 죄로 심하게 상처를 입고 의지는 악한 욕망에 의해서 종이 되었음을 인정하지만, 철학자들의 조롱을 받을까 두려워하고 인간의 게으름에 의해서 선행에 무관심할까봐 의지의 자유를 인정하였다고 말하였다.

크리소스토모스도 하나님의 은혜가 아니면 바르게 행할 수 없다고 하면서도 자유의지의 능력을 칭찬하였다. 이성은 무흠하고 감각 부분에서만 부패되었다고 지적하였다. 오리게네스도 자유의지를 선악을 구분하는 능력으로, 또 선택하는 능력이라고 정의하였다. 안셀무스와 스콜라주의자들도 같은 견해를 취하였다.

칼빈은 교부들 중에서 아우구스티누스만 사람의 자유의지는 성령의 역사 없이는 자유가 아니라고 단언하였다고 제시한다. 왜냐하면 사람이 자유의지를 잘못 써서 자신과 의의 능력을 상실하였기 때문이라고 한다. 칼빈은 하나님의 은혜가 의지를 해방해야 자유하게 된다고 강하게 주창한다. 왜냐하면 의지는 죄에 매여 의가 없기 때문이다 (Institutio, II, 2, 8).

7.6.3.3. 초자연적 은사들 제거; 자연적 은사들 부패

칼빈은 자연적인 은사들은 부패되고 초자연적 은사들은 완전히 제거되었다고 단언한다 (Institutio, II, 2, 4. 12). 하나님을 사랑함과 의와 거룩이 완전히 제거되었으므로 영생의 소망을 가질 수 없다고 한다 (Institutio, II, 2, 12).

칼빈에 의하면 하나님을 아는 지식은 전적으로 성령의 사역이다. 성령이 내적 교사이기 때문이다. 성령의 조명을 받은 자에게만 천국의 길이 열린다 (Institutio, II, 2, 20).

7.6.3.4. 선의지와 선행은 전적으로 하나님의 은혜로만

칼빈은 가르치기를 영원한 지복으로의 열망은 다 갖지만 성령이 충동해야만 가질 수 있다고 하였다. 또 선은 하나님에게서 오고 우리의 악은 본성에서 나온 것이라고 하였다 (Institutio, II, 2, 27).

칼빈의 강한 강조는 사람은 자유로 죄에 이르렀는데, 죄에 대한 벌로 부패되었고 부패는 죄짓는 자유를 필연성으로 만들었다는 점이다. 곧 사람은 필연적으로 죄를 지으나 그것은 강제로 죄짓는 것을 뜻하지 않는다는 것이다. 그러므로 의지를 돌이키는 것은 하나님의 은혜의 역사일 뿐이라고 하였다 (Institutio, II, 3, 5. 6).

7.6.3.5. 믿음과 선행이 다 하나님의 은혜로

칼빈은 강조하기를 구원은 믿음으로 이루어지는데 믿음도 하나님으로부터 온다고 하였다. 선한 행위들에 대한 충동도 하나님으로부터 온다. 믿음은 하나님의 값없는 선물이다 (Institutio, II, 3, 6. 7). 따라서 하나님에게로 돌이킴도 새로운 영과 새로운 심장을 창조하심으로 이루어진다는 것을 강조하였다 (Institutio, II, 3, 8).

칼빈은 선행과 은혜에 관해서 다음과 같이 가르친다. 선행의 두 부분은 의지와 그것을 성취하려는 강한 노력인데 둘 다 하나님이 만드신다 (Institutio, II, 3, 9). 그러므로 단 하나의 선행이라도 하나님의 은혜를 떠나서 사람이 자신에게 돌릴 수 없다 (Institutio, II, 3, 12). 하나님의 은혜만이 사람의 심장에 선택과 의지를 형성한다 (Institutio, II, 3, 13). 이렇게 은혜만이 사람으로 선행을 가능하게 한다고 칼빈은 강조한다.

7.6.3.6. 본래의 자유의지는 남아 있지 않음

칼빈에 의하면 사람에게 자유의지는 남아 있지 않다. 은혜가 아니면 의지가 하나님에게로 돌이킬 수 없고 하나님 안에 거할 수도 없다. 의지는 오직 은혜로만 선행을 할 수 있다 (Institutio, II, 3, 14).

이 말은 자연적 시민선을 행할 수 있는 자유의지까지 없다는 말이 아니다. 시민선을 행할 수 있는 자유의지는 타락 후에도 남겨두시므로 인륜사회의 삶이 가능하게 하셨다.

7.6.4. 칼빈의 선택 교리

칼빈은 하나님이 영원한 선택 작정으로 어떤 사람들은 영생으로,

다른 사람들은 멸망으로 예정하셨다는 전제로 시작한다.

7.6.4.1. 예정: 구원과 멸망으로 작정임

칼빈은 선택에 있어서 행함은 전적으로 무관함을 강조한다. 곧 하나님의 명령에 의해서 어떤 사람들에게는 구원이 제공되고 다른 사람들은 구원의 접근에서 막혔다. 하나님의 자비에 의해서 구원이 어떤 사람들에게는 제공되고 다른 사람들에게는 거부되었다. 우리의 구원은 값없는 하나님의 자비의 샘에서 흘러넘쳐 나온 것이다. 하나님은 자신 안에서 작정하신 사람들을 선택하시고, 행함은 전적으로 무시하신다 (Institutio, III, 21, 1).

7.6.4.2. 예정 교리: 성경적 진리

그러면 이 선택 교리는 어디서 찾아야 하는가? 칼빈은 주의 말씀에서만 이 진리를 찾고 말씀의 범위를 넘어가면 결코 안 된다는 것을 강조한다 (Institutio, III, 21, 1).

예정 교리에 대해서 침묵하는 것이 좋을 것이라는 주장을 반박하여 침묵하면 안 되고 성경이 가는 곳까지 가야 할 것을 말한다. 하나님이 말씀하신 것이므로 그리스도인은 마음을 열어 하나님의 말씀에 귀를 기울여야 한다. 왜냐하면 성경이 성령의 학교이기 때문이다 (Institutio, III, 21, 3).

7.6.4.3. 예정 교리 부정 불가

칼빈은 바른 종교적 진리를 배우고자 하는 사람은 예정 교리를 부정하면 안 된다고 답하였다. 예정은 하나님이 어떤 사람들은 생명의 소망으로 취하시고 다른 사람들은 영원한 죽음으로 판정하심이다.

예정은 하나님이 각 사람에게 합당한 것을 작정하심이다. 어떤 사람들은 영생으로 예정되었고 다른 사람들에게는 영원한 정죄로 작정되었다 (Insttitutio, III, 21, 5).

7.6.4.4. 민족적 선택과 개인의 선택의 차이

칼빈은 하나님이 이스라엘을 민족으로는 선택하셨어도 개인들은 선택과 유기로 작정하셨다고 가르친다. 이스마엘의 후손, 에서의 후손 등은 교회에서 제외된 자들이다 (Institutio, III, 21, 6).

아브라함의 후손들 중에서 상당수가 썩은 지체들이어서 잘렸다. 그러나 그리스도의 지체들은 더 탁월한 은혜의 효력이 나타나서 하늘의 아버지가 그들을 머리로 불러 모으시고 해소할 수 없는 띠로 그들을 머리에다 매셨다. 그러므로 그들은 결코 잘려 나가지 않는다. 하나님이 영생의 언약을 맺으시고 백성들을 자신에게로 부르셨기 때문이다.

하나님이 예정하시어 택하신 백성의 표는 그들을 부르시고 또 그들을 의롭게 하심이다. 유기된 자들에게는 그런 표징이 전혀 나타나지 않는다 (Institutio, III, 21, 7).

7.6.4.5. 선택과 공로 예지는 무관함

칼빈은 하나님이 믿는 자들을 택하실 때 무조건적인 선택을 하셨다고 단언한다. 무조건적인 선택을 시비하는 사람들은 하나님이 각 사람이 이룩할 공로를 미리 보시고 사람들을 뽑으셨다고 주장한다. 그래서 그의 은혜에 합당한 자들을 아들들로 삼으시고 반면 악한 의도와 불경건한 성향을 가진 자들을 죽음으로 정죄하셨다고 제창한다.

그러나 이런 주장에 대항하여 칼빈은 강조하기를 하나님의 진리는 너무도 확실하므로 흔들릴 수 없고 너무나도 명료하므로 사람들의 권위에 의해서 압도될 수 없다고 하였다.

하나님은 자기의 결정으로 어떤 사람들을 선택하시고 어떤 사람들은 지나가신다. 하나님은 자기가 원하시는 사람들에게 주권적으로 은혜를 내리신다.

칼빈은 아우구스티누스의 가르침에서 주권적인 선택의 예를 가져온다. 그리스도는 아무것도 하기 전에 사람으로 수태되었어도, 천사들의 머리로 세워지고 독생하신 하나님의 아들이시고 아버지의 형상이고 영광이시며 세상의 빛과 의와 구원이 되셨다고 한다. 그러므로 무조건적 선택의 가장 밝은 거울은 그리스도이다.

각 사람이 그리스도 안에서 창세전에 선택되었으므로 (엡 1:4) 우리 편에서는 어떤 자격도 생각할 수 없다. 하늘 아버지는 그의 선택에 합당한 어떤 것도 아담의 후손들 중에서 만나실 수가 없었다. 그러므로 아버지는 눈을 그의 기름부음 받은 자에게로 향하셨다. 그 안에서 생명의 교제로 취해질 자들을 택하셨다. 우리는 그런 탁월성을 감당할 수 없어도 그리스도 안에서 영원한 상속으로 받아들여졌다 (Institutio, III, 22, 1).

창세전에 선택되었으므로 공로를 예지한 것은 전적으로 배제된다. 그리스도 안에서 선택되었으므로 사람의 외모와는 무관하다 (Institutio, III, 22, 2).

더구나 선택된 자들은 거룩하기 때문에 선택된 것이 아니라 거룩하게 되라고 선택되었다. 우리의 행함을 따라 선택된 것이 아니라 그의 뜻을 따라서 선택되었다. 그리하여 하나님의 은혜를 찬양하도록 선택되었으므로 전적으로 공로는 배제된다고 칼빈은 가르친다 (Institutio, III, 22, 3).

하나님은 우리의 구원의 입안자이시다. 그가 우리의 구원을 자기 자신 안에서 확정하셨다. 그러므로 구원결정을 위해서 하나님은 자신 밖으로 나가실 필요가 없었다. 곧 사람의 공로는 전적으로 선택과는 무관하다 (Institutio, III, 22, 6).

우리가 그리스도의 보호 아래 들어간 것은 전적으로 아버지의 선물이다. 값없이 주권적으로 선택되어 그리스도에게 접붙여졌으므로 그리스도는 접붙여진 자들이 멸망에 이르는 것을 결코 허락하지 않으신다 (Institutio, III, 22, 7).

칼빈은 믿음도 선택과 결합한다. 믿음은 하나님이 우리를 그의 사랑으로 택하셨다는 것을 보증하는 유일한 증표이다 (Inst. III, 22, 10). 그러면 유기도 사람의 행함에 근거한 것이 아니라 전적으로 하나님의 뜻에 따라 이루어졌다. 선택과 유기는 전적으로 하나님의 뜻에서만 구할 뿐이다 (Institutio, III, 22, 11).

이렇게 칼빈에게서 무조건적인 선택이 확실하게 정립되었다. 인간의 공로를 예지하시므로 사람들을 구원으로 선택했다는 주장이 설 자리가 없게 되었다.

7.6.4.6. 문제점: 죄와 무관하게 예정 교리 전개

예정 교리는 범죄 때문에 발생하였다. 범죄로 말미암아 모든 사람들이 다 하나님의 백성으로 돌아갈 수 없게 되었기 때문이다. 하나님은 범죄자들 중에서 선택하여 하나님의 백성으로 돌이키는 일을 하기로 하셨다. 택함 받지 못한 사람들은 그 범죄의 벌로 멸망과 죽음의 형벌을 받아야 한다. 그래야 범죄한 자들이 그 죗값대로 합당한 책임을 지게 된다. 범죄자들 중에서 하나님의 백성을 택정하셨기 때문에 그것은 전적으로 은혜이다.

칼빈은 예정 교리를 전개할 때 죄와의 관련은 전혀 고려하지 않고 하나님의 주권적인 작정만을 말한다. 하나님이 자신 안에서 자신과 약정하셔서 선택될 자들과 유기될 자들을 정하셨다고 제시한다.

그러나 범죄 때문에 하나님이 모든 죄인들 중에서 자기의 백성으로 삼을 자들을 택하시고 남은 자들은 유기하셨다고 전개해야 한다.

또 하나님의 주권적 작정을 강조해서 선택된 사람은 어떻든 구원된다고 전개한 것이 칼빈의 예정 교리의 문제점이다. 구원으로의 예정은 예수 그리스도의 복음을 믿어 구원되도록 예정했다고 이해해야 한다.

7.6.5. 종교개혁 신경들의 예정 교리 수납

종교개혁 신경들은 칼빈의 무조건적인 선택 교리를 이의 없이 받아들였다.

7.6.5.1. 하이델베르크 요리문답 (Heidelberger Katechismus, 1563)

하이델베르크 요리문답 52문은 다음과 같이 제시한다. "주님이 심판주로 다시 오시면 그의 원수들과 내 원수들을 영원한 정죄로 던지실 것이요, 나와 모든 택자들을 자신에게로 취하셔서 하늘의 기쁨과 영광으로 인도하신다."

택자들만이 구원에 이르고 유기된 자들은 영원한 형벌에 이르게 할 것임을 밝혔다.

하이델베르크 54문도 비슷한 내용을 제시한다. "하나님의 아들이 전 인류 종족 중에서 택하신 교회를 그의 영과 말씀으로 참된 믿음의 하나 됨에서 영생으로 인도하신다."

여기서도 택함 받은 교회를 영생으로 인도하시고 세상 시작부터 끝까지 자신에게로 모아 지키시고 보존하신다고 제시한다.

7.6.5.2. 영국교회의 39개조 (Articuli XXXIX Ecclesiae Anglicanae, 1562)

영국교회의 신앙고백서 17조에서 생명으로의 예정은 하나님의 영원한 목적이라고 밝힌다.

세상의 기초가 놓이기 전에 하나님이 비밀한 경륜으로 끊임없이 작정하셔서 인류 가운데서 그리스도 안에서 택하신 자들을 저주와 정죄에서 구출하시고, 그리스도에 의해 그들을 영원한 구원으로 인도하신다.

이렇게 선택된 자들이 부름 받고 의롭다 함을 얻으며 하나님의 아들들로 입양되며 독생하신 아들 예수 그리스도의 형상이 된다. 그리고 선한 행동을 하다가 마침내 영원한 복락에 이른다.

창세전에 하나님이 영생에 이를 사람들을 예정하시고 때가 되매 그들을 부르시어 의롭다 하시고 영원한 생명에 이르게 하신다고 단언한다.

7.6.5.3. 제 2 스위스 신앙고백서 (Confessio Helvetica Posterior, 1566)

제 2 스위스 신앙고백서는 10장에서 '하나님의 예정과 성도들의 선택'이란 제목으로 선택 교리를 개진한다.

1 항: 하나님은 영원부터 값없이 또 순전하게 그의 은혜로 어떤 사람의 형편도 참작하지 않고 (nullo hominum respectu) 성도들을 예정하시고 택하셨다. 하나님은 그리스도 안에서 그들로 구원받게 하시기를 원하신다.

2 항: 그러므로 수단 곧 우리의 공로 때문이 아니고 그리스도 안에서 그리스도 때문에 하나님이 우리를 택하사 믿음으로 그리스도에게 접붙여진 자들이 선택된 자들이다. 그리스도 밖에 있는 자들은 유기된 자들이다.

3 항: 택함 받은 자들은 그리스도 안에서 하나님으로 말미암아 확실한 목적으로 거룩하게 된 자들이다.

4 항: 하나님은 누가 자기의 것인지를 알리셨고 선택자들이 적은 숫자임을 언급했어도, 모든 사람들에게 바랄 것은 유기된 자들의

수에 누구를 더해야 한다고 함부로 말하면 안 될 것이다.

5항: 주께 묻기를 "구원 얻을 자가 적겠습니까?" 라고 할 때 주는 대답하지 않으시고 "구원 얻을 자들이 적거나 많거나 간에 혹은 멸망 받을 자들이 그러하든지 간에 누구든지 좁은 문으로 들어가기를 힘쓰라"고 권고하셨다.

이 항들에서 개진한 것은 하나님이 창세전에 모든 인류 중에서 은혜로 어떤 사람들을 예정하시고, 그리스도 안에서 택정하셔서 믿음으로 그에게 접붙여지게 하셨다. 그들만이 구원받은 자들이다. 그리스도 밖에 있는 사람들은 버림받은 자들이다.

그리고 누가 택함 받은 자이냐, 버림받은 자이냐 혹은 이런 사람은 버림받은 자들의 수에 더해야 한다고 하는 말은 하지 말아야 한다는 것을 강조한다.

7.6.5.4. 제 1 스코틀랜드 신앙고백서 (Confessio Fidei Scoticana I, 1560)

스코틀랜드 신앙고백서 1장 8조는 하나님의 선택에 대해서 말한다.

영원하신 하나님 아버지가 그의 순전한 은혜로 우리를 그리스도 예수 그의 아들 안에서 창세전에 택하셨다. 그리고 그를 우리의 머리로, 우리의 형제로, 목자로 우리 영혼의 큰 제사장으로 세우셨다.

우리 죄와 하나님의 공의 사이에 적대감이 심하여 어떤 육체도 하나님에게 나아갈 수 없으므로 아들 하나님이 우리에게로 내려오셔서 우리 몸에서 몸을, 우리 살에서 살을, 우리 뼈들 중에서 뼈를 취하셔서 하나님과 사람 사이에 합당한 중보자가 되셔야 했다. 그는 자기를 믿는 자들에게 하나님의 아들들이 되는 권세를 주셨다.

하나님이 세상 창조 전에 그리스도 안에서 그의 순전한 은혜로 우리를 택하셨음을 제시한다. 그리고 그리스도를 우리의 머리로 형제로 대제사장으로 세우셨음을 강조한다. 우리가 하나님께로 나아갈 수 없으므로 그리스도가 우리에게 오셔서 우리의 중보자로서 우리를 죄와 죽음에서 구원하셨다는 것을 강조한다.

7.6.5.5. 프랑스 신앙고백서 (Confessio Fidei Gallicana, 1559)

12조는 타락과 정죄에서 하나님이 값없는 은혜로 택하심을 말한다.

모든 사람들이 떨어진 부패와 보편적인 정죄에서 그의 영원하고 불변한 경륜을 따라, 하나님이 우리 주 예수 그리스도 안에서 그의 선하심과 자비로 택하신 자들을 그들의 행함을 고려하지 않고 불러서 그들 안에서 그의 자비의 풍성함을 나타내려고 하셨다.

나머지는 동일한 부패와 정죄에 남겨두심으로 그의 공의를 보이기로 하셨다.

어떤 사람이라도 다른 사람들보다 낫지 않다. 하나님이 창세전에 예수 그리스도 안에서 그가 작정하신 불변한 뜻에 따라 그들을 구별하셔야 그 차이를 알 수 있다.

어떤 사람도 자신의 덕으로는 그런 상급을 얻을 수 없다. 우리는 본성으로는 단 하나의 선한 느낌, 선한 애정이나 선한 생각을 가질 수 없다. 하나님이 먼저 그런 것을 우리의 마음에 넣으셔야 한다.

사람의 행함으로는 결코 이런 상급을 받을 수 없음을 강조한다.

7.6.5.6. 네덜란드 신앙고백서 (Confessio Belgica, 1561)

네덜란드 신앙고백서 15조는 '영원한 선택'이란 제목으로 선택을 전개한다.

아담의 모든 후손은 우리의 첫 부모의 죄로 파멸과 죽음으로 떨어졌는데, 하나님은 자신을 자비롭고 공의로운 분으로 제시하셨다.

하나님이 자비로우신 것은 그의 영원하고 불변한 경륜에서 그의 순전한 선하심에 의해서 그리스도 예수 우리 주 안에서 택하신 모든 자들을 그들의 행함은 보시지 않고 멸망에서 구출하고 보존하시기 때문이다.

그가 공의로우신 것은 그들이 스스로 얽힌 타락과 멸망에 그대로 내버려두시기 때문이다.

아담의 범죄로 인류가 다 죽게 되었는데 하나님이 그의 영원하고 불변한 경륜에서 일부 사람들을 순전한 은혜로 택하시고 구원하시지만, 일부는 그들의 타락과 범죄에 남겨두셨다는 진리를 강조한다.

7.6.5.7. 돌트 신경 (Canones Synodi Dordrechtanae, 1619)

신경 1장 11조는 하나님과 그의 구원 작정에 대해서 제시한다.

하나님 자신은 가장 지혜로우시고 불변하시며 모든 것을 아시며 전능하시다. 그리하여 선택이 하나님 자신에 의해서 만들어졌으므로 중단되거나 변화되거나 취소되거나 깨어짐도 없으며 선택자들이 버려지지도 않고 택한 사람들의 수가 줄어들 수도 없다.

이 신경에 의하면 선택은 변경되거나 해소될 수도 없으며 선택된 자들의 수도 변동되지 않는다.

1장 12조는 영원불변한 선택에 대해서 진술한다.

하나님의 구원으로의 영원불변한 선택 때문에 택함 받은 자는 그의 삶에서 여러 가지 단계를 거치지만 그의 구원은 확실하다.

그러나 하나님의 오묘하고 깊은 것들을 호기심으로 탐색하면 안 된다고 경고한다.

7.6.5.8. 웨스트민스터 신앙고백서
(Confessio Fidei Westmonasteriensis, 1647)

웨스트민스터 신앙고백서 3장 1조는 하나님의 영원한 작정에 대해서 말한다.

하나님은 영원부터 그의 의지의 가장 지혜롭고 거룩한 경륜에 의해서 아무 조건도 없이 불변하게 앞으로 일어날 일들을 작정하셨다. 그렇지만 하나님은 죄의 원인자가 아니시다. 또 그로써 피조물들의 의지에 폭력이 가해지는 것도 아니다. 또 이차적 원인들의 자유나 우발적임이 제거되는 것도 아니고 오히려 굳게 세워진다.

3장 3조는 영생과 영원한 죽음으로 예정을 말한다.

하나님의 영광을 현시하기 위해 하나님의 작정에 의해서 어떤 사람들과 천사들은 영원한 생명으로 예정되었고 다른 사람들과 천사들은 영원한 죽음으로 예정되었다.

3장 4조는 예정의 불변성과 그 수의 증감이 없음을 강조한다.

천사들과 사람들이 이처럼 예정되고 미리 정해질 때 특별하고 불변하게 계획되었다. 그리고 그 수는 확실하고 확정적이어서 증가나

감소가 불가능하다.

3장 5조는 무조건적인 예정을 전개한다.

생명으로 예정된 사람들을 창세전에 그의 영원하고 불변한 목적과 비밀한 경륜과 선하신 뜻을 따라 하나님이 그리스도 안에서 순전한 은혜와 사랑으로 선택하셔서 영원한 영광에 이르게 하셨다. 그러나 믿음이나 선한 행위들 또는 인내나 다른 어떤 것을 미리 보심 없이 선택하시되 그의 영광스런 은혜를 찬송하게 하셨다.

이렇게 종교개혁교회들이 하나님의 예정과 무조건적인 선택을 그들의 신경에 받아들임으로써 이 조항들이 종교개혁교회의 교리가 되었다.

제7절 하나님의 합리적 인격적 존재들을 다루시는 방식을 예정으로 오해함

하나님은 모든 일을 하실 때 미리 작정하시고 계획하신다. 따라서 하나님은 많은 작정들을 세우셨다. 하나님은 사전계획을 세우셔서 일하신다.

하나님은 특별히 합리적 인격적 존재들을 창조하셔서 자기의 백성으로 삼기로 하셨다. 이 일을 위해서 특별히 자신과 의논하셨다 (창 1:26-27). 따라서 백성을 삼으시기 위해서 의논하심을 경륜이라고 이름한다.

하나님이 인격적인 존재들을 창조하신 후 백성으로 삼으시기 위해

언약을 체결하셨다. 그 후에 언약백성이 유혹을 받아 범죄하여 반역하므로 이 문제도 하나님의 작정으로 이루어진 것이냐, 인간의 자유의지로 이루어진 것이냐는 논의와 의문이 교회에 늘 제기되었다.

범죄와 같은 큰 일이 하나님의 작정과 무관하게 이루어졌다고 할 수 있느냐는 논의가 제기되었다. 인류 역사의 초기에 일어난 큰 일이 하나님의 작정과 무관하게 일어났다면 하나님은 역사의 방관자가 되신다고 여겨 타락을 하나님의 작정에 넣었다. 곧 하나님의 예정과 무관하게 그런 일이 일어날 수 없다는 주장이다.

이 예정 교리에 대한 반대주장으로 인류의 범죄를 예정에 넣으면 하나님을 죄의 원인으로 죄의 장본인으로 만든다는 신정론(神正論)이 제기되었다. 그래서 타락을 예정에 넣으면서도 하나님은 죄의 원인도 아니시고 죄의 시발자도 아니라고 변호해왔다.

첫 인류의 범죄를 하나님의 예정에 넣고서도 하나님이 죄의 장본인이 아니라는 변증을 성립시킬 수 있는가?

또 예정을 반대하는 신학자들은 하나님의 주권적 작정보다 인간의 자유의지를 더 강조하게 되었다. 자유의지의 결정권을 강조하는 신학자들은 하나님을 역사의 방관자로 만들고 무능한 하나님으로 만들므로 하나님을 하나님 되지 못하게 하였다. 하나님이 모든 일을 작정하고 계획하고 일을 이루셨어도 최종결정과 판정은 인간의 의지가 내리기 때문이다. 하나님은 모든 일을 이루셨어도 인간의지의 결정을 기다려야 한다고 예정 반대자들은 주장한다.

첫 범죄를 예정에 포함시키는 것은 성경 전체의 가르침에 배치된다. 하나님은 죄를 그렇게도 미워하고 혐오하시는데 어떻게 죄를 하나님의 예정에 넣을 수 있는가? 인류의 범죄를 하나님이 작정하셨다고 하거나 경륜에 넣으셨다고 할 수 없다.

자유의지 주장자들도 일방적이어서 성경의 가르침에 합치하지 못한다. 이런 자들은 하나님이 인격적인 존재들을 다루시는 방식을 알지 못하고 있다. 이런 주장은 하나님을 무능하고 의존적인 존재로 만들고 인간의 자유의지의 결정에 전적으로 매이게 한다. 또 사람의 처분만 기다리는 존재로 만든다.

하나님이 합리적 인격적 존재를 다루시는 방식을 알면 예정론의 문제를 쉽게 해결할 수 있다. 하나님이 모든 일을 작정하셔서 일하시지만 인류의 범죄를 예정하시고 모든 일이 진행되게 하셨다고 단정할 수 없다. 죄를 미워하시고 싫어하시는 하나님이 자기의 작정으로 범죄를 예정하셨다고 단언할 수 없다. 하나님이 범죄를 예정하셨다는 것은 성경에 전혀 제시되지 않았다.

하나님이 인격적인 존재를 다루시는 방식은 그들의 인격적인 결정을 존중하시는 것이다. 하나님이 합리적 피조물을 인격체로 창조하셨으므로 그 피조물을 인격적으로 대하신다. 곧 하나님은 인격체의 결정과 행동을 존중하신다. 그릇된 결정과 행동이라도 막지 않으신다. 그들의 인격적인 결정과 행동을 용납하신다. 그것은 인격체의 자유로운 결정이기 때문이다.

이 하나님의 다룸의 방식을 인지하지 못하였기 때문에 하나님이 막지 않으신 것을 예정으로 이해하게 되었다. 하나님이 예정하셨기 때문에 그런 일이 일어났다고 믿은 것이다.

하나님은 피조 인격체들에게 자유의지를 주셨다. 그 자유의지는 하나님의 법과 계명에 어긋나게 사용하라는 것이 아니다. 전적으로 하나님의 선한 결정과 계명에 따라서 살도록 정하셨다.

그러나 피조 인격체가 자기의 인격적 결정으로 행동하면 그것이 하나님의 계명과 법에 어긋나도 하나님은 막지 않으신다. 인격체가 인격적 결정을 했기 때문에 하나님은 그 결정을 금하지 않으신다.

예정론자나 자유의지론자나 하나님이 인격적 존재들을 다루시는 방식을 전혀 이해하지 못하였고 고려하지도 못하였다. 막지 않으신 것을 하나님의 예정으로만 간주하였다. 하나님이 예정하셨기 때문에 일이 일어나도록 내버려두신 것으로 오해하였다.

신학할 때 하나님이 피조 인격체들을 다루시는 방식을 마음에 두어야 한다.

제8장

하나님이 만물을 창조하심

(creatio Dei)

Trinitas et Illius Opera
Trinitas et Illius Opera
Trinitas et Illius Opera

    성경과 그리스도교는 하나님의 창조로 시작하고 (창 1:1) 창조의 완성으로 마친다 (계 21:3-22:5).
    하나님은 그의 무한한 지혜와 권능으로 창조 작정대로 만물을 무에서 불러내어 자기 밖에 두셨다. 하늘과 땅의 만물을 무에서 창조하신 것은 그의 창조경륜을 성취하시기 위해서이다.
    만물 가운데 하나님을 찬양하고 경배하는 백성을 두기로 하신 것이 하나님의 창조경륜이다. 이 경륜을 이루기 위해서 하나님은 창조를 이루시고 만물을 운행하신다.
    창조는 하나님의 밖으로의 첫 사역이고 가장 큰 사역이다. 하나님은 만물을 창조하심으로 자기를 계시하셨다. 따라서 창조가 하나님의 첫 계시이다. 하나님은 온 세계를 창조하심으로 자신이 무한하고 전능한 신적 존재자이심을 드러내셨다.

제1절 단번에 완결된 창조

8.1.1. 순간 완결된 창조

무한한 지혜와 권능을 가지신 하나님은 무에서 만물을 불러내어 자기 앞에 세우셨다. 따라서 창조는 하나님이 그의 작정대로 무에서 만물을 불러내어 무에다 배열하심이라고 정의된다.

하나님은 말씀하심으로 무에서 만물을 순간에 창조하셨다. 그는 말씀에 무한한 권능을 동반시키셔서 만물을 그의 작정대로 단번에 창조하셨다. 그러므로 이 창조는 수고 없는 창조이다.

영원한 작정과 계획대로 하나님이 무한한 지혜와 권능으로 만물을 순간에 창조하신 것은 창조주에 합당한 창조사역이다.

창조주는 무한한 지혜와 권능을 가지셨으므로 그의 작정대로 만물을 창조하실 때 많은 시간을 필요로 하지 않으신다. 하나님이 성질과 법칙을 만물에 넣어 창조하셨다. 그러므로 그냥 명령하시므로 만물이 생겨났다.

창조주가 하늘과 땅과 그 가운데 만물을 창조하실 때 그의 작정과 계획대로 만드시므로 아무런 방해나 거슬림 없이 그의 창조사역을 집행하셨다.

하나님은 무한한 지혜와 권능의 영이시므로 만물들은 다 그의 지혜와 권능의 결정체이다. 그러나 무한한 지혜와 권능이 창조된 사물들에 반사되어 있지만 다 표현되고 담길 수는 없었다.

하나님의 무한한 신성과 생명과 지혜와 권능은 피조물이 도저히 헤아려볼 수 없다. 왜냐하면 그의 지혜와 권능이 다 표현되고 드러날 수 없기 때문이다. 하나님의 지혜와 권능은 무한한 깊이를 갖기 때문이다 (롬 11:33).

모든 창조가 다 하나님의 지혜와 권능과 생명의 반사이지만 그의 지혜와 권능과 생명이 너무도 깊고 신비스러워서 창조 후에도 이전처럼 충만하고 동일하다. 창조주 하나님의 지혜와 권능과 생명은 창조 작업으로 다 소모되거나 소진될 수 없는 성질이다. 그래서 하나님은 처음처럼 동일한 충만으로 계신다.

하나님이 각 사물을 창조하셨으므로 모든 창조물들이 다 동등한 가치와 자리를 갖게 되었다. 영적 창조물들이나 물리적 창조물들이나 다 동일한 창조주에 의해서 동시에 창조되었으므로 고유한 자기 가치와 권리를 갖는다. 그래서 각각 자기의 소임을 다 한다.

하나님은 그의 작정대로 만물을 창조하셨으므로 모든 만물이 선하다 (창 1:4, 10, 12, 18, 21, 25, 31). 영적 창조나 물리적인 창조나 다 선하고 아름답다. 물질도 선하다. 영도 선하다. 악한 것은 아무것도 없다. 하나님의 창조는 선함뿐이다. 선하신 하나님이 창조하셨으므로 창조는 전부 선하고 아름다움뿐이었다.

처음부터 창조주는 완결된 구체적인 사물들을 만드셨다.

8.1.2. 플라톤의 창조론: 영원한 물질에서 현상으로 조성

창조주가 처음에는 원시물질을 창조하시고 그 다음 정비하셨다고 하는 주장은 플라톤 (Platon, BC 428/27-348/347)의 창조론을 그리스도교식으로 각색한 것이다.

플라톤은 티마이오스 (Timaios)편에서 창조론을 전개하였다. 영원부터 있었던 형체 없는 물질을 데미우르고스 (Demiourgos)라는 신이 이데아를 모본으로 하여 현 상태로 조성하였다. 사물들이 형체를 가지기 시작했으므로 이것을 창조라고 하였다. 이 영원물질설과 현상으로 조성한 창조론이 변증가들과 오리게네스에게 영향을 많이 끼쳤다.

두 단계 창조 곧 먼저 원시물질을 창조하고 그것을 현상으로 조성하는 정비의 두 단계로 창조가 이루어졌다는 가르침은 플라톤의 창조론을 변형한 것뿐이다. 이런 창조는 전능하신 창조주의 창조가 아니다.

8.1.3. 아우구스티누스의 두 단계 창조론

아우구스티누스 (Augustinus)도 플라톤의 창조론의 영향을 입어 두 단계 창조론을 제시한다.

그는 창조주가 단번에 만물을 현재의 완결된 대로 창조하신 것이 아니고 무형적인 질료에서 아름다운 세상을 창조하셨다고 하여 무형적인 원시물질에서 현재 세상을 창조하셨음을 말한다 (Confessiones, XII, 3.4). 물론 이 가르침을 제시할 때 하나님이 무에서 만물을 창조하셨음도 강조한다 (Confessiones, XII, 7). 그러나 처음부터 완결된 사물들을 창조하신 것이 아니고 두 단계로 창조하셨음을 반복한다.

아우구스티누스는 하나님이 무형적 질료에서 이 세상을 만드셨는데, 무형적 질료를 무에서 창조하셨다고 주장한다. 하나님이 땅을 만드셨는데 그것은 무형적 질료였다. 이 질료에 가시적인 모양을 주어 땅과 하늘을 만드시고 변화 가능성이 있는 세계를 구성하셨다 (Confessiones, XII, 8. 12. 13. 17. 19. 25)고 말한다. 하나님은 말씀으로 물질적 창조계의 무형적 질료를 만드셨고 이 질료 안에서 하늘과 땅이 아직 구분되지 않은 채로 있었다는 것이다. 물질적 실체가 아직은 질서와 빛이 없는 물리적 사물들의 무형적 질료였다고 한다 (Confessiones, XII, 20. 21). 그러면 하늘과 땅도 무형적인 것이었다고 이해해야 한다는 것이다 (Confessiones, XII, 24).

좀 이해하기 어려운 표현이 또 아우구스티누스에게 나타난다. 곧 주님 자신으로부터가 아니라, 주님과 전혀 닮지 아니한 무로부터 만물의 형상을 주님의 모양으로 만들었다고 하는 주장이다 (Confessiones, XII, 28). 만물을 만든 재료인 질료가 그것으로부터 만들어진 것보다 선행한다고 하므로 먼저 무형의 질료를 만들고 그 다음에 형상이 있는 사물이 만들어졌다는 것을 반복적으로 제시한다 (Confessiones, XII, 29). 아우구스티누스는 무형적 영적 실체가 형상을 받은 물질적 실체보다 우수하다고 하여 존재 동참의 도에 따라 위치가 정해지는 위계질서를 도입하고 있다 (Confessiones, XIII, 2).

아우구스티누스의 가르침의 영향을 받아 후기 세대들이 두 단계 창조를 말한다. 원시물질을 먼저 만들고 그 다음 유형적 사물들을 만들었다는 것을 바른 창조질서로 말하고 있다.

그러나 성경은 아우구스티누스의 견해를 지지하지 않는다.

8.1.4. 단번의 완성된 창조

전능하신 창조주는 만물을 단번에 창조하시되 처음부터 확실한 형체와 법칙을 가진 사물들로 만드셨다. 창조주 하나님은 만물을 그의 작정과 계획을 따라 처음부터 완전하게 창조하셨다.

하늘의 별들과 은하계들과 하늘의 천군천사들은 창조주간 첫날 첫 순간에 다 창조되었다. 단지 지구상의 생물들을 창조하심과 태양계의 정립은 창조주간 6일 동안에 이루어졌다.

창조주 하나님이 우주 만물을 창조하실 때 삼위가 동역하셨으므로 보편과 특수개물들을 함께 창조하셨다. 한 하나님이 완전한 존재이시면서도 세 위격으로 계시기 때문에 이렇게 창조의 표준과 개별 사물들을 함께 창조하셨다.

제2절 전능한 창조주

창조주는 무한한 지혜와 권능과 생명과 신성을 가지셨다. 그럼에도 창조를 작정하시고 창조계획을 정하셨다.

하나님은 절대적 인격이시므로 자기의 하실 모든 일을 단번에 완전하게 작정하셨다. 창조를 집행하시기 전에 창조주는 그의 무한한 지혜와 의지로 하실 일을 단번에 완전하게 계획하셨다. 이 계획대로 하나님은 만물을 무에서 불러내셨다. 그의 작정과 계획이 영원하고 완전하므로 그 작정대로 명령하시니 만물이 생겨났다.

하나님의 창조 작정이 창조의 근본이고 시작이다. 하나님의 작정에서 창조가 나온다. 하나님은 무한한 생명력과 지혜로 창조 작정을 세우셨으므로 만물들이 바로 세워졌다.

하나님의 창조 작정은 영원하고 무한한 작정이다. 또 그는 창조를 이루신 후에 그것을 지키고 다스리신다. 그리하여 하나님의 지혜와 권능에 찬송이 되게 하셨다.

하나님은 작정대로 창조 집행을 하셨다.

8.2.1. 창조를 작정하신 창조주: 아버지 하나님

하나님은 그의 무한한 지혜와 완전한 의지로 창조를 작정하시고 계획하셨다. 창조주는 광대무변한 세계를 창조하기로 정하셨다.

어떤 피조물도 도저히 하나님의 지혜와 의지의 작정을 헤아릴 수 없고 잴 수도 없다 (롬 11:33). 그의 지혜가 무한하므로 피조물이 그의 지혜를 퍼낸다고 하여도 도저히 다 퍼낼 수가 없다. 무한히 솟아나는 샘이므로 하나님의 지혜의 깊이를 도저히 헤아릴 수 없다.

하나님은 무한한 지혜와 권능과 그의 의지의 선함을 따라 창조 작정을 하셨다. 하늘의 별들과 별자리들도 작정하셨다. 모든 별들 속에 작용할 성질과 법칙도 정하셨다. 그리하여 그 본성을 유지하고 자기의 소임을 다하도록 하셨다.

땅 위의 만물 곧 가장 작은 사물에서부터 가장 큰 사물까지 작은 세포까지도 무한한 지혜와 권능으로 작정하셨다. 작은 원자와 전자 등 물질의 마지막 단계까지도 작정하시고 계획하셨다. 창조물들을 미리 정하심과 창조 시에 나타내신 것은 같은 지혜와 권능의 발현이다. 곧 실제 창조와 동등한 사역이다.

이제 완벽한 창조계획이 말씀만 하시면 실재가 되도록 작정되었다. 그러므로 창조계획이 실재 창조가 되는 것은 필연적인 단계이다.

하나님이 만물을 창조하셔서 영광을 드러내기로 정하셨을 때 삼위가 함께 일하셨다. 삼위일체 하나님의 첫 위격이신 아버지 하나님은 신성의 원천 (fons Deitatis)이시고 아들과 성령의 위격적 기원 (origo Personarum)이시다. 그러므로 창조계획도 아버지 하나님의 작정으로 이해된다.

창조 작정을 밖으로 구현하는 일은 아들 하나님이 맡으셨다. 아버지의 신성이 아들 하나님의 존재이고 실체이므로, 하나님의 작정과 계획을 구현하여 실재가 되게 하는 일은 아들 하나님의 몫이 되는 것이 당연하고 합당하다.

8.2.2. 창조계획을 구현하신 창조주: 아들 하나님

하나님 아버지가 작정하신 창조 작정을 구현하여 만물을 존재로 불러내는 일은 아들 하나님이 하셨다. 아버지와 아들의 신성이 동일하므로 아버지의 작정을 아들이 수행함이 당연하다. 성경적인 말로 바꾸면 아버지는 아들로 말미암아 만물을 창조하셨다 (요 1:3, 10; 고전 8:6; 골 1:16-17; 히 1:2).

아들 하나님이 합당하게 창조주이시다. 그가 아버지의 창조 작정대로 만물을 무에서 불러내셨기 때문이다. 그러나 아들이 만물을 하나님의 작정을 따라 창조하셨으므로 통상 창조 중보자로 인식되고 불린다 (요 1:3, 10; 고전 8:6; 골 1:16-17; 히 1:2).

창조주는 수고 없이 만물을 창조하셨다. 창조주는 그의 창조말씀에 무한한 힘을 동반시키므로 작정대로 만물을 무에서 순간에 창조하셨다. 창조계획이 영원하므로 말씀만 하셔서 만물이 작정대로 다 존재하게 되었다 (창 1:1-5).

이렇게 하나님의 창조 작정대로 만물을 무에서 불러내는 것이 전능한 창조이고 순간에 이루어진 창조이다. 창조계획이 세워졌으므로 그 작정대로 만물을 무에서 불러내시는 것은 쉬운 일이다. 그러므로 창조주는 만물을 창조주간 첫날 첫 순간에 다 창조하셨다 (창 1:1). 창조주의 창조방식은 무에서 말씀으로 만물을 불러내심이다.

하늘을 창조하실 때 하나님은 천체와 영적 세계를 동시에 창조하셨다. 창조주는 두 세계를 아버지의 작정대로 창조하셨다. 첫날 첫 창조 시에 영적 존재들을 창조하셔서 하나님을 섬기는 존재들로 세우셨다. 그리고 창조주는 그들의 주가 되셨다 (골 1:16).

두 세계는 다 하나님의 선한 창조이다. 악은 영적 세계에서 일어났다. 영적 존재들은 인격체이므로 인격적인 결정으로 하나님을 반역하였다. 이로써 창조세계에 악이 들어왔다.

본래 하나님의 창조세계는 다 선하고 아름답다. 영적 세계나 물리적인 세계나 다 동일하게 하나님의 선하심을 나타내기 위해서 창조되었기 때문이다.

하나님은 처음부터 자기의 선하심을 따라 선한 창조를 이루셨다. 선한 창조라고 말하는 것은 하나님의 계획과 작정대로 이루어졌기 때문이다. 따라서 모든 창조는 선하고 아름답다.

더구나 영적 세계는 인격체들로 구성되었으므로 더욱 아름답고 탁월하다. 창조세계는 기이하고 경탄스러울 뿐이다. 이렇게 영적 세계를 인격체들로 지으심은 끊임없이 창조주를 찬양하고 경배하도록 하기 위해서이다.

이 아름답고 광대무변한 창조세계에 창조주 하나님을 찬양하고 경배하는 일이 없다는 것은 생각할 수도 없는 일이다. 물리적 세계의 존재들도 다 창조주 하나님을 찬양하지만, 영적 세계는 이 일을 항속적으로 수행할 것이다.

창조와 섭리의 목표는 온 창조세계가 온전히 창조주 하나님을 찬양하고 경배하는 것이다.

8.2.3. 아들 하나님의 창조 중보직에 관한 교부들의 가르침

교부들은 하나님의 존재가 삼위일체이심을 분명하게 밝혔다. 그리고 삼위 하나님의 사역도 제시하였다.

교부들은 삼위 하나님의 사역의 방식에 따라 아들 하나님이 실제 창조주이심을 인지하였다. 그리고 아버지 하나님의 계획을 따라 아들 하나님이 실제 창조를 이루셨으므로 아들을 창조 중보자로 제시하였다.

초기 변증가들은 로고스 하나님이 실제 창조주이심을 강조하였다.

8.2.3.1. 바나바스 (Barnabas, 100AD)

바나바스 서신의 저자인 바나바스는 창조 시에 하나님이 "우리의 형상으로 사람을 만들자"고 의논하실 때, 그 상대는 아들이라고 (Barnabas, 5. 6. 15) 말하여 아들이 창조에 개입하였음을 암시하였다.

8.2.3.2. 이그나치오스 (Ignatios, 30-107AD)

이그나치오스는 하나님의 아들이 만인의 조성자라고 단언하였다 (Epistula Ignatii ad Trallianos, 10). 이어서 창조가 하나님의 일이지만 그리스도에 의해서 이루어진 일이 아니라고 하는 주장을 이단으로 규정하였다 (Trall. 6). 곧 하나님이 천지를 창조하셨어도 아들에 의해서 만물을 만드셨음을 강조한다 (Epistula Ignatii ad Philadelphianos, 9).

이그나치오스는 아들이 창조 중보자이심을 알고 있었다.

8.2.3.3. 유스티노스 (Ioustinos, 110-165AD)

유스티노스는 플라톤의 철학을 따라 하나님이 영원물질로 현 세계를 창조하였다고 주장하였다. 그러나 하나님이 로고스로 세상을 고안하여 만들었다고도 주장하였다 (1 Apologia, 64). 또 하나님이 만물을 로고스 곧 그리스도로 통치하신다고 제시하였다 (2 Apologia, 6).

이렇게 유스티노스는 로고스 곧 아들이 만물 창조의 대행자였음을 가르쳤다.

8.2.3.4. 타치아노스 (Tatianos, 110-172)

타치아노스는 하나님에게서 출생한 로고스가 스스로 물질을 창조해서 그 후 세상을 출산했다고 말한다. 만물의 조성자가 물질을 생산하였다는 것을 강조한다 (Oratio, 5).

그는 물질만 로고스가 창조한 것이 아니라 사람과 천사도 로고스가 창조하였으되 자유의지를 갖는 존재로 창조하셨다는 것을 강하게 제시하였다 (Oratio, 7).

타치아노스는 원시 물질설을 강하게 배척하면서 물질과 천사와 사람도 다 로고스가 창조하셨음을 강조하였다.

8.2.3.5. 안디옥의 떼오필로스 (Theophilos of Antiochos, 115–181/186)

떼오필로스는 하나님이 천지를 창조하실 때 자신의 말씀과 지혜로 만물을 만드셨다고 가르친다. 하늘들이 하나님의 말씀으로 만들어지고 그의 지혜로 땅의 기초를 놓으셨다 (Ad Autolycum, II, 4). 곧 하나님은 만물 창조에 있어서 로고스를 자기의 조력자로 가지셔서 하늘과 땅을 그를 통해서 창조하셨다고 하였다 (Ad Autolycum, II, 10).

떼오필로스는 하나님이 무에서 만물을 창조하시되 로고스로 창조하셨음을 강조하여 아들이 창조 중보자이심을 밝히고 있다.

8.2.3.6. 아떼나고라스 (Athenagoras, fl. 177–180)

아떼나고라스는 하나님이 자기 자신에게서 나온 로고스로 만물을 창조하셨다고 제시한다 (Supplicatio pro Christianis, 4; 5; 8; 13; 14; 23; 25; 27). 그는 하나님이 로고스로 만물을 창조하셨다는 것을 반복적으로 강조한다 (Supplicatio, 6; 10).

이처럼 아떼나고라스는 로고스 곧 하나님의 아들이 창조 중보자임을 잘 알고 있었다.

8.2.3.7. 에레나이오스 (Eirenaios, 120-202)

성경 완성 후에 나타난 첫 신학자인 에레나이오스는 신앙의 규범을 신학의 기초로 삼아서 신학하였다. 그는 전능하신 하나님이 그의 말씀 곧 로고스로 만물을 만드시고, 존재하지 않는 것에서 존재하는 모든 것을 형성하셨다고 가르친다 (Adversus Haereticos, I, 9, 2).

에레나이오스는 또 하나님이 그의 말씀으로 만물을 창조하시고 천사들의 도움을 전혀 필요로 하지 않았다는 것을 거듭 강조한다. 하나님은 탁월하시므로 그의 로고스에 의해서만 만물을 조성하셨고 로고스만 필요로 하셨다. 이렇게 로고스로 세계를 창조하신 이가 우리 주 예수 그리스도의 아버지이시고 그만이 유일한 하나님이시다 (AH, I, 2, 4; III, 24, 2).

에레나이오스는 또 로고스가 하나님의 아들이신데 이 로고스가 하나님의 말씀이고 지성이라는 것을 강조하였다. 이 로고스를 통하여 아버지가 만물을 만드셨다 (AH, I, 22, 1; II, 2, 4; II, 2, 5; II, 11, 1; IV, 33, 7)고 가르친다.

에레나이오스는 그의 주저 "이단들에 대항하여"(Adversus Haereticos)에서 반복적으로 하나님이 그의 로고스를 통하여 만물을 창조하셨음을 강조한다. 이로써 실제 창조주는 아들 하나님 로고스이신데 그가 아버지의 작정을 따라 창조를 이루시므로 창조 중보자이심을 밝힌다.

8.2.3.8. 힙폴리토스 (Hippolytos of Rome, 170-236)

힙폴리토스는 에레나이오스의 가르침을 받아서 창조주와 로고스를 제시한다. 아버지가 만유이시고 아버지에게서 로고스가 나오시는데 이 로고스로 말미암아 아버지가 만물을 만드셨다 (Contra Noetum, 11, 12; Daniel, V)고 말한다.

힙폴리토스도 하나님이 로고스로 말미암아 만물을 창조하셨다고 함으로 아들이 창조 중보자이심을 잘 인지하였다.

8.2.3.9. 노바치안 (Novatian, 210-280)

노바치안의 가르침에 의하면 하나님 아버지는 만물의 창조주이신데 그가 아들을 출산하셨다. 이 로고스가 아버지의 뜻에 따라 만물을 만드셨다 (de Trinitate, 31).

8.2.3.10. 알렉산드리아의 클레멘트 (Klement of Alexandria, 153-217)

클레멘트는 이방철학자로서 플라톤의 철학에 심취하였으나 그리스도인이 된 후 많은 저술을 하였다. 그는 다음과 같이 가르쳤다.

"하나님은 선하고 의로우시므로 창조주가 되기 원하셨다. 천지를 창조하실 때 아들로 말미암아 일하셨다. 사람을 만드실 때도 하나님은 자기의 손으로 지으셨는데 이 손이 하나님의 아들을 뜻한다"고 말하였다 (Paedagogus, I, 3, 9; Stromata, V, 14; VII, 12; Protreptikos, 10).

클레멘트도 하나님이 아들 로고스로 만물을 창조하셨음을 잘 알고 있었다.

8.2.3.11. 오리게네스 (Origenes, 185-254)

오리게네스는 하나님이 만물을 창조하셨으므로 하나님을 만물의 시작 혹은 원리로 말한다 (de Principiis, I, 1, 6). 그런데 그는 로고스를 지혜와 일치시키고 지혜 안에서 만물들이 창조되었다는 사실을 강조하였다 (de Principiis, II, 6, 1. 3).

하나님은 세상을 창조하실 때 아들 곧 로고스에게 명령하여 창조하셨다. 그러므로 말씀의 아버지가 일차적으로 창조주이시고, 하나님의 아들은 명령을 받아서 창조하셨으므로 직접적인 창조주이시고 세상의 조물주이시다 (contra Celsum, VI, 50. 69). 하나님은 로고스에 의하여 만물을 창조하셨다 (de Principiis, II, 6, 2; Joannes, I, 39)고 가르친다.

오리게네스도 아버지가 아들 곧 로고스를 통해서 만물을 창조하셨다고 함으로 아들이 직접적 창조주임을 바르게 제시하고 있다.

8.2.3.12. 알렉산드리아의 알렉산드로스
(Alexandros of Alexandria, +328)

알렉산드로스는 가르치기를 아들은 아버지에게서 출생하시되 유일한 아들로 출생하셨다. 이 아들이 창조주로서 만물과 천사들을 창조하셨으니, 아레오스의 주장처럼 아들은 피조물일 수 없고 만인에 의해서 경배 받을 하나님이심을 확실하게 제시하였다 (Theodoretos, Historia Ecclesiae, I, 3).

또 알렉산드로스는 만물과 모든 시간과 세대를 다 아들이 창조하셨다고 가르쳤다. 사람들과 천사들도 아들이 창조하셨다. 아버지는 우주를 무에서 아들에 의해서 창조하셨다는 것을 거듭 강조한다 (Epistula Alexandri ad Alexandrum in Theodoretos HE, I, 3; contra Gentes, 41).

알렉산드로스도 아들을 창조주로 분명하게 제시하고 아버지가 아들로 말미암아 만물을 창조하셨다고 밝힘으로 아들이 창조 중보자임을 잘 제시하였다.

8.2.3.13. 아다나시오스 (Athanasios, 296/298-373)

아다나시오스는 그의 신학활동의 시작부터 하나님의 말씀을 우주의 지도자와 조성자로 보았다 (contra Gentes, 29). 아들은 아버지에게서 나오셔서 우주를 조성하시고 질서를 주신다 (contra Gentes, 41; 44)고 하였다.

아다나시오스에 의하면 아들은 아버지의 실체에서 출생하셨고 아버지의 신성의 형식이 바로 아들의 존재이다. 그러므로 아버지의 일이 아들의 일이다 (contra Arianos, III, 6; 14). 하나님이 만물의 기원과 원인이신데 만물이 아들 안에서 만들어졌다 (contra Arianos, III, 9). 그러므로 아들이 만물의 조성자라고 하였다 (contra Arianos, III, 15).

주의 말씀으로 천지가 만들어졌으니 만물을 만든 자는 한 주 예수 그리스도이시다. 말씀 자신이 창조하고 일하실 때 아버지 안에서 하셨다. 또 아버지는 말씀 안에 계셨다 (contra Arianos, II, 31). 그러므로 하나님의 말씀이 만물의 조성자이고 창조주이시다 (contra Arianos, II, 47; 50; 64; 71; IV, 4; 26).

아다나시오스는 다시 제시하기를 말씀 곧 아들이 아버지 안에 있었을 뿐만 아니라 아들이 아버지의 손이므로 아버지는 자기의 손인 아들로 말미암아 만물을 만드셨다 (contra Arianos, IV, 26; de Decretis, 30). 하나님이 아들 곧 로고스로 만물을 창조하셨으면 아들이 실제적인 창조주이시다 (Expositio Fidei, 4).

아다나시오스는 아들이 직접적인 창조주이시면서 아버지의 창조 중보자이심을 밝힌다.

8.2.3.14. 예루살렘의 퀴릴로스 (Kyrillos of Jerusalem, 315-386)

퀴릴로스는 가르치기를 유일하신 하나님이 하늘과 땅과 사람들과 천사들을 만드셨는데 그의 독생하신 아들 곧 우리 주 예수 그리스도로 만드셨다고 하였다 (Katechismos, IV, 4; VI, 9).

퀴릴로스도 아버지 하나님이 만물을 창조하셨는데 아들로 만드셨다고 하여 아들의 창조 중보직을 바르게 주장하였다.

8.2.3.15. 암브로시우스 (Ambrosius, 340-397)

암브로시우스에 의하면 아버지와 아들이 전능자이신데 아들이 천지 만물을 창조하셨다. 곧 아들은 아버지에게서 유래한 창조를 창조한 창조주이다 (de fide, II, 5, 40).

암브로시우스도 아들을 창조 중보자로 밝히 제시한다.

8.2.3.16. 루피누스 (Rufinus, 344/5-410/1)

루피누스도 아버지는 아들로 말미암아 천지를 창조하셨다고 하여 아들이 만물을 창조하셨음을 밝힌다 (Commentarius in Symbolum Apostolicum, 39, 5). 아들이 창조 중보자이시다.

8.2.3.17. 아우구스티누스 (Augustinus, 354-430)

아우구스티누스는 한 하나님이 삼위일체이시고 삼위일체가 한 하나님이시라고 밝히 제시한다. 창조의 경우도 한 하나님이 창조주라고 밝힌다 (unus quippe deus est ipsa trinitas et sic unus deus quomodo unus creator; sermo contra Arianos, 3).

그러나 창조주가 만물을 만드실 때 말씀을 수단으로 하여 창조하셨다고 하되, 특히 빛을 창조하실 때 말씀으로 그렇게 하셨다고 하여 말씀으로 창조하심을 시사한다. 또 하나님의 말씀보다 더 효력 있는 예술도 없다고 하였다 (de Civitate Dei, XI, 21).

아우구스티누스도 하나님이 말씀으로 창조하셨음을 제시하여 하나님의 말씀이 창조 중보자이심을 명시한다.

교부들의 공통된 가르침은 아버지 하나님이 아들로 만물을 창조하셨다는 진리이다. 아들이 직접적인 창조주로서 아버지의 작정을 따라 만물을 창조하셨다고 하여 아들이 창조 중보자이심을 바른 교리로 세웠다.

8.2.4. 창조를 장식하고 완성한 창조주: 성령 하나님

아버지는 창조를 작정하시고 계획을 다 세우셨으며 아들은 그 작정대로 만물을 창조하셨다. 그래서 아들이 창조 중보자 (mediator creationis)란 칭호를 가지게 되셨다.

성령은 생명과 아름다움과 질서로 창조를 장식하고 완성하신 것으로 제시되었다. 처음 창조를 완성하는 일은 성령 하나님이 하신다.

8.2.5. 창조 진행을 마감하시는 창조주: 창조 중보자

역사의 진행과정을 거쳐서 창조를 완성하는 일 곧 하나님의 창조 경륜이 성취되어 창조를 마감하는 일은 창조 중보자요 역사의 주재이신 아들 하나님이 하신다.

그때는 백성이 완전히 회복되었으므로 하나님이 새 인류에게 오셔서 그들 가운데 거주하시므로 만유 안에 만유가 되신다.

제3절 창조의 방식

창조주 하나님은 작정을 세우셔서 수고 없이 창조를 이루셨다. 하나님은 창조계획을 무한한 지혜와 권능으로 작정하셨다. 또 창조 작정대로 현 창조세계를 만드실 때도 무한한 지혜와 권능으로 일하셨다. 그 작정대로 말씀만 하심으로 창조를 이루셨다.

8.3.1. 하나님은 그의 의지의 역사로 창조를 이루심

하나님은 만물을 무에서 창조하기를 기뻐하셨다. 무한한 지혜와 권능으로 그의 선하심 (bonitas Dei)을 드러내기를 기뻐하셨다. 또 광대무변한 세계를 창조하심으로 (창 1:1) 그의 영광과 지혜 (gloria Dei et sapientia)를 만물들에 새기기로 하셨다 (시 19:1). 그리하여 그의 창조로 말미암아 영원히 피조물들로부터 찬양과 경배를 받기로 하셨다. 창조주 하나님은 합리적인 피조물들이 그 지혜와 권능을 밝히 드러내어 하나님을 영원히 찬양하게 하셨다.

창조는 하나님의 의지의 일이고 본성의 일이 아니다. 만일 창조를 하나님의 의지의 일로 보지 않고 본성의 일로 보면 만물이 하나님의 본성에서 흘러나오는 유출이 된다.

플로티노스 (Plotinos, 205-270)는 플라톤의 철학을 하나로 종합하여 유출설을 만들었다. 일자 (the One)가 있는데 그는 누스 (Nous) 곧 이성이다. 일자는 무한한 존재와 생명력을 가지므로 무한한 운동을 하여 자기와 동일한 제 2를 자신에게서 흘러넘쳐 나오게 하였다. 이것이 영이다. 영도 일자와 동일한 생명력과 존재를 가져서 무한한 운동을 하므로 자신을 흘러넘치게 한다. 이 무한한 운동에 의해서 일자와 동일한 제 3이 흘러넘친다. 이것이 세계혼이다.

세계혼에서 물질이 나와서 물질적 세계가 이루어졌다. 이 유출설에 의하면 영혼뿐만 아니라 물리적인 세계도 신의 본질에서 흘러나온 것이 된다. 그러나 이것은 결코 창조일 수 없다.

이 사상체계가 신플라톤주의란 이름 아래 널리 퍼졌다. 디오니시오스 (Dionysios)가 이 사상을 교회로 들여왔다. 그 후 널리 이 사상이 교회에 퍼지게 되었다.

이 영향이 토마스 아퀴나스에게도 미쳐 창조를 무에서 존재를 만듦 (creare est aliquid ex nihilo facere)이라고 정의하면서도 (ST, I, q45a1. 2. 4. 5), 창조를 보편적 존재의 원리에서 유출이라고 자주 언급한다 (sed etiam emanationem totius entis a causa universali, quae est Deus. Et hanc quidem emanationem designamus nomine creatonis; ita creatio, quae est emanatio totius esse, est ex non ente, quod est nihil.; ST, I, q45a1. 2. 4).

창조는 하나님이 무에서 만물을 처음으로 불러냄이고 결코 하나님의 존재에서의 유출 (emanatio)이 아니다.

하나님은 그의 작정을 따라 의지의 역사로 무에서 만물을 창조하셨다. 그의 무한한 지혜와 권능으로 만물을 무에서 (ex nihilo) 단번에 불러내셨다. 전적으로 만물 창조는 그의 의지의 역사이다.

8.3.2. 하나님은 무에서 만물을 말씀으로만 불러내심

하나님의 창조방식은 말씀하심이므로 무에서 만물을 단번에 창조하신 것이다 (창 1:23-30).

하나님은 창조 작정이 구체화되도록 말씀에 무한한 힘을 동반시키셨다. 그리하여 만물이 무로 펼쳐졌다. 창조 말씀과 동반된 무한한 힘이 서로 합쳐서 구체적으로 사물들이 되게 하였다.

저절로 만물이 무에서 나온 것이 아니다. 무에서 물질이 저절로 나와서 만물을 구성하였다는 빅뱅이론 (the Big Bang Theory)은 아무런 물리적인 근거도 없는 허구일 뿐이다. 무가 스스로 만물을 만들어낸다는 것은 전혀 성립할 수 없는 억설(臆說)에 불과하다. 어떤 과학자도 그런 과정을 관찰하지 못하였다. 하나님의 창조를 부정하기 위해서 만들어낸 가설일 뿐이다.

생명체가 저절로 무에서 나와서 진화하였다는 것도 아무런 과학적 증거가 없다. 아무도 관찰한 적이 없는 가설일 뿐이다.

우주는 무에서 스스로 나온 것이 아니다. 하나님이 창조하시므로 존재하게 되었다. 하나님이 말씀만 하시므로 창조 작정대로 만물이 무에서 나왔다.

만물의 존재방식은 창조이다. 하나님의 창조로만 만물이 처음으로 존재하기 시작하였기 때문이다.

8.3.3. 하나님은 단번에 완결된 사물들을 만드심

전통적으로 하나님이 먼저 원시물질(materia prima)을 창조하시고 원시물질을 정비하여 현상으로 만드셨다고 이해해왔다. 이것은 처음부터 하나님이 완결된 만물을 만드신 것이 아니고 두 단계로 창조하심을 말한다.

이런 창조과정에 대한 주장은 플라톤의 창조론을 변형한 것이다. 플라톤의 티마이오스(Timaios)편에 따르면 물질은 영원한데 창조주가 이데아를 따라 만물을 현상으로 조성하였다고 주장하였다. 현상대로 있기 시작했으므로 이것을 창조라고 이름하였다.

이 플라톤의 창조론의 영향을 입어 그리스도교 창조론이 변형되었다. 곧 처음에 하나님이 원시물질을 만드시고 그것을 현상으로 조성하셨다고 하는 두 단계 창조론을 제시한 것이다.

성경에는 두 단계 창조가 없다. 처음부터 하나님이 만물을 완결된 형태로 창조하셨다 (창 1:1, 20-25). 먼저 원시물질을 창조하시고 그 다음 그 물질을 현상으로 조성하신 것이 결코 아니다. 두 단계로 창조를 완성하신 것이 아니다. 처음부터 만물들을 완결된 형태로 창조(創造)하셨다.

하나님이 하늘과 땅을 단번에 창조하셨다는 것은 창조주간 첫날 첫 순간에 만물을 만드신 것을 말한다 (창 1:1).

피조물이야 시간을 가지며 시간의 경과와 함께 아무 일이든지 한다. 또 무엇을 만들거나 새로 지어도 다 상당한 시간을 필요로 한다. 그 지혜와 기술에 따라 시간 정도가 결정된다.

그러나 하나님의 경우는 전혀 다르다. 하나님은 창조과정에 시간의 경과를 전혀 필요로 하지 않으신다. 하나님은 영원에서 창조 작정을 이루셨으므로 아무런 시간적인 경과나 지속을 필요로 하지 않으신다. 단번에 그의 작정대로 만물을 한순간에 다 창조하셨다. 이 창조의 방식은 전적으로 하나님에게만 타당하다.

하나님이 만물을 창조하신 후 별들을 펼치시는 일은 하셨다 (욥 36:30; 37:3; 사 45:12; 렘 51:15). 그것은 첫 창조 때의 일이 아니고 창조 후의 과정이다.

하나님은 무한한 지혜와 권능을 가지셨으므로 (욥 36:5) 그렇게 전능한 창조를 이루어내셨다.

8.3.4. 창조의 목표: 창조경륜

창조주 하나님은 세계를 우연히 혹은 맹목적으로 창조하신 것이 아니다. 세계를 창조하시기 전에 미리 작정하시고 계획하셨다. 하나님의 창조 준비는 하나님이 분명한 뜻을 가지고 우주를 창조하셨음을 밝히 보여준다.

하나님이 우주를 창조하신 뜻 곧 창조의 목표를 몇 가지로 살피고자 한다.

8.3.4.1. 하나님은 그의 손의 일을 누리기를 기뻐하심

"하늘이 하나님의 영광을 선포하고 궁창이 그 손으로 하신 일을 나타내는도다"(시 19:1-4).

온 우주 만물은 창조된 순간부터 하나님의 영광을 선포한다. 하나님이 무한한 지혜와 권능으로 만물을 만드셨으므로 비록 언어가 없고 말이 없어도 하나님의 영광을 선포한다. 사람은 듣지 못하여도 하나님은 그 영광선포의 소리를 들으신다. 하나님은 찬양하는 말을 들으시고 기뻐하신다.

하나님이 지혜와 권능을 드러내심이 그의 영광이다. 만물을 창조하심으로 창조주의 무한한 지혜와 권능이 사물들로 결정체가 되게 하였다. 하나님이 만물을 창조하심으로 그 지혜와 권능과 선하심이 밖으로 드러났다.

창조주는 영광을 누리기를 기뻐하셨다. 하나님은 온 우주 만물이 함께 이루어내는 합창송을 기뻐하신다. 비록 인류세계는 죄와 악으로 더럽혀졌어도 물리적인 세계는 아직도 아름다움(pulchritudo)과 빛남(splendor)으로 가득하다.

그러면 온 우주는 어떠하겠는가? 하늘의 많은 별들과 별자리들이 나타내는 운행의 아름다움과 광채는 말로 형언하지 못한다. 별자리들의 운행을 들여다 볼 수 있는 사람이나 천사는 감탄과 경탄과 감격과 찬양뿐이다. 별들 곧 하늘이 하나님의 영광을 선포한다 (시 19:1).

하나님은 자기의 영광을 누리시려고 만물을 창조하셨다. 따라서 우주 만물이 창조주 하나님의 무한한 지혜와 권능을 찬양하고 기린다. 하나님의 영광을 찬양하고 기림이 영원히 지속될 것이다.

하나님의 영광의 무대 (theatrum gloriae Dei)에 하나님은 아담과 그의 후손들을 찬양대의 지휘자로 세우셨다.

8.3.4.2. 창조주를 찬송하는 백성으로 사람을 창조하심

하나님은 자기의 백성을 가지시고 그 백성 가운데 거하시며 그들로부터 찬양과 경배를 받으시려고 우주와 사람을 창조하셨다. 이것이 하나님의 창조경륜이다.

하나님은 땅을 사람의 거주지로 정하시고 그곳에서 사람과 함께 하셔서 그들의 찬양과 경배를 받기를 기뻐하셨다 (창 1:26-28; 2:8-9; 계 4:8-11; 5:13-14; 7:9-10).

하나님은 우주 만물을 창조하신 것으로 만족하지 않으시고 사람을 창조하기를 기뻐하셨다. 사람을 창조하셔서 그를 백성으로 만드시고 그들 가운데 거하시며 찬양과 경배를 받으시는 것을 창조의 목적으로 삼으셨다.

이 목적으로 사람을 하나님의 형상으로 지으시고 그와 언약을 체결하셨다. 창조주만을 하나님으로 섬기도록 하려고 선악과계명으로 언약을 체결하셨다. 창조주만을 하나님으로 섬기는 것을 선으로, 하나님 섬김을 거부하는 것을 악으로 정하셔서 언약을 체결하셨다.

언약백성이 창조와 그의 호의로 말미암아 영속적으로 창조주 하나님을 찬양하고 경배하게 하셨다. 이것이 창조목표이다.

이 일을 잘하도록 하시려고 하나님은 땅을 우주의 중심에 두시고 모든 천체들로 지구와 태양계를 지탱하게 하셨다. 그리고 모든 별들이 우주 공간에 비칠 뿐만 아니라 지구에게 빛과 열을 보내 생명체들이 살기에 합당한 환경을 유지하게 하셨다.

그리하여 언약백성들이 땅 위에 살면서 하나님의 창조세계를 탐구하여 하나님의 무한한 지혜와 권능을 인해서 늘 감사하고 찬양하며 경배하게 하셨다. 이 일이 온전히 이루어지면 인류의 역사가 끝날 것이다.

현 역사가 끝이 나고 영원한 세계가 열릴 때에도 언약백성들이 하나님의 창조세계를 탐구하여 창조주 하나님을 찬양하고 경배하는 일이 그치지 않을 것이다.

8.3.4.3. 언약백성으로 하나님을 영원토록 찬양하게 하려고 광대무변한 우주를 창조하심

창조세계에 있는 모든 사물들은 크거나 작거나 다 하나님의 무한한 지혜와 권능의 현시이고 결정체이므로, 가장 작은 사물 속에 응축되어 있는 그의 지혜와 권능을 누구라도 남김없이 다 드러낼 수가 없다.

하나의 생명체를 탐구하여도 그 안에 있는 모든 지식을 다 드러낼 수 없다. 그 안에 하나님의 지혜가 무궁무진하게 농축되어 있기 때문이다 (롬 11:33).

가장 간단한 홑세포 생명체도 그 안에 담긴 하나님의 지혜와 지식을 다 알아낼 수 없다. 사람의 몸도 그 지으심이 신묘막측하여 다 헤아릴 수 없다.

지구의 모양과 기능과 법칙들도 다 헤아릴 수 없다. 하늘의 별들과 별자리들의 경우도 동일하다.

제4절 하늘을 창조하심

창조주 하나님은 하늘과 땅을 단번에 창조하셨다 (창 1:1).

8.4.1. 하늘을 창조 첫 순간에 다 창조하심

하나님이 창조 첫 순간에 하늘과 땅을 창조하셨다 (창 1:1). 창 1:1은 창조 전체 곧 하늘과 땅을 창조하신 것에 대한 제목이거나 요약일 수 없다. 창 1:1이 창조의 시작이고 그 시작에서 하나님은 하늘 곧 별들과 영적 존재들 그리고 땅을 창조하셨다.

창조주 하나님은 첫 창조 순간에 천체들과 땅의 모든 물질적 존재들을 단번에 창조하셨다.

그리하여 하늘이 하나님의 영광을 선포한다 (시 19:1).

8.4.2. 영원물질에서 만물이 이루어졌다는 가설

두 단계의 창조 주장처럼 하나님이 먼저 원시물질(materia inhabilis)을 만드시고 다음 단계로 개별물체로 만드신 것이 전혀 아니다.

이런 주장은 영원한 물질이 있어서 그것을 재료로 하여 이데아를 따라 현상의 만물들로 만들었다는 플라톤의 창조방식의 변형일 뿐이다.

하나님은 처음부터 모든 사물들 곧 존재자들을 그의 작정대로 완전하게 창조하셨다. 먼저 물질이 창조되었다가 다시 변형을 겪은 것이 결코 아니다.

8.4.3. 유출에 의한 창조는 불가함

유출에 의한 창조는 성립하지 않는다. 그것은 창조가 아니다. 이 유출설이 결국 범신론을 시발하였다. 그리하여 하나님과 세계를 일치시키는 것이다.

이 주장은 플로티노스(Plotinos, 205-270)의 가르침에서 비롯된 것이다. 곧 하나님의 존재에서 신성이 흘러나와 영과 세계혼을 구성하였다는 것이다. 그리고 마침내 세계혼에서 물질까지도 흘러나왔다고 한다.

유출설(emanatio)에 의하면 물질적인 창조물도 신성의 변형이 된다. 이것도 영원한 물질에서 지금의 창조를 이루었다는 물질 영원설과 같은 것이다. 유출에 의한 창조는 불가하다.

이것은 창조주와 피조물의 한계를 헐어 창조주와 피조물을 일치시키는 것이 된다.

8.4.4. 넓이와 길이의 문제

하나님은 그의 작정대로 하늘의 무수한 별들과 별자리들을 만드셨다. 별들의 수와 별자리들의 수도 정확하게 센 사람이 없다. 현대 과학이 추측한 것은 천억 개의 별자리가 각각 천억 개의 별을 가졌다고 미루어 셈한다.

다른 계산에 따르면 2.5×10^{22} 혹은 2.5×10^{24}으로 추산하였다. 다음 세대에는 좀 더 정확하게 별들의 수를 셈하는 법이 나올 것이다. 사람들이 별의 개수만 정확하게 모르는 것이 아니다.

우주의 크기도 알지 못한다. 빛의 속도가 1초에 30만 Km로 달리는 것으로 이해하고 있다. 빛의 속도로 우리의 은하계를 관통하는 데 10억 광년이 걸린다고 계산한다.

그런데 성경의 연대들을 계산하여 엇서 (James Ussher, 1580-1656) 감독은 주전 4004년에 하나님이 하늘과 땅을 창조하셨다고 제시하였다.

현대과학의 계산에 의하면 지구의 연대가 약 46억 년이고 우주의 연대는 180억 년까지 늘렸다가 지금은 136억 년으로 수정되었다.

현대과학자들은 빛이 우주의 직경을 통과하는 데 드는 시간이 수십억 년, 수백억 년이지 6천 년일 수 없다고 단정한다.

창조론 과학자들은 아주 성경적으로 답한다. 지구에서 멀리 떨어져 있는 별들 곧 우주의 가장자리에서는 빛의 속도가 지구상의 속도보다 월등하게 빠르다고 계산한다.

지구상에 나타난 지층들은 결코 몇 억 년, 몇 십억 년, 몇 백억 년이 아니다. 지층의 연대는 불과 3, 4천 년이다.

8.4.5. 하늘의 별자리들을 은하계를 중심으로 배치하심

하나님은 별자리들을 우리의 은하계를 중심하고 전개하셨다. 처음 창조하신 별자리들을 은하계를 중심으로 펼치신 것을 "북편 하늘을 허공에 펴시며"(욥 26:7)로 표현하였다. 북두성과 삼성과 묘성과 남방의 밀실을 만드셨다 (욥 9:9).

또 이사야는 별들 창조에 대해서 펴심으로 표현하였다. "보라 주께서는 수효대로 만상을 이끌어내시고 각각 그 이름을 부르시나니 그의 권세가 크고 그의 능력이 강하므로 하나도 빠짐이 없느니라" (사 40:26).

이사야는 더 정확하게 표기하였다. "하늘을 창조하여 펴시고"(사 42:5). "나는 만물을 지은 여호와라 나와 함께 한 자 없이 홀로 하늘을 폈으며 땅을 베풀었고"(사 44:24). "내가 땅을 만들고 그 위에 사람을 창조하였으며 내가 친수로 하늘을 펴고 만상을 명하였노라"(사 45:12). "하늘을 펴고 땅의 기초를 정하고"(사 51:13).

하나님이 창조하신 별자리들을 은하계를 중심으로 배치한 것을 펴셨다고 전개하였다.

예레미야 선지자도 별자리들을 배정하심을 펴셨다고 말한다. "여호와께서 그 권능으로 땅을 지으셨고 그 지혜로 세계를 세우셨고 그 명철로 하늘들을 펴셨으며"(렘 10:12; 51:15).

8.4.6. 우리의 은하계에 태양계를, 그 중심에 지구를 두셨다

온 하늘의 별들이 지구를 중심으로 펼쳐져 있다. 지구가 하나님의 언약백성이 살 자리이기 때문이다.

또 마지막 날에 창조주 하나님이 땅 위의 새 백성 가운데 오셔서 충만하게 거주하실 것이기 때문이다 (계 21:3).

8.4.7. 태양계의 배치

하늘의 해와 달과 다른 행성들을 창조주간 넷째 날에 지구 둘레에 배치하셨다 (창 1:14-19).

땅에 생명체들이 살 것이므로 해와 달과 다른 별들이 일정한 빛과 열을 보내야 한다. 그리고 사람들이 낮에 활동하고 밤에 자서 건강한 삶을 살면서 하나님을 섬기도록 하려고 해와 달을 세우셨다.

사람이 살기에 합당한 열과 빛이 있어야 하고 풀과 나무와 곡식이 잘 자라서 사람들로 먹고 살도록 하기 위해서 해와 달을 지구 가까이 합당한 거리에 두셨다. 지구에서 적합한 거리에 해를 두시므로 지구에 사는 모든 생명체들이 합당한 온도를 유지하도록 하셨다.

밤에는 달이 비치도록 하여 꼭 해야 할 활동을 밤에도 하게 하셨고 불안함이 없이 편안하게 잠잘 수 있도록 하셨다.

해와 달이 돌면서 날과 달과 해를 정하고 사계절이 정해지도록 하셨다 (창 1:14-19). 그리하여 곡식이 뿌려지고 무성하게 자라 열매 맺어 사람들과 동물들의 양식이 되게 하셨다 (창 1:29).

8.4.8. 시간을 창조하심

창조주는 하늘의 별들과 땅을 창조주간 첫날 첫 순간에 다 창조하셨다 (창 1:1).

그리고 빛을 창조하셔서 모든 하늘의 별들이 움직이게 하셨다. 또 별들의 운동으로 시간이 나타나게 하셨다. 하나님이 시간도 창조하셨다.

이로써 창조주는 시간을 모든 피조물의 존재방식이 되게 하셨다. 창조가 이루어지고 모든 별들이 움직이므로 시간이 발생하게 되었다. 시간은 빛과 어두움의 교차로 이루어지게 하셨다. 빛과 어두움의 교차가 별들의 운행으로 정해지게 하셨다 (창 1:4-5, 15-18).

8.4.9. 빛을 창조하심

창조주 하나님은 창조주간 첫날 첫 순간에 온 우주를 창조하셨다. 그리고 창조를 운행하시기 위해 빛을 창조하셨다 (창 1:3-4).

이 빛은 별들에서 나온 빛과는 전적으로 다르다. 창조주는 발광체로 빛을 비추게 하기 전에 빛을 창조하셔서 온 우주에 가득하게 하셨다. 빛의 입자들을 창조하셔서 빛이 비추게 하셨다.

창조주 하나님이 첫 빛을 창조하심으로 시간도 창조하셨다.

8.4.10. 별들의 직임

하나님은 헤아릴 수 없이 많은 별들을 창조하시어 허공에 배치하셨다. 그 별들은 다 창조주의 지혜와 권능의 결정체이고 현시이다. 물론 별들을 창조하심으로 공간도 마련하셨다. 공간은 하늘의 별들을 다 포함하도록 넓혀졌다.

별들이 빛을 내고 멀리 비치며 운행하는 것은 다 창조주의 작정과 계획대로 진행되고 있는 것이다.

별들의 일차적인 직임은 창조주의 영광을 찬송하는 것이다. 비록 사람이나 천사의 소리로 말하지 않아도 별들은 창조주 하나님을 찬양한다. 그리고 창조주의 광채를 드러낸다.

둘째로 별들은 땅에 빛과 열을 주고 방향을 정해주어 언약백성이 창조주를 잘 섬기도록 한다. 별들은 날짜와 시간과 절기와 해를 말해주어 사람들에게 하나님 섬김의 때를 알려준다. 그뿐만 아니라 땅 위에서 사람들로 안심하고 살면서 창조주를 섬기도록 일깨워준다.

셋째로 별들이 빛을 비추고 열을 내어 땅 위의 사람들로 먹고 마시며 잠자고 평안히 활동하게 해준다.

넷째로 별들은 언약백성들로 하나님의 지혜와 권능을 헤아려보게 한다. 별들은 사람들을 자극하여 별들을 만드신 계획과 도안을 들여다보도록 촉발시킨다.

별들은 사람들로 하나님의 지혜의 일부를 헤아려보고 그의 지혜와 권능이 얼마나 무궁하고 무한한지를 깨달아 알도록 촉구한다.

제5절 땅을 창조하심

8.5.1. 땅을 특별한 자리로 창조하심

창조주는 하늘을 창조하심과 동시에 땅을 창조하셨다. 땅은 창조주간 첫 날 첫 순간에 창조되었다 (창 1:1).

하늘의 창조와 함께 땅을 창조하심은 땅을 특별한 자리로 창조하신다는 것을 표시한다. 곧 많은 별들 가운데 땅을 두심으로 땅이 앞으로 하나님의 언약백성이 살 자리임을 암시한다. 또한 하나님이 언약백성과 함께 사실 것임을 밝히신 것이다. 그것은 언약백성이 창조주 하나님을 찬양하고 경배하는 자리로 만드심을 뜻한다.

이것이 땅을 첫날에 창조하시고도 6일간에 모든 정비를 하신 이유이다. 하나님은 땅과 그 주변을 정비하여 사람이 살 수 있는 자리로 만드시는 데 6일을 쓰셨다 (창 1:3-30). 그만큼 창조의 중심에 지구가 서 있다. 그것은 하나님이 언약백성을 만드셔서 창조주를 찬양하고 경배하는 것을 목표하고 창조하셨음을 뜻한다.

8.5.2. 시간 과정 도입

땅을 첫날에 창조하신 하나님이 땅을 정비하는 데는 6일이 걸렸다고 하는 것은 좀 이상하게 들릴 수 있다.

그러나 땅 위와 둘레의 사물들을 정비하시는 데는 하나님이 시간 간격에 따라 일하시기 때문이다. 땅을 정비하셔서 사람이 살 만한 환경을 만드시는데 피조물의 성질과 성장과정을 다 고려하여 하루씩 정비작업을 하신 것이다.

왜냐하면 첫 창조 후 빛으로 시간 과정을 도입하셨기 때문에 시간의 성질을 따라 시간의 경과를 거쳐서 사물들이 완비되게 하셨다.

창조주는 먼저 빛으로 시간의 진행을 제정하셨다. 그래서 하나님은 빛이 있으라고 명하셨다 (창 1:3).

창조주가 빛을 창조하시니 사물들이 선 자리 때문에 빛과 그림

자가 나왔다. 빛이 비치는 쪽이 밝고 빛이 가려진 쪽이 어두움이 되었다 (창 1:4-5). 빛이 비치므로 어둠에 싸여있던 창조된 사물들이 그 모습을 드러냈다 (창 1:2, 4-5). 어두움에 묻혀 있을 때는 도저히 사물들을 헤아릴 수 없었는데 빛이 비치므로 사물들의 모양과 성질이 드러났다.

하나님은 땅을 물로 덮으심으로 어둠뿐이게 하셨다. 그러다가 빛이 비치도록 하시므로 사물들이 그 모습을 드러내고 성질을 보여주었다.

빛이 별들을 움직이게 하므로 시간이 시작되고 운동이 이루어졌다. 하나님은 빛으로 별들을 움직이시고 별들의 움직임에서 시간 과정이 일어나게 하셨다. 빛이 나타나 시간 과정을 시작하므로 사물의 활동이 시작되었다. 그래서 빛과 어두움으로 사물의 활동의 시작에 하루를 배정하셨다.

8.5.3. 궁창을 만드심

하나님은 처음 지구를 창조하셨을 때 땅 전체를 물로 덮으셨다 (창 1:2).

물을 열어 그 사이에 공기를 넣음으로 거기서 숨을 쉬는 생명체가 나올 수 있는 길을 여셨다. 생명체는 바람의 소통으로 살 수 있으므로 물을 열어 물과 물 사이에 바람 곧 공기로 채우셨다. 이렇게 생긴 공기층이 궁창(穹蒼)이다. 궁창은 물을 열어서 만들었으므로 펴짐 (רָקִיעַ, 라키아, 창1:6)이라는 뜻이다. 따라서 궁창보다 펴짐이라고 해야 합당하다.

물이 열려 공기층을 형성하는 데 하루가 소요되었다. 물은 잘 흩어지고 공기도 쉽게 날아가는 물질이므로 이것들이 엉기어 한 곳에 머물도록 하는 데 하루가 소요되었다. 물 가운데에다 공기를 한 곳으로 모은 것이 궁창이다.

물을 펴서 공기층을 두었으므로 공기층 위에도 물이 있게 되었고 공기층 아래도 물이 있게 되었다 (창 1:7). 물이 땅을 덮었으므로 공기층 아래 물은 땅에 있게 되었다. 공기층 위의 물과 공기층 아래 물로 나누므로 생명에 필요한 물과 공기가 다 갖추어졌다.

이제 생명체를 창조하셔서 땅 위에 나도록 하셨다 (창 1:11). 이것이 지구 정비 둘째 날이다 (창 1:8). 땅에 꼭 필요한 생명체들의 출현이 준비되었으므로 하루가 소요되어 둘째 날이 되었다.

공기층 위의 물이 노아홍수 때 풀어져 없어졌다.

8.5.4. 풀과 나무들을 창조하심

창조주는 땅을 덮고 있었던 물을 한 곳으로 모으셨다 (창 1:9). 물이 한 곳으로 모이므로 땅이 말라서 뭍이 되었다 (הַיַּבָּשָׁה, 얍바샤, 창 1:9). 물로 덮인 땅이 말라서 드러난 것이 뭍이다.

또 물을 한 곳으로 모아 물만 있게 하여 그 자리를 바다라고 하였다 (창 1:9-10). 물이 있는 곳과 마른자리가 구분되어 생명체가 나올 터전이 마련되었다. 이에 최초의 생명체인 풀과 채소와 나무를 창조하셨다 (창 1:11-12). 풀과 채소와 나무가 나게 하시므로 형체가 없고 비어 있던 땅이 생명체들로 가득하게 되었다. 흙과 물뿐이었는데 생명체들이 많이 일어나서 땅을 가득 덮으므로 아름다운 세상이 되었다. 땅이 물에 축축해 있는 상태에서 풀과 나무와 채소가 자라났다. 이로써 땅은 푸른 생명체들의 나라가 되었다.

창조주는 풀과 채소를 종류대로 만드시고 나무들로 씨와 열매를 맺게 하심으로 동물들이 나타나 살 수 있는 복된 땅으로 만드셨다 (창 1:11-12). 땅이 생명체들의 고향이 되었다.

생명체는 창조주가 창조하신 것이므로 결코 진화할 수 없다. 생명체들이 땅에서 저절로 나오는 것은 불가능하다. 무한한 지혜를 가지신 창조주가 그의 작정대로 명령하시므로 생명체들이 나왔다.

푸른 생명체들을 창조하셔서 땅에 잘 자라도록 하시는 데 하루가 걸렸다. 땅에서 풀들이 나와 자라는 데 공기와 빛과 열이 필요하다. 이 과정에 하루가 소요되었다.

생명체는 창조주의 도안에 따라 창조된 것이지 저절로 나올 수 없다. 생명체는 창조로만 존재한다.

8.5.5. 해와 달과 행성들을 지구 둘레에 배정하심

해는 큰 빛이다 (창 1:16). 창조주는 해를 지구에서 적당히 떨어진 거리에 두어 땅에 필요한 빛과 열을 주게 하셨다. 그리하여 땅에 사는 모든 생명체들이 잘 살 수 있게 하셨다. 특별히 하나님의 언약백성들로 하여금 창조주 하나님을 섬기며 창조를 탐구하고 문화 활동을 할 수 있게 하셨다.

창조주는 해와 달이 지구를 돌게 하심으로 날씨와 사계절과 해와 달과 날이 생기게 하셨다. 그래서 땅 위에 사는 사람들이 농사하고 풀과 나무와 채소들을 가꾸어 먹으며 살게 하셨다.

창조주는 달을 지구에 달려 있게 하심으로 밤에 밝은 빛을 땅으로 비추게 하셨다. 그리하여 어두운 밤에 필요한 활동을 하며 편안히 잠잘 수 있게 하셨다. 밤에 조금의 빛도 없다면 두려움과 공포가 사람들을 덮쳐서 온 세상이 무법천지가 되고 모든 지각이 마비되어 살 수가 없게 될 것이었다.

그리고 지구의 둘레를 도는 별들을 두셨다 (창 1:16). 통상 행성 (行星)이라고 하여 해 둘레를 도는 별들로 이해하게 되었다. 창 1:16에 만드신 별들은 창 1:1에 창조된 별들이 아니고 행성을 뜻한다.

8.5.6. 물과 공기에 사는 생명체들을 창조하심

창조주는 물에 사는 생명체들을 창조하셨다 (창 1:20). 모든 생명체들을 종류대로 창조하셔서 바다와 땅 위의 물 가운데 떼를 지어 살게 하셨다. 하늘 공중 곧 대기권에 날아다니는 생명체들도 창조하셨다 (창 1:21).

물고기에서 새로운 종이 진화했다는 것은 허무맹랑한 거짓말이다. 진화의 증거는 하나도 발견되지 않았다. 아무리 시간이 많이 흘렀어도 처음 창조된 대로의 종류가 있을 뿐이다. 혹은 중간에 없어진 고리 (missing link)를 발견하면 진화를 증명한다고 주장하지만 소위 없어진 고리는 다 지구상에 살고 있는 생명체들이다.

생명체가 무기물에서 유기물로, 유기물에서 생명체로 진화했다는 주장은 아무도 증명하지 못하였다. 과학은 진화를 증명하지 못한다. 어떤 과학도 진화의 실마리도 찾지 못하였다.

일리야 프리고진 (Ilya Prigogine)은 무질서에서 질서가 나오므로 물질에서 진화가 나왔다고 주장하였지만 그런 것은 과학자의 공상 (空想)일 뿐이다.

물질 특허를 200개 이상 가졌던 와일더-스미스 (A. E. Wilder-Smith)는 말하기를, 물질을 아무리 정교하게 조합을 하여 에너지를 가하고 오랜 시간이 지나게 해도 결코 생명체는 발생하지 않는다고 단언하였다. 정교한 물질 조합이 생체가 되는 길은 그 조합된 물질을 생체 안에 넣을 때에만 생명체가 된다고 하였다. 그래서 와일더-스미스는 선언하기를 자연과학과 현실세계는 진화를 전혀 알지 못한다고 하였다 (Die Naturwissenschaften kennen keine Evolution, 1980).

아무 증거가 없는데도 진화 신봉자들은 진화를 주장하고 진화가 사실인 것처럼 선전한다.

8.5.7. 땅 위에 사는 짐승들을 창조하심

하나님은 땅 위의 짐승들과 가축들과 기는 모든 동물들을 그 종류대로 다 창조하셨다 (창 1:24-25).

이 생명체들 가운데 없어진 동물들이 있다. 그 중에 공룡이 들어간다. 통상 공룡은 급격히 지구의 온도가 내려가서 빙하기에 접어들어 죽어 없어졌다고 추정한다. 그러나 사람들이 생존에 위협을 느껴 죽여 없앴음을 알 수 있다. 사람은 오래도록 공룡과 함께 살았다. 용에 대한 기록이 여러 종족들의 전설과 기록에 남아 있다.

우리말 성경 창 1:21에는 용들이 번역되지 않았다. 그냥 큰 물고기로 번역하였는데 칠십인경 (LXX)은 τὰ κήτη τὰ μεγάλα 큰 바다 괴물들로 번역하였고 그것에 덧붙여서 πᾶσαν ψυχὴν ζῴων ἑρπετῶν

혼을 가진 살아 있는 모든 파충류라고 하였다 (창 1:21).

그런데 맛소라 (Masorah) 본문은 אֶת־הַתַּנִּינִם הַגְּדֹלִים 큰 뱀들 혹은 용들로 표기하였다 (창 1:21). 여기 타니님을 뱀으로 번역해야 할 증거가 성경에 있다. 출 7:9-12에 다 뱀을 표기하는 תַּנִּין 탄닌과 그 복수형 תַּנִּינִם 탄니님을 썼다. 칠십인경은 δράκοντες 용들로 번역하였다. 그러면 창 1:21의 큰 물고기는 큰 뱀 혹은 용들로 번역해야 합당하다.

하나님이 뱀과 사람들 사이에 적대감을 세우셨으므로 (창 3:15) 큰 뱀들 곧 공룡들과 사람들 사이에 충돌이 많이 생기고 사람의 생존을 위협하므로, 사람들이 그 동물들을 잡아 죽였다고 보아야 한다.

동물세계에도 진화는 전적으로 불가능하다. 아무런 과학적 사실적 증거를 대지 못하면서 하나님의 창조를 싫어하고 배척하여 진화라는 거짓 이론을 널리 퍼뜨리고 있다. 단 한 가지의 진화 증명도 진화론자들은 산출하지 못하였다. 앞으로도 그런 산출은 영구히 불가능한 일이다.

종의 진화는 전적으로 불가능하고 불가한 일이다. 다 창조주의 창조로만 존재하고 생존한다.

제6절 사람을 하나님의 형상으로 창조하심

8.6.1. 창조경륜

창조주 하나님은 창조경륜을 가지셨다. 하나님은 자기 백성을 가지시고 그 백성 가운데 거하시며 찬양과 경배를 받기로 정하셨다 (계 21:3). 그리하여 창조주 하나님을 섬기는 것을 존재 목적으로 하는 존재 곧 사람을 짓기로 하셨다. 그리고 하나님은 백성의 하나님이 되기로 정하셨다 (출 29:45-46; 레 11:44; 26:45; 민 15:40-41; 신 26:19; 29:13; 시 100:3; 사 54:5; 겔 11:20; 14:11; 계 21:3).

8.6.2. 하나님의 형상 곧 인격체로 사람을 창조하심

창조경륜을 이루기 위해 하나님은 사람을 하나님의 형상으로 창조하셨다 (창 1:26-27). 하나님의 형상은 하나님의 존재방식을 피조수준에서 반사하여 사람을 인격체로 지으심을 말한다. 하나님은 무한한 신성이시지만 신성 자체로 계신 것이 아니고 인격으로 계신다. 인격이시되 한 인격이 아니고 세 위격으로 계신다. 그리고 모든 일을 하실 때에도 인격으로 일하신다.

창조주 하나님이 사람을 인격체로 지으시고 하나님의 백성을 삼아 하나님을 찬양하고 경배하는 일을 하게 하셨다.

8.6.3. 땅의 티끌로 몸을 창조

하나님은 사람의 몸을 땅의 티끌 (עָפָר מִן־הָאֲדָמָה) 곧 흙의 모든 요소들로 만드셨다 (창 2:7). 그리고 땅을 사람의 거처로 삼으셨다. 또 땅에서 나는 것들을 먹고 살게 하셨다.

사람은 그냥 몸뿐이 아니다. 창조된 영혼과 연합하여 한 인격 (人格, persona)을 이루게 하셨다. 그리하여 몸과 영혼이 하나가 되게 하셨다.

8.6.4. 영혼을 도덕적 지성적 성품을 가진 영적 실체로 창조하심

하나님은 사람의 몸을 만드신 후에 영혼을 창조하셨다. 영혼을 창조하실 때는 사람 몸에 숨을 불어넣으심으로 창조하셨다. 하나님이 생기를 코에 불어넣으신 것은 하나님의 실체를 불어넣으심이 결코 아니다. 하나님의 창조세계에 그런 일은 결코 있을 수 없다. 하나님이 생명의 숨을 불어넣으신 것은 영혼을 창조하셔서 사람 속에 넣으신 것을 나타낸 것이다 (וַיִּפַּח בְּאַפָּיו נִשְׁמַת חַיִּים, 창 2:7).

아우구스티누스도 하나님이 생명의 숨을 쉬신 것을 영혼을 창조해 넣으신 것으로 설명하였다 (de Civitate Dei, XII, 24).

영혼은 지성적, 도덕적 성품을 가진 영적 실체이다. 영혼이 사람의 인격의 자리이고 인격의 주체로 창조되었다.

8.6.5. 백성 삼는 언약을 체결

창조주 하나님은 첫 사람과 선악과계명으로 언약을 맺으셨다 (창 2:17). 창조주를 하나님으로 섬기면 그것은 선이다. 그래서 생명과 영생에 이르게 하셨다. 그러나 언약체결에도 불구하고 창조주 하나님 섬김을 거부하면 그것은 악이어서 죽음을 받게 정하셨다.

8.6.6. 사람을 남자와 여자로 창조하심

하나님은 많은 백성을 가지기를 바라셨다. 그래서 사람을 남자와 여자로 만드시므로 많은 백성이 생산되어 창조주를 찬양하게 하셨다. 온 백성이 하나님을 온 마음으로 섬겨 하나님 찬양이 우주에 가득하게 되기를 바라셨다.

제7절 영적 세계를 창조하심

8.7.1. 천사들을 창조하심; 물리적 세계와 동시에 창조됨

창조주 하나님은 하늘의 영적 세력들을 창조주간 첫 순간에 창조하셨다. 물리적인 세계를 창조하실 때 하나님의 보좌에서 섬기고 찬양할 영적 존재들도 창조하셨다.

아우구스티누스 (Augustinus, 354-430)는 하나님이 하늘을 창조하실 때 천사들도 창조하셨다고 가르친다. 천사들이 하나님의 작품이므로 하늘이란 이름 아래 천사들이 포함된다고 처음으로 가르쳤다. 그러나 아우구스티누스는 하늘보다 빛을 천사들로 제시하기를 더 좋아하였다 (de Civitate Dei, XI, 9).

영적 세력들이라고 물리적인 세계에 앞서서 혹은 영원에서 창조된 것이 전혀 아니다. 천사들과 영들이 영원부터 있었다고 하는 주장은 플라톤에게서 시작하였다. 하늘에서 영이 타락하므로 그 벌로 땅으로 보내져 육체에 갇혔다고 하는 플라톤의 가르침 (Politeia)이 오리게네스를 통하여 그리스도교 사상세계로 들어와서 신학에 자리 잡았다.

천사나 영들이 결코 영원부터 존재한 것이 아니다. 하나님이 처음 물리적 세계를 창조하실 때 영들도 함께 창조하셨다. 그러므로 영들이 영원하다는 것은 불가하다. 천사들도 무에서 창조주간 첫날 첫 순간에 하나님의 전능과 지혜로 창조되었다.

창조주 하나님은 보좌 가까이에서 섬기며 찬양하는 무리들을 갖기를 바라셨다. 그래서 헤아릴 수 없이 많은 천사들과 천군을 창조하셨다.

아들 하나님이 직접적 창조주이시므로 그가 모든 천사들을 창조하셨다 (골 1:16). 그래서 아들 하나님은 천사들의 주이시다.

8.7.2. 천사의 존재

천사들은 영적 존재이지만 하나님의 본질에서 흘러나온 것이 결코 아니다. 하나님이 무한한 권세로 무에서 그들을 창조하셨다 (골 1:16). 창조만이 천사들의 존재방식이다.

창조주는 천사들을 창조하실 때 의와 거룩과 선의 상태로 창조하셨다. 천사들은 영적 실체로 존재한다. 순전히 영적 존재여서 사람의 경우와 달리 물질은 없다.

천사들도 사람의 영혼처럼 영적이므로 불사하도록 하나님이 창조하셨다. 천사들의 불사 (不死, immortalitas)도 전적으로 하나님의 은사 (donum)이다.

천사들은 인격적 존재이므로 지성과 도덕적 능력을 가졌다. 천사들도 자유의지를 가졌다. 그들도 의지의 결정으로 하나님을 섬기는 일에 전적으로 머무르거나 떨어질 가능성을 가졌다.

물론 천사들의 선택은 하나님의 경륜에 의한 것이지만 영적 존재로서 자유의지의 행사는 사람의 경우보다 범위가 넓을 수도 있다.

또 천사들은 바른 판단과 지적 능력을 가진 존재로 창조되었다. 그러나 천사의 지식과 권능과 지혜는 한정되어 있다. 천사들은 사람보다 월등히 뛰어난 능력 (potestas eximia)을 가졌다. 한 천사가 18만 5천의 군사를 쳐 죽일 수 있으니 대단한 힘을 가졌음을 알 수 있다 (대하 32:21).

또 계시록 20:1-3을 보면 한 천사가 무저갱 열쇠와 큰 쇠사슬로 용을 잡아 무저갱에 가두었다. 이 사례로 천사가 대단한 힘을 가졌음을 알 수 있다. 비록 자기 자신의 힘이 아니고 하나님이 주신 힘이지만 그 자체로도 하나님이 큰 힘을 주셨음을 알 수 있다. 여기 무저갱 열쇠와 큰 쇠사슬은 그리스도의 십자가의 피의 권세를 표현한다.

직임을 받은 천사는 하나님이 주시는 영적 힘으로 일한다. 그 힘은 사람의 힘이나 타락한 영적 존재들의 힘보다 비교불능으로 탁월하다.

천사는 영적 존재이지만 때로는 사역상 사람 몸의 형체를 입는다 (창 18:1-16; 19:1-3; 32:1-2; 삼하 24:16-17; 대상 21:20; 마 25:31; 28:2-5; 눅 1:11-13, 26-30; 2:13-14; 24:23; 요 20:12-13; 행 7:30; 10:3-4; 12:7-9; etc.). 사람들에게 와서 하나님의 명령과 계시를 전할 때 사람모양으로 나타난 것은 사람에게서 두려움을 제하려고 한 임시적인 조치이다.

8.7.3. 천사들의 지식

천사들이 미래의 일과 현재 역사 안에서 진행되는 일들에 관해서 사람들보다 탁월한 지식을 가진 것은 사실이다. 그러나 그들이 미래의 일에 대해서 사람들보다 높은 지식을 갖는 것은 하나님이 계시로 알려주시기 때문이다. 특별히 명령을 전달하도록 명령을 받았을 때 계시로 그 내용을 알게 하신다.

천사들도 피조물이므로 유한한 지식을 갖는다. 천사들도 삼위일체 하나님의 신비에 대한 지식을 가질 수 없다 (벧전 1:12). 삼위일체 하나님의 지식의 비밀은 피조물로는 영구히 궁구(窮究)할 수 없다. 하나님 자신의 신비에 관한 것은 하나님이 계시로 알려주시는 정도에서만 알 수 있다.

그러므로 천사들은 하나님의 성육신과 구원사역과 그의 재림의 때도 그들의 자연적 능력으로는 알 수 없다 (벧전 1:12; 마 24:36; 막 13:32; 행 1:7). 그래서 하나님의 성육신의 신비 (mysterium incarnationis Dei)를 살펴보기를 바랐다 (벧전 1:12).

그리고 천사들은 하나님이 그의 작정에 두신 미래의 심판날을 알 수 없다 (마 24:36). 또 천사들이라도 미래 역사의 진행과정도 알 수 없다 (행 1:7). 오직 하나님이 역사의 과정을 집행하시면서 알려주시는 만큼만 알 수 있다.

8.7.4. 천사들의 직임

8.7.4.1. 천사들은 창조주 하나님을 찬양하고 경배하도록 창조됨

천사들은 하나님의 보좌 앞에서 찬양과 경배를 그치지 않는다 (눅 2:13-14; 계 5:11-12; 7:11-12; 11:15-17; 12:10; 19:1-3; 21:3-4).

8.7.4.2. 하나님은 그의 작정과 경륜을 천사들을 통해서 집행하심 (창 19:1–20; 민 20:16; 삼하 24:16–17; 왕상 19:5–8; 대하 32:21; 슥 1:9–14; 마 4:11; 13:39; 눅 1:13–38; 요 20:12; 행 10:4–22; 12:8–15; 계시록)

그리스도가 하나님의 작정과 경륜을 나타내셨다. 그런 면에서 그리스도도 주의 사자로 표기되었다 (창 22:12; 48:16; 출 33:2).

8.7.4.3. 천사는 하나님의 계시와 명령을 전달 (마 1:20–23; 눅 1:26–38; 행 7:53; 갈 3:19; 계 1:1)

계시록에서는 하나님의 심판을 집행하는 직임을 수행한다 (계 7:1-4; 8:2-12; 9:1-15; 10:1-11; 11:15; 14:6-7, 9-11, 17-18; 15:1-20:3).

8.7.4.4. 천사들은 언약백성을 지킴

천사들은 그리스도의 구속사역 이후에는 성도들을 보호하고 죽은 성도들의 영혼을 하나님의 보좌 앞으로 인도한다 (행 5:19; 12:3-11; 27:23-24; 눅 16:19-22; 창 32:1-2).

구약 때는 천사들이 자주 사람들에게 나타났다. 신약시대에는 성령이 백성들 각자와 함께 계셔서 직접 사람들을 인도하고 지시하며 깨우치신다. 그러므로 신약시대는 구약시대처럼 천사들이 직접 사람들에게 나타날 필요가 없어졌다.

또 신약시대에 천사들이 교회 설립 초기에만 나타나고 그 후에는 나타나지 않는 것은 그리스도의 구원사역이 완성되었기 때문이다. 따라서 구원계시를 전달하기 위해서 천사가 더 이상 사역할 필요가 없어졌다. 모든 계시가 성경에 담겨 있기 때문이다.

8.7.5. 천사들의 분류

바울은 천사들의 직임과 등급을 따라 천사들을 분류하였다.

8.7.5.1. 보좌들, 주관들, 정사들, 권세들

바울은 천사들을 보좌들, 주관들, 정사들, 권세들로 분류하였다 (골 1:16). 보좌들은 하나님의 보좌에 제일 가까이 있는 천사들이다. 이 천사들은 바로 하나님의 면전에 있다. 따라서 하나님을 찬양하고 경배하는 일을 전담하는 천사들임을 알 수 있다. 이 천사부류가 그룹들 (cherubim, הַכְּרֻבִים)이다 (겔 9:3; 10:1; 11:22; 시 80:1; 99:1).

주관들은 보좌들로 표기된 천사들 다음 자리를 가짐을 알 수 있다. 하나님의 통치사역에 수종 (隨從)드는 직임을 가졌다. 그리하여 나라와 민족들을 다스리는 일에 상당부분 책임이 있는 존재들로 이해된다.

주관들은 각 나라와 민족들에 속해 있는 하나님의 백성들을 지키고 인도하는 일을 하여 하나님의 나라가 완성되는 일을 한다.

정사들이나 권세들은 천사들 중에서 가장 낮은 하늘의 영역 곧 공중에서 일하는 천사들로 이해된다.

바울은 또 엡 1:21에서 정사와 권세와 능력과 주관하는 자들이라고 제시하므로 골 1:16의 순서를 고려하지 않고 있다.

8.7.5.2. 스랍들, 가브리엘, 미가엘

위와 같은 분류 외에 스랍, 미가엘, 가브리엘 등이 나온다.

스랍들 (seraphim, Σεραφιν, שְׂרָפִים)이 여호와 앞에서 여호와를 모신 것으로 나온다 (사 6:2, 6). 그러면 이 스랍들에게 하나님 찬양과 경배의 직임이 귀속된 것으로 볼 수 있다. 그리고 이 천사들의 장 (長, archangel)이 루시퍼 (Lucifer)인 것으로 추측된다 (사 14:12-17).

가브리엘 (Gabriel, Γαβριηλ, גַּבְרִיאֵל)은 천사장으로 나타난다 (단 8:16; 9:21). 가브리엘의 주된 직임은 하나님의 명령을 직접 해당 사람에게 전달하는 일을 한다 (눅 1:19). 하나님의 전령으로서 일한 천사장이다.

미가엘 (Michael, Μιχαηλ, מִיכָאֵל)도 천사장으로서 다니엘서와 계시록과 유다서에 나오는데 (단 10:13, 21; 12:1; 유 9; 계 12:7) 하나님의 백성을 위해서 싸우는 천사장임을 알 수 있다. 아마도 이 천사장이 주관들의 우두머리로 이해된다.

제8절 천사들의 범죄

8.8.1. 사탄과 그 무리가 범죄함

성경에 천사들 중 일부가 그 우두머리와 함께 범죄하였다 (벧후

2:4). 어떻게 천사들이 범죄하였는지가 명시되지 않은 이유는 영적 세계의 일이기 때문이다.

성경은 범죄한 천사들의 우두머리는 사탄 혹은 루시퍼, 마귀, 큰 용, 악한 자 (Satan, Lucifer, Diabolus, Draco magnus, Malus)임을 숨기지 않는다 (계 12:7-10, 13-17).

8.8.2. 사탄의 범죄의 시기

선한 천사들이 언제 범죄하여 (tempus lapsus) 악하게 되었는지는 성경이 밝히지 않는다. 아마도 아담의 범죄 (lapsus Adami)를 앞선 것으로 인정된다. 왜냐하면 아담의 범죄 (peccatum Adami) 때에 이미 사탄 혹은 큰 용이 범죄자로 나타나 아담을 반역하도록 꼬였기 때문이다 (창 3:1-5; 요일 3:8).

8.8.3. 사탄의 범죄: 하나님의 자리에 오르려고 반역함

사탄이 왜 범죄하였느냐에 대해서는 추정의 단계에 머물러 있다. 왜냐하면 성경이 사탄의 범죄와 그 과정을 밝히지 않기 때문이다.

통상 사탄이 오만 (superbia)하여 하나님의 자리를 탐하고 (divinitatis affectatio) 하나님이 되려고 한 것으로 본다. 사탄은 아담과 하와를 유혹할 때, 자주자가 되어 하나님과 같이 되라고 꾀어 아담으로 범죄하게 하였다. 그러므로 사탄도 하늘에서 곧 하나님의 보좌 가까이에서 섬기다가 하나님의 보좌에 앉으려고 한 반역죄를 범하였다고 판정된다. 그 피조물이 하나님이 되는 것을 바라서 하나님의 보좌를 공격한 것으로 말해야 한다.

이것을 유다서는 이렇게 밝히고 있다. 또 자기 지위를 지키지 아니하고 자기의 처소를 떠난 천사들을 큰 날의 심판까지 영원한 결박으로 흑암에 가두셨으며 (유 6). 천사들은 피조물로서 창조주 하나님을 섬길 직임으로 창조되었는데, 그 자리를 가볍게 여기고 하나님의 통치의 자리에 이르려고 반역하였으니 자기의 처소를 떠난 것이다.

이렇게 천사도 범죄하여 악하게 된 것을 아우구스티누스는 무에서 창조되었기 때문으로 본다 (de Civitate Dei, XII, 6). 그러나 의지가 악하게 된 것은 최상존재에게서 돌아섬에서 비롯된 것으로 여긴다고 하였다 (de Civitate Dei, XII, 8).

천사들이 무에서 창조되었으므로 범죄하게 되었다는 것은 바른 신학이 아니다. 악은 의지의 결정인데 천사들도 인격적인 결정으로 하나님을 반역하여 악하게 되었다.

반면 아우구스티누스는 천사나 사람이 완전한 행복을 누릴 수 있는 것은 최상존재와 연합함에다 두었다 (de Civitate Dei, XII, 1. 6).

8.8.4. 타락한 천사들의 수를 사람으로 채움의 문제

8.8.4.1. 타락한 천사들의 수를 사람들 중 택한 자들로 채운다는 주장

아우구스티누스는 확정된 수의 성도들로 하나님의 도성을 채우기로 하나님의 지혜가 작정하셨다고 가르친다. 하나님의 도성은 타락한 인류의 각 계층들 중에서 뽑은 시민들로 채우기로 하셨다는 것이다 (de Civitate Dei, XIV, 26).

그는 하나님의 도성 XXII 책에서 타락하여 죽게 된 사람들을 하나님이 은혜로 많이 모아 타락한 천사들이 비운 자리들과 지위들을 채우고 회복하신다고 단언한다. 그래서 하나님의 도성은 천사 타락 전보다 더 충만하게 보충되어 시민들로 가득 채워진다고 제시한다 (de Civitate Dei, XXII, 1).

8.8.4.2. 타락한 천사들의 수를 사람들로 채움

아우구스티누스의 가르침을 이어받아 중세에도 동일한 논의를 전개하였다. 안셀무스는 "하나님이 왜 사람이 되셨는가"(Cur Deus Homo)에서 이 사실을 당연한 것으로 제시한다.

안셀무스는 하나님이 타락한 천사들의 수를 사람의 본성에서 회복하시려고 작정하셨다는 것으로 이 문제의 논의를 시작한다. 보충할 다른 본성이 없으므로 인간 본성으로 회복하는 것이 필연적이라고 제시한다 (Cur Deus homo, XVI).

우리의 구원의 어려움을 보면 타락한 천사들의 회복이 불가능함을 깨달을 것이라고 안셀무스는 단언한다. 천사들이 타락한 후에 다른 천사들이 그들을 대신한다는 것은 처음 창조의 완전에 반대되기 때문이라는 것이다 (Cur Deus homo, XVII).

천사들이 타락하기 전에 완전한 숫자로 존재했다면 인간은 잃어버린 천사들을 대신하기 위해서 창조되었다. 그래서 사람으로 잃어버린 천사들을 채우기 때문에 유기된 천사들보다 선택된 사람들이 더 많아야 할 것이라고 하였다 (Cur Deus homo, XVIII).

어떤 천사도 타락하지 않았다면 단지 부족한 숫자만 사람들로 채웠을 것이고, 어떤 천사들이 탈락하였더라면 없어진 수만큼만 대체되었을 것이다.

그러나 천사들이 타락하지 않았어도 사람들이 하늘의 도성에서 합당한 자리를 차지했음이 분명하다. 사람들은 하늘의 도성을 완성하기 위해서 창조되었다고 안셀무스는 주장한다 (Cur Deus homo, XVIII).

8.8.4.3. 인류를 하나님의 백성으로 삼기로 하심

아우구스티누스와 안셀무스의 앞의 논의는 합당하지 않다.

하나님은 견실한 천사들과 타락한 백성들 가운데서 택자들로 하늘의 도성을 세우시는 것이 아니다.

하나님은 처음부터 사람을 창조하셔서 자기의 백성으로 삼아 하나님을 찬양하고 경배하게 하셨다. 그러므로 타락 후에 범죄한 백성들을 돌이켜서 창조경륜을 성취하신다. 그러나 구원이 완성되어 하나님의 백성이 완성되었을 때 (계 21:3) 천사들이 하나님을 찬양하고 경배하는 백성으로 합류할 것이다.

그때에도 천사들은 하나님의 보좌 가까이에서 하나님을 섬기면서 택한 백성들을 돕는 자리에 설 것이다 (계 19:1-10).

8.8.5. 천사 창조를 부정하는 근세신학

근세신학은 교회의 근본진리인 삼위일체 교리와 성육신의 교리를 부정한다. 따라서 창조도 부정하였다. 창조를 부정하므로 천사 창조도 부정하였다. 따라서 근세신학과 그 이후의 신학은 다 천사 창조를 부정한다.

슐라이어마허 (Friedrich Schleiermacher, 1768-1834)는 창조라는 것은 세계가 하나님에게 전적으로 의존해 있다는 것을 표현하는 것이라고 하여 실제 천지창조를 부정하였다. 그러므로 시공 (時空)이 존재하기 시작했다는 것은 신화의 시기에 속한 것이라고 주장한다 (Der Christliche Glaube, § 36).

따라서 천사들의 창조는 신화의 일이다. 구약에 나타난 천사들의 이야기는 신화적 시기에 속하는 것일 뿐이다. 그리고 천사들은 여호와 하나님이 왕으로 등극하시므로 신하들이 필요하다고 하여 만들어낸 이야기이지 실제로 천사들을 창조한 것이 아니라고 한다.

그러면 왜 천사들이 여호와를 섬기는 자로 나타났는가? 여호와가 최고 존재자로서 유대백성의 왕이 된 것으로 생각하므로, 자기 주변에 있는 시종들을 그의 나라의 각처로 보내서 자기의 통치에 참여하도록 한 것으로 생각한 것을 표현한 것뿐 (Der Christliche Glaube, § 42, 1)이라고 하였다.

또 그리스도와 사도들이 천사들에 대해서 말했어도 그런 존재들이 존재한다는 확신도 없이 말한 것일 뿐이라고 한다. 당시 통속적인 생각들을 채용한 것뿐이라는 것이다 (Der Christliche Glaube, § 42, 2).

제9절 창조를 부정하는 근세신학

그리스도교는 삼위일체 교리와 성육신의 교리와 함께 창조 교리로 성립한다. 만일 이 근본 교리를 하나라도 부정하면 전통적인 그리스도교가 다 무너진다. 그리스도교의 다른 진리들도 다 부정되고 재해석되어서 완전히 그리스도교가 사라진다. 그러므로 2대 교리와 함께 창조 교리에 굳게 부착해야 한다.

19세기부터 근세신학은 하나님의 창조행위와 창조를 전적으로 부정하고 있다. 창조 부정의 시발은 플라톤의 물질의 영원존재 상정에서 나왔다고 할 수 있다. 이 견해가 중세에 이르러 자연 자체에 창조의 기능까지 부여하였다. 자연이 스스로 만물을 창조하는 것으로 제시하여 플라톤을 재연하였다.

에리우겐나 (Johannes Scotus Eriugena)는 자연 (natura)으로 모든 것을 설명하였다. 그래서 창조주 하나님 대신에 자연이 창조하고 창조되는 것으로 말하였다. 창조하는 자연 곧 생산하는 자연 (natura naturans)을 창조주라고 단정하였다. 마지막으로 아무런 생산능력이 없이 생산된 결과를 표시하는 생산된 자연 (natura naturata)으로 분류하였다.

이런 견해는 자존하시는 하나님이 무에서 만물을 창조하는 것을 불가능한 것으로 만들었다. 그리하여 19세기는 신과 만물을 일치시켜서 범신론을 보편적이 되게 하였다. 이것에 근거해서 자존하시는 하나님이 무에서 만물을 만드는 것이 아니라, 현상대로 있는 것을 보존이라고 하면서 창조와 보존을 일치시켜 하나님의 창조행위를 아예 신학적 논의에서 제거하였다.

이 일을 슐라이어마허가 주도하였다. 따라서 이후에는 창조는 신학적 논의에서 제거되었다. 그리하여 현상대로 있는 것을 창조라고 이름하였다. 무에서 만물을 순간에 창조하시는 하나님의 창조사역을 신화로 치부하였다.

이런 배경에서 슐라이어마허가 전통적인 교리 부정과 함께 창조를 부정하였다.

8.9.1. 슐라이어마허 (Friedrich Schleiermacher)

슐라이어마허는 신학을 모두 의존감정으로 전개하였다. 따라서 창조에 관한 것도 전적으로 의존감정으로 개진하였다.

8.9.1.1. 하나님이 창조하셨다고 하는 진술은 순전한 의존성을 표현한다는 것임

슐라이어마허는 진술하기를 하나님이 창조하셨다고 하는 명제는 그 자체로 고찰하면 순전한 의존성 (schlechthinnige Abhängigkeit)을 발언하는 것이라고 한다 (Der Christliche Glaube, § 36, 1).

8.9.1.2. 현상대로 있는 보존을 창조라고 함

슐라이어마허는 현상이 유지 (維持)되도록 보충하는 것을 창조라고 말한다. 이제껏 이 보충을 창조라는 교의학적 명제로 나타냈다는 것이다 (Der Christliche Glaube, § 36, 1).

이것은 무에서 만물을 창조하신 하나님의 사역으로 말하는 것이 아니라, 현재 상태대로 보존된 것을 창조로 인정하는 것이다. 그러기 때문에 창조 교리에 보존을 포함해야 한다고 주장한다 (Der Christliche Glaube, § 37, 3).

8.9.1.3. 보존은 종을 따라 새로운 개물이 나타나는 것임

슐라이어마허가 창조를 보존으로 어떻게 바꾸는지를 살펴보고자 한다.

신경들의 표현에 나오는 창조의 개념은 종들의 보존 외에 다른 것이 아니라는 것이다. 종들의 보존을 개별사물들의 재발생과 일치시킨다 (Der Christliche Glaube, § 38, 1).

8.9.1.4. 개별존재들이 새롭게 발생하는 것은 반복적인 신의 활동임

이제 창조론을 보존이론에 어떻게 넣는지를 살펴보자.

인간의 자기의식에 의하면 새로 나온 것들이 신으로 말미암아 존속한다고 하는 표현은 개별사물들이 신에 의해서 발생한다는 표현에 상응한다는 것이다. 곧 새로운 발생을 새로운 창조로 보아야 한다는 것이다. 그렇기 때문에 창조론은 보존이론이라는 것이다 (Der Christliche Glaube, § 38, 1).

8.9.1.5. 개별사물들이 교대로 나타난 것을 보존 곧 창조로 봄

슐라이어마허에 의하면 개별사물들의 보존은 변이와 교체의 반복이다. 동일한 개별존재에 이전에 없던 것이 새것으로 다음 세대에 나타난다. 따라서 새로운 발생을 창조로 본다. 이런 사건을 새로운 창조로 간주하여 이것을 합법적인 보존 (gesetzmässige Erhaltung)으로 여긴다 (Der Christliche Glaube, § 38, 1).

이렇게 슐라이어마허는 창조와 보존을 일치시켜 창조를 보존 곧 현상대로 만물이 있는 것과 일치시킨다.

8.9.1.6. 세계를 창조된 것으로 보는 것은 전적 의존감정의 표현

슐라이어마허에 의하면 세계의 창조를 하나의 신적 행동으로 본다는 것은 순전한 의존감정의 표현일 뿐이다. 이렇게 보존을 전 세계 과정에 관련하는 신적 활동으로 본다. 또 이 보존에서 그 다음의 상태가 나온다고 보는 것은 인간의 의존감정의 표현이라는 것이다 (Der Christliche Glaube, § 38, 2).

8.9.1.7. 보존에서 새로운 개물들이 나오는 것이 창조활동

슐라이어마허는 새로운 개물들이 나오는 것을 창조와 일치시킨다. 그래서 창조와 보존을 같다고 한다. 이로써 처음 창조 대신에 현재 만물이 존재하면서 종이 종으로 이어가는 것을 창조로 말한다.

새로운 개물들이 나오는 것은 한번으로 그치는 것이 아니고 반복된다. 이것을 슐라이어마허는 신적 창조활동으로 본다 (Der Christliche Glaube, § 38, 2).

이런 창조 견해는 전적인 창조 부정이다.

8.9.1.8. 성경의 시작에 창조론을 넣은 것은 지적 호기심에서 나온 것이라고 함

보존을 창조로 일치시킨 슐라이어마허는 사물의 첫 시작에 대한 관심은 지적 호기심에서 나온 것이지 경건과 무관하다고 한다. 그러므로 역사서의 시작에 창조가 나온 것은 지적 호기심에서 나온 것이지 실제 창조를 말하는 것이 아니라고 그는 단정한다 (Der Christliche Glaube, § 39, 1).

8.9.1.9. 창조는 경건한 자기의식에 모순된다는 것

슐라이어마허는 만물이 현상대로 있는 보존을 신적 창조활동에 의해서 이루어졌다고 하는 것은 경건한 자기의식에 모순된다고 단언한다 (Der Christliche Glaube, § 40).

이렇게 그는 창조를 완전히 부정한다.

8.9.1.10. 창세기의 창조설화는 역사적이 아니라는 것

슐라이어마허는 신약본문들은 창조에 대한 모든 확실한 표상을 거절한다고 주장한다.

교의학이 창조론을 세울 때는 자연과학적 재료를 성경에서 끌어 왔고 과학에서 끌어온 것이 아니라는 것이다 (Der Christliche Glaube, § 40, 1).

또 그는 창조론이 불가한 이유를 성경 밖에서도 구한다. 첫째로 칼빈을 인용한다. 칼빈은 창 1장과 2장의 설화는 차이가 커서 역사적 성격을 부가하기가 어렵다고 주장했다는 것이다.

필론 (Philon)은 6일을 글자적인 의미로 이해하는 것을 배척하였다는 것이다. 6일 창조 같은 것은 옛날의 기념물 (Denkmal)이어서 우리의 역사에 대한 표상과 맞지 않으므로 그에 따라 다룰 필요가 없다는 것이다. 모세의 서술은 비상한 방식으로 전수되어 온 역사적 이야기로 가정한 것일 뿐이라고 한다.

8.9.1.11. 창조론 논의는 교의학의 업무가 아니라고 함

슐라이어마허는 창조에 대한 주석적 해석이나 그런 해석을 평가하는 것은 교의학의 업무가 결코 아니라고 (Der Christliche Glaube, § 40, 2) 단정한다.

그는 그리스도교의 근본진리인 무에서의 창조를 완전히 신학에서 배제하였다. 따라서 그의 창조론 이후에는 후대 신학자들이 현상대로 있는 것을 창조로 말하게 되었다.

8.9.2. 칼 발트 (Karl Barth, 1886-1968)

발트는 슐라이어마허의 신학을 그대로 따르고 있다. 창조론에 있어서 발트는 전적으로 슐라이어마허의 입장에 선다.

8.9.2.1. 창조: 의존성의 관계개념

발트는 창조를 신적 탁월성과 피조물의 의존성의 관계로 표현한다 (Kirchliche Dogmatik, III/1, 13). 창조주와 피조물의 관계를 의존성의 관계라고 말하여 (KD, III/1, 15) 슐라이어마허의 견해를 따른다.

8.9.2.2. 성경의 창조 문장: 신앙 문장

발트에 의하면 창조에 관한 명제는 신앙조항 외에 다른 것일 수 없다. 창조 교리는 신앙 교리이고 사실 진리일 수가 없다 (KD, III/1, 22). 이것이 발트 신학의 핵심이다.

창조는 사실 진리가 아니라 계시를 받아들여서 나온 신앙고백일 뿐이라고 한다. 그러므로 창조 명제를 신앙고백 한다는 것은 확실성이 없다고 한다. 창조 명제의 확실성은 성경에 기록되어 있다는 것뿐이다. 성경의 시작에 있고 구약과 신약의 여러 곳에 있다는 것이다. 그러나 창조의 명제의 근거에 대해서 물을 때 그것은 성경에 기록되어 있다고 답하는 것은 결코 충분한 답이 못된다는 것이다.

발트는 성경이 창조에 대해서 말하는 것은 아버지가 아들을 통하여 피조물과 화해하심에 대한 지식을 주고 있는 것이라고 말한다. 즉 모든 성경은 창조, 창조주와 피조물을 말한다고 하지만 실은 인간 예수 그리스도에 대해서 말하고 있다는 것이다. 처음부터 마지막까지 그리스도를 말하는 것으로 이해해야 한다고 하였다 (KD,

III/1, 24).

곧 발트의 전개에 의하면 성경은 창조 자체를 말하는 것이 아니라 인간 예수 그리스도로 하나님이 피조물과 화해하심을 말한다는 것이다.

8.9.2.3. 창조: 예수 그리스도가 메시아임을 말하는 것

발트에 의하면 예수 그리스도가 메시아이고 신구약의 교회의 주님이시다. 성경은 창조의 사건으로 예수 그리스도에 대한 참된 지식을 주려고 할 뿐이다. 그러므로 성경의 문자에서 글자대로 그 의미를 구하면 안 된다고 발트는 강조한다. 즉 창조를 말한 본문들은 창조 자체에 관심하는 것이 결코 아니고 예수 그리스도를 구주로 말하려고 하는 것일 뿐이다 (KD, III/1, 25).

곧 발트에 의하면 성경은 예수 그리스도를 말하기 위해서 신화적인 창조 기사를 말하고 있다는 것이다.

8.9.2.4. 창조 기사: 신앙 문장

발트는 창조 기사는 사실 문장이 아니고 신앙 문장이라고 단언한다. 창조 기사는 예수 그리스도를 중심으로 이해해야 한다고 주장한다 (KD, III/1, 24). 왜냐하면 예수 그리스도가 하나님의 성육신이기 때문이다. 그러나 하나님이 성육신하여 예수 그리스도가 된 것이 아니라고 주장한다. 하나님은 그 본성에 있어서 예수와 하나가 된 것이 아니고 단지 그의 구원의지가 예수와 일치한다는 것뿐이다. 예수 그리스도의 인격은 그가 피조물이라는 것을 증명한다. 곧 하나님의 뜻으로 말미암아 있게 된 존재라는 것이다 (KD, III/1, 26).

발트는 창조 교리가 사실 진리가 아니고 신앙고백임을 거듭 주장한다. 창조의 실재는 예수 그리스도의 인격 안에서 인식되고 그를 통해서만 창조 지식이 매개되는 말씀이라고 한다 (KD, III/1, 29).

발트에 있어서 성경의 창조 기사들은 창조 자체를 말하는 것이 아니고 예수 그리스도를 통해서 신인연합을 이루기 위해서 창조를 설정한 것뿐이다 (KD, III/1, 30). 이것이 발트가 창조를 예수 그리스도와 연결하는 이유이다.

8.9.2.5. 성경의 창조 역사=비사실적 역사 곧 싸가

발트가 창조를 비사실적 역사라고 하는 것은 창조 역사를 싸가 (saga)라고 말하기 위해서이다. 곧 성경의 창조 기사는 예수 그리스도로 이루어진 구원을 말하기 위해서 만들어낸 것임을 강조한다 (KD, III/1, 44). 발트는 창조 역사 (Schöpfungsgeschichte)는 전적으로 비사실적 역사 (unhistorisch)라고 반복한다. 그러면 성경의 창조 보고도 비사실적 역사라는 것이다. 왜냐하면 창조 역사는 무시간적, 무역사적인 것인데 실재인 것처럼 위장하고 있기 때문이라는 것이다 (KD, III/1, 85-87). 그리하여 발트는 성경의 창조 역사는 싸가 (saga)라고 단정한다 (KD, III/1, 89, 90, 91, 94, 98, et passim).

발트의 정의에 의하면 싸가는 일회적이고 시공간적으로 제약된 전 (前) 역사적인 역사적 실재를, 시 짓고 점치는 식으로 작성한 그림 (像)일 뿐이다 (ein divinatorisch-dichterisch entworfenes Bild einer konkret einmaligen, zeitlich-raümlich beschränkten praehistorischen Geschichtswirklichkeit; KD, III/1, 88, 90, 91, 92).

그러므로 교회는 성경이 참 하나님의 말씀을 말하는 것처럼 이해하는 습관을 벗어나야 한다고 발트는 주장한다 (KD, III/1, 89). 성경적 창조 역사는 순수한 싸가이므로 지각과 개념에 근거해서 얻은 보고서일 수가 없다는 것이다 (KD, III/1, 90).

성경적 창조 역사는 시 짓고 점치는 역사 싸가이다 (ist die der divinatorischen und dichtenden Geschichtssage, KD, III/1, 90). 이런 점치고 시 짓는 것은 (in Divination und Dichtung) 사실 (事實) 역사와 구별된다. 그런데도 사실 역사와 연관 있는 것처럼 이야기하므로 싸가가 나왔다는 것이다 (KD, III/1, 90). 따라서 창세기의 두 창조 보고는 순수한 싸가라는 것이다 (KD, III/1, 91).

8.9.2.6. 창조: 은혜언약의 역사를 위한 공간 마련

발트는 은혜언약의 역사 (歷史)를 위한 공간을 마련하기 위해서 창조를 설정한다. 곧 신인의 교제를 위해서 실제 발생한 적이 없는 창조를 만들어냈다는 것이다 (KD, III/1, 40).

8.9.2.7. 영원은 과거, 현재, 미래의 통일인 순간

발트는 창조를 슐라이어마허처럼 보존이라고 지목하기를 바라서 창조가 시간 안에서 발생했다고 반복적으로 진술한다 (KD, III/1, 83, 84).

영원은 시간의 원형태 (Urform)로서 과거와 현재와 미래의 통일인 순간이다. 그래서 영원은 시간을 발생하게 하는 준비 (Bereitschaft)라고 단언한다. 따라서 창조는 시간 안에서 발생한다고 반복한다 (KD, III/1, 73-74, 76, 84).

8.9.2.8. 창조주 하나님도 시간적

발트는 창조를 시간 안에서 발생하게 한 하나님도 시간적이라고 제시한다 (KD, III/1, 72-73). 삼위일체가 시간의 원형이므로 시간은 하나님 안에 있다고 주장한다 (KD, III/1, 73).

발트가 창조주 하나님이 시간적이라고 주장한 것은 하나님이 인간 예수임을 제시하기 위해서 그렇게 말하고 있다.

8.9.2.9. 창조 역사는 환상에서 나온 것인데도 믿음을 요구한다고 함

발트에 의하면 창조 역사는 환상에서 나온 것이다. 점치고 시를 짓는 방식으로 나온 것이다. 환상에서 나온 것인데도 사실로 인정하도록 만들고 또 믿음을 요구한다는 것이다. 환상이 좌지우지하므로 순수한 싸가일 뿐이다. 싸가는 신화가 못하는 것을 말한다. 곧 싸가는 창조주 하나님을 말하고, 신화가 말하지 못하는 창조 역사와 언약의 역사의 연결을 말한다는 것이다 (KD, III/1, 100-101).

발트에 의하면 성경은 구체적인 역사적인 문서가 아니다. 성경적인 창조 역사들은 피조영역에서 발생한 계시에 대한 인간의 증언들이다. 그래도 증언의 대상에 관해서 말하므로 성경은 영감되었다고 발트는 주장한다 (KD, III/1, 102).

8.9.2.10. 창조 사건들을 싸가로 말함

발트는 성경이 창조과정들을 싸가의 언어로 제시한다고 말한다. 빛을 하나님의 첫 창조물이라고 말하는 것도 싸가로 말하는 것이다 (KD, III/1, 134). 또 6일간의 창조물들을 말하는 것도 싸가로 말하고 있다 (KD, III/1, 149, 162, 178, 191, 198, 283, 284, 285). 이것이 뜻하는 것은 발트 자신이 해설하는 창조 사건들이 실제가 아니라 점치고 시를 짓는 작업으로 생겨났다고 주장하는 것이다.

8.9.2.11. 낙원은 실재 자리가 아니고 환상에서 기원하였음

낙원 기사에 대해서 발트는 단호하게 단정한다. 낙원은 땅 위에 있는 자리가 아니다. 에덴이란 이름을 가진 곳도 없고 성경에 나오는 강을 가진 곳도 확정할 수가 없다. 이런 지리적 조건들을 말한 것은 단지 땅에서 발생한 역사 (Geschichte)를 말하려고 하기 때문이다. 그래서 반은 구체적이지만 반은 지리적으로 불확정적이다. 이 싸가는 사실 역사 (Historie)가 아니고 사실적인 역사 이전의 역사 (praehistorische Geschichte)를 제공하는 것이다. 그러므로 낙원은 어디에도 없고 땅 위에는 결코 없는 자리이다. 따라서 낙원 기사는 환상에서 기원되었다 (KD, III/1, 286-287).

낙원 기사는 가나안에서 이스라엘의 구원사적 실제를 역으로 투사한 것이다 (KD, III/1, 305). 곧 낙원의 역사는 이스라엘 역사의 반사일 뿐이다 (KD, III/1, 314). 낙원 싸가는 이스라엘의 역사에서처럼 하나님과 사람 사이에 완전한 교제가 수행되었음을 말하려고 만든 것이다 (KD, III/1, 315). 따라서 낙원 기사는 환상의 장소 (Phantasielandschaft)를 말할 뿐이라고 발트는 말한다 (KD, III/1, 318).

8.9.2.12. 선악의 지식 나무 싸가: 하나님의 주권을 침해하지 못하도록 만든 것이라는 것

발트에 의하면 선악과나무는 하나님의 주권적 권리에 간섭하거나 침해하지 못하도록 만들어진 것이다. 그러나 그것이 물리적으로까지 불가능하도록 한 것은 아니다 (KD, III/1, 300). 또 순종하도록 사람에게 자유를 주셨다는 것을 말한다 (KD, III/1, 302-3).

그뿐만 아니라 선악지식의 나무 기사는 그것을 먹으면 멸망한다는 경고를 하려고 만든 것일 뿐이라는 것이다 (KD, III/1, 308).

8.9.2.13. 남녀 창조: 원인론적 신화

발트는 남자에게서 여자를 창조한 것을 원인론적 신화의 대표적 본보기 (Musterbeispiel eines aetiologischen Mythus)라고 결론한다. 모든 싸가들이 다 원인론적 신화라고 할 수 없지만 창조 싸가와 남녀 창조의 싸가는 그 본질에 있어서 원인론적이라고 주장한다. 곧 존재의 근거에 놓여있는 생성을 보이는 것이고 또 시를 짓듯 날조한 것 (Schau und Dichtung des dem Sein zugrunde liegende Werdens)이라고 설명한다 (KD, III/1, 347).

남녀 창조의 싸가의 저작자는 역사적 현실에서 남녀가 결혼하여 긴밀한 관계에 서는 것을 말하려고 이 창조 싸가를 만들었다고 발트는 결론한다 (KD, III/1, 348).

8.9.2.14. 결론: 자존하신 하나님도 없고 무에서의 창조도 없다

발트 신학에는 자존하시는 하나님이 없다. 그의 신학에 의하면 하나님의 존재는 사건과 행동이다. 이 사건과 행동 뒤로 돌아가서 하나님의 존재자체를 붙잡을 계기가 없다.

그러면 하나님은 그의 존재를 어디에 가지느냐? 발트는 답하기를 하나님의 존재는 그의 아들 인간 예수 그리스도 안에 있다고 한다. 그리고 인간 예수가 하나님이라고 단정한다 (KD, II/1, 288-361).

곧 인간 예수 그리스도만 있고 자존하시는 창조주 하나님은 없다. 따라서 창조도 없다. 창조는 다 시를 짓고 점치는 그런 역사 곧 싸가일 뿐이다.

8.9.3. 폴 틸리히 (Paul Tillich, 1886-1965)

틸리히는 하이데거 철학의 존재와 존재자의 도식으로 신개념을 완전히 바꾸었다. 창조주 하나님은 존재자이므로 궁극적 존재가 아니다. 그런 존재는 하나님이 되지 못한다고 하였다. 그래서 창조주 하나님은 성립할 수 없다고 보고 하나님을 존재자체로 바꾸었다. 존재자체를 신으로 정하므로 전통적 신개념을 완전히 바꾸었다. 존재자체는 이름으로만 있는 것이므로 창조를 이룰 수 없다. 그래서 틸리히는 창조를 현상대로 있는 것이라고 규정한다. 혹은 본질에서 실존으로 나아가는 것이라고 정의하였다.

8.9.3.1. 창조: 존재가 존재물로 나타남; 곧 계속적인 일

틸리히의 신관에 의하면 하나님이 창조주로서 세상을 무에서 창조하셨다는 것은 도저히 성립할 수 없다.

그러므로 틸리히는 자존하시는 하나님이 무에서 만물을 창조하셨다는 전통적인 그리스도교의 교리를 인정할 수 없었다. 그는 만물이 현상대로 있는 것을 창조라고 이름하였다. 그래서 창조를 존재자체인 신의 도식으로 설명한다.

그의 말대로 창조는 옛날 옛적에 (once upon a time) 일어난 사건일 수 없다. 그는 존재자체가 유한한 개별 사물들로 존재하게 되는 것을 창조라고 말한다 (ST, I, 280, 281, 283-4). 곧 존재자체가 개별 존재자로 나타나는 것이 창조라는 것이다. 그러므로 창조가 과거에 일어난 사건이라고 말하는 것은 불합리하다고 틸리히는 주장한다 (ST, I, 284, 285).

이런 창조 도식에서는 창조는 계속적으로 진행되는 일이다. 다시 말하면 신 곧 존재자체는 매순간 새로 생겨나는 모든 것의 지반이기 때문이라는 것이다 (the creative ground of everything in every moment; ST, I, 301, 303).

틸리히는 창조와 타락을 일치시킨다. 곧 존재자체가 존재자로 있게 되는 것은 본질 (essence)에서 존재 (existence)로 나아가는 것이므로 존재자가 본질에서 분리된 것이라고 한다. 그래서 창조가 곧 타락이라고 단정한다 (ST, I, 286).

틸리히는 사람이 하나님의 형상이라고 주장하는데 이것은 사람이 이성과 자유를 가졌기 때문이라는 것이다 (ST, I, 286-289).

8.9.3.2. 결론: 신은 존재자체이고 창조는 존재가 존재물로 구체화됨임

틸리히는 성경의 창조주 하나님을 버렸다. 그리고 하이데거가 말한 존재자체 (Sein, being itself)를 신으로 등극시켰다.

그는 또 창조의 개념도 완전히 바꾸었다. 존재가 모든 존재자들 안에 들어 있으므로 존재자가 되었다는 것이다. 따라서 창조는 존재자체가 사물들로 나타나는 것이라고 한다.

8.9.4. 칼 라아너 (Karl Rahner, 1904-1984)

칼 라아너는 하이데거의 철학으로 전통적인 신학을 완전히 재해석하여 새로운 로마교회 신학을 만들었다. 더욱이 그의 신학에 근거하여 바티칸 공회의 (concilium Vaticanum II, 1962-1965)가 종교다원주의를 교리화하므로 그의 신학이 로마교회의 기본신학이 되었다.

따라서 라아너는 전통적인 로마교회의 근본 교리인 삼위일체 교리와 성육신의 교리를 다 신화로 치부하여 폐기처분하였다. 여기서 더 나아가 자존하신 하나님 창조주를 하이데거가 말한 존재자체로 대체하였다.

그리고 창조 개념도 완전히 바꾸었다. 창조란 존재자체가 존재를 개별사물들에 통보하여 존재자가 되게 한 것이라고 한다. 이런 사고는 진화론보다 더 불가능한 억설일 뿐이다.

8.9.4.1. 창조: 인과적 사건 아님

라아너는 창조는 인과적인 관계가 아니라고 단언한다. 곧 창조는 두 실재 간에 일반적인 인과관계의 개별사례가 아니라는 것이다. 곧 한 존재자가 다른 존재자들을 일어나게 하는 기능적 연관이 아니라는 것이다.

전통적인 의미로 창조는 전능한 창조주 하나님이 무에서 만물을 만든 것을 말한다. 라아너는 이런 이해를 전적으로 배제한다. 창조는 이전 시점에는 없던 것을 발생하게 한 것을 지시하는 것이 아니라고 한다 (Grundkurs des Glaubens, 84-85). 오히려 창조는 지속적인 과정을 뜻한다. 따라서 창조는 한순간의 사건을 뜻하지 않는다는 것이다 (Grundkurs, 85).

8.9.4.2. 창조: 존재 통보로 존재자가 늘 나오는 것을 말함

라아너는 창조는 은혜라고 말한다. 곧 사물들이 스스로 존재하는 것이 아니고 존재 통보를 받아서 존재하고 있기 때문이라는 것이다 (Grundkurs, 87). 존재를 받음 (Seinsempfängnis)을 라아너는 은혜로 제시한다 (Grundkurs, 45).

곧 창조란 개물들이 존재의 존재 통보를 받아서 존재하고 있음을 말한다. 창조는 과거의 한 시점에서 일어난 사건을 뜻하지 않고 현재 지속적인 과정이어서 이전에 있었던 것이나 지금 존재하는 것이나 다 동일하게 진행되고 있는 과정일 뿐이라는 것이다 (Grundkurs, 85).

이렇게 라아너는 말 몇 마디로 전통적인 신학을 다 연기처럼 날려 보내므로 더 이상 믿을 것이 없도록 만들었다.

8.9.4.3. 창조: 세계가 신에게 의존해 있음을 말함

라아너는 창조란 세계가 과격하게 신에게 의존해 있다는 것을 지시하는 것이라고 한다. 이 과격한 의존은 지속적이다. 곧 창조라는 것은 존재물들이 절대적인 존재근거인 존재자체에 전적으로 의존되어 있다는 것이다. 그러므로 창조는 존재물들의 존재근거 곧 존재자체를 지속적으로 지시한다 (Grundkurs, 85-86). 이런 관계를 그리스도교의 복음은 세계가 창조되었다고 말해 왔다는 것이다 (Grundkurs, 86).

제9장

섭 리

(providentia Dei, προνοια)

Trinitas et Illius Opera

섭리 (攝理)는 창조 이후에 이어지는 하나님의 사역이다. 하나님은 우주 만물을 창조하시고 운행하신다. 피조물은 다 하나님의 손에서 유래되었다. 그러므로 스스로 존재할 수 없고 홀로 설 수 없다.

창조주는 창조물들을 그의 손으로 붙드시고 다스리신다. 그래서 만물이 무로 돌아가지 않고 각각 창조주로부터 받은 소임을 감당한다.

섭리는 처음 창조와 직접 연결되어 있다. 하나님은 창조 직후부터 만물을 운행하시고 또 그것들을 붙드신다. 그래서 섭리를 계속적인 창조 (continua creatio) 혹은 계속된 창조 (continuata creatio)라고도 이름하였다.

그러나 섭리는 창조와 엄연히 구분되고 분리된다. 창조주는 창조를 붙드시지만 새로운 종 (species nova)이나 새로운 존재물들을 창조하시는 것이 아니다. 그러므로 계속적 창조라기보다 섭리라고 해야 한다.

제1절 섭리의 정의

창조주는 그의 무한한 지혜와 권능으로 무에서 천지 만물을 단번에 창조하셨다. 그리고 무에다 만물을 펴 놓으셨다. 하늘과 땅은 무에서 나왔다. 창조주는 만물들을 그의 손으로 붙드셔야 한다. 그래야 만물이 무로 돌아가지 않고 그 존재를 계속 유지할 수 있다.

피조물의 기본 본성은 의존성이다. 자존자를 제외하고는 모든 피조물은 다 창조주에 의존해서만 존재할 수 있다. 이 진리를 칼빈이 이렇게 표현하였다. 하나님이 한순간이라도 그의 얼굴을 만물에서 돌이키면 만물이 무로 돌아간다고 하였다.

그러므로 창조주 하나님은 만물을 마지막 날까지 그의 손으로 붙드신다. 하나님이 만물을 손으로 붙드심은 만물들을 종류대로 보존하고 종별로 존재하도록 하심이다. 또 개별존재가 그 본성대로 존재하도록 하심을 말한다. 또 모든 조물들이 그 성질과 법칙대로 존재하도록 하심도 말한다.

창조주 하나님은 만물을 그 창조하신 목표를 향해서 나아가도록 다스리시고, 주신 성질과 법칙대로 잘 운행하여 창조경륜이 이루어지게 하신다.

9.1.1. 섭리의 두 요소: 보존과 통치

루터파 신학과 개혁신학은 다 같이 섭리의 구성요소로 보존(conservatio), 협동(concursus), 통치(gubernatio)로 나누어 왔다. 그러나 섭리를 논할 때 처음부터 세 부분으로 분류한 것이 아니었다.

17세기 이신론 (理神論, deism)이 일어나서 하나님의 창조를 하나님의 손에서 분리하는 것으로 제시하므로 협동을 추가하였다. 그러나 협동은 2차적 원인들과 협력함 (cooperatio cum causis secundis)이어서 합리적 피조물들의 타락과 범죄에 협력하는 것이 된다. 협동은 하나님을 죄의 조작자 (auctor peccati)로 만드는 성향이 높다. 따라서 협동을 섭리의 요소로 추가하는 것은 부당하다.

하나님은 창조를 붙드시고 돌보시므로 창조를 떠나시는 일은 결코 없다. 이 방식으로 모든 피조물이 그 성질과 법칙대로 일한다. 따라서 섭리는 붙드심 곧 보존과 다스림으로만 나누어 살피는 것이 합당하다. 보존보다는 붙드심이 더 합당한 표현이다.

또 섭리를 일반섭리 (providentia generalis)와 특별섭리 (providentia specialis)로 나누어서 다루어 왔다. 일반섭리는 물리적인 피조물을 다스리심으로 특별섭리는 합리적 피조물을 다스리심으로 이해해왔다.

제2절 섭리의 작정과 목표 (decretum et scopus providentiae)

9.2.1. 섭리의 작정

창조주는 창조 작정대로 만물을 다스리시고 붙드신다. 창조주는 창조 작정 (decretum creationis)을 세우실 때 섭리 작정도 함께 정하셨다. 창조 작정을 세우실 때 구체적으로 확실하게 정하셔서 모든 만물을 완벽하게 창조하셨다. 창조 후에 창조를 운행하실 계획도 다 창조 작정 시에 정하셨다. 그리하여 역사의 과정에서 하나님의 작정대로 모든 일이 이루어지도록 계획하셨다.

창조의 운행과 역사의 진행은 전적으로 하나님의 작정대로 진행된다. 곧 창조경륜을 이루시기 위해서 모든 작정이 이루어졌고 그 작정대로 모든 것이 진행된다.

창조세계에 사물들이 창조주 하나님의 작정을 떠나서 스스로 일을 일으키는 것은 없다. 하나님의 창조세계에 시간이 사물의 발생과 진행을 결정하는 일은 없다. 시간이 새롭게 새로운 일을 일으키는 것이 아니다. 곧 순수 우연은 불가능하다.

창조 운행과 시간의 진행은 다 하나님의 작정을 이루기 위해서 이루어진다. 곧 하나님의 작정을 구체화하고 사실화하기 위해서 이루어진다.

9.2.2. 섭리의 목표는 창조경륜을 성취함임

하나님은 창조를 계획하실 때 창조경륜을 가지셨다. 창조주는 인격적인 존재들이 그의 지혜와 권능을 인해서 하나님을 찬양하고 경배하므로 영광을 누리시기를 바라셨다. 그래서 하나님은 사람을 하나님의 형상으로 지으시고 그들을 자기의 백성으로 삼으셨다. 또 그들이 창조의 비밀을 탐구하여 창조주를 영원히 찬양하도록 하셨다.

창조주 하나님은 자기의 창조세계에서 그리고 역사과정을 통해서 창조경륜을 실현하기로 하셨다. 창조세계에 반역이 일어났어도 창조주는 그의 경륜을 이루기 위해서 역사를 진행시키기로 하셨다. 곧 창조경륜의 성취를 섭리의 목표로 세우셨다.

마침내 역사과정이 마쳐질 때 하나님이 만유 안에 만유가 되시어 백성들로부터 찬양과 경배를 영세무궁하도록 받으실 것이다.

9.2.3. 섭리주 (gubernator)

아버지 하나님은 창조 작정을 하셨으므로 창조주이시다. 아들 하나님은 작정을 따라 만물을 창조하셨으므로 (요 1:3, 10; 고전 8:6; 골 1:16; 히 1:2) 그가 실제 창조주이시다.

아버지가 아들을 통해서 창조를 이루신 것처럼 섭리도 아들 하나님이 수행하신다. 아들 하나님이 섭리의 작정을 따라 만물을 붙드시고 다스리시므로 (골 1:17; 히 1:3; 2:8), 아들이 실제 섭리주이시고 역사의 주재이시다 (계 1:18-20:15; 19:11-15; 유 4). 만물 위에 계셔서 세세에 찬양을 받으실 하나님이시라고 할 때 (롬 9:5), 만물 위에 계시는 하나님은 만물의 섭리주이신 아들을 말한다.

그는 능력의 말씀으로 만물을 붙드신다고 (히 1:3) 할 때 아들 하나님이 창조의 말씀으로 만물을 붙드심을 말한다. 아들 하나님이 섭리주이심은 만물을 그 발아래 복종하게 하신 일에서 확실하다. 만물을 충만하게 하심은 그의 권능으로 만물을 온전히 다스리심을 말한다 (엡 1:22-23).

하나님이 만유 위에 계시고 만유를 통일하시고 만유 가운데 계시는 것은 (엡 4:6) 만물을 붙드시고 다스리심을 말한다. 곧 아들 하나님이 섭리주이심을 명시한 말씀이다.

더 명시적인 말씀은 "또 만물을 그 발아래 복종하게 하시고 그를 만물 위에 교회의 머리로 주셨느니라" (엡 1:22)이다. 이것은 창조주이시고 구원주이신 아들 하나님이 섭리주이심을 강조하는 말씀이다.

그러나 섭리주는 하나님의 작정을 따라 만물을 다스리신다.

제3절 붙드심 (보존, conservatio)

창조 후 하나님은 만물을 그의 손으로 붙드신다 (히 1:3). 그는 만물이 그 성질과 법칙대로 운행하게 하시고 생명을 주셔서 존재하게 하신다. 그러므로 보존 (conservare)보다는 붙드심 (tenere)이라고 함이 합당하다.

섭리주가 만물을 붙드심으로 창조된 만물이 무로 돌아가지 않는다.

9.3.1. 섭리주는 만물을 그 성질과 법칙대로 보존하심

창조주는 창조의 권능의 말씀으로 만물을 붙드셔서 (히 1:3) 처음 창조된 대로 유지되고 보존되게 하신다.

시간의 진행에 따라 창조 시 사물들에게 주신 법칙과 성질이 변하지 않게 하신다. 특히 죄가 들어오므로 하나님이 창조세계에 내린 저주로 인해서 (창 3:17) 사물의 법칙과 성질이 변하지 않도록 만물을 붙드신다.

처음 창조 때처럼 지금도 만물이 그 본성과 법칙을 그대로 유지할 수 있는 것은 하나님이 그의 권능의 말씀으로 붙드시기 때문이다.

9.3.1.1. 토마스의 보존 개념: 존재를 흘러들어가게 해서 보존함임

토마스는 만물을 보존하심을 이렇게 전개한다. 하나님은 직접적으로 만물을 창조하시고 사물들에다 질서를 세우셨다 (Summa Theologica, I, quaest. civ, art. 2). 하나님은 본성의 필연성으로 아니고 자유로이 사물들을 존재로 생산하셔서 보존하신다 (Deus non de necessitate naturae, sed libere res in esse produxit et conservat).

토마스는 창조를 존재 통보의 방식으로도 말한다. 하나님이 피조물에게 존재를 통보하신다. 그러므로 계속적으로 사물들에 존재가 흘러들어가게 하지 않으신다면 사물을 존재하도록 보존하지 않으신다고 말한다 (ST, I, quaest. civ, art. 3). 사물들이 있기 전에는 존재를 통보하지 않으실 수 있었다. 만들어진 후에도 사물들에게 존재를 흘러가지 않게 하실 수 있다. 그러면 있기를 그칠 것이고 사물들이 무로 돌아갈 것이다. 그리고 하나님이 사물들로부터 그의 행동을 철수하시면 무로 돌아갈 것이라고 한다 (ST, I, quaest. civ, art. 3. 4).

이런 토마스의 주장은 사변적 사고일 뿐이다.

9.3.1.2. 존재를 부어넣음이 아니고 만물을 붙드심이라고 해야 함

하나님이 사물들에게 존재를 부어넣으심이 아니다. 처음 창조하신 만물이 그 받은 존재대로 있도록 하나님이 붙드신다고 말해야 한다. 이것이 바른 성경적인 진리이다.

사물을 처음 창조하신 대로 보존하심이 하나님의 일이다. 하나님은 그가 만드신 모든 사물들을 영원까지 지속하도록 하신다. 사물들이 영원까지 지속하는 것은 하나님의 능력이 그것들을 붙드시기 때문이다. 그러므로 결코 무로 돌아가지 않는다 .

하나님이 스스로를 낮추어 천지만물을 살피시는 것이 (시 113:6) 만물을 붙드심이다.

9.3.2. 만물이 변형되어 다른 종이 되지 않게 붙드심

창조주는 창조된 만물이 변화되지 않게 붙잡으신다. 아우구스티누스는 만물이 무에서 창조되었기 때문에 그 본성이 가변적 (mutabilis)이므로 무로 돌아갈 수 있다고 하였다 (de Civitate Dei, XV, 21).

그러나 창조주가 만물을 붙드심으로 변종 (變種)은 일어나지 않는다. 따라서 하나님의 섭리 때문에 종을 넘어가는 진화는 불가능하다.

9.3.3. 만물에게 생명을 주셔서 붙드심

창조주는 만물에게 생명을 주셔서 그것들을 붙드신다. 바울은 이 진리를 하나님이 만민에게 생명과 호흡과 모든 것을 주신다고 표현하였다 (행 17:25; 시 36:9). 만물이 살아 생명을 유지할 수 있는 것은 하나님이 친히 그들에게 생명을 주시기 때문이다 (딤전 6:13).

9.3.4. 창조주는 만물의 종을 보존하심

개물들은 있다가 소실되어도 종은 결코 없어지지 않게 하신다.

창조주가 처음 만물을 그 종류대로 지으셨다. 특별히 생명체들을 개물들로 창조하셨지만 그 종류대로 창조하셨다 (창 1:20-25).

만물들을 그 종류대로 창조하시므로 개별 생명체들은 없어져도, 같은 종에서 같은 개별사물들이 나오도록 하심으로 만물이 종(species)으로 유지된다. 개별사물들은 오직 종류대로 나오므로 종으로 존속하는 것은 결코 없어지지 않는다.

종류대로 보존하심에는 땅의 형질과 형태도 그대로 보존하신 것도 포함된다. 그래야 사물들이 그 종류대로 존속할 수 있기 때문이다.

제4절 통치권의 위임과 보존을 위한 사람의 책임

9.4.1. 통치권의 위임은 창조물의 보존의 책임을 지는 것임

창조주는 아담에게 땅과 바다와 그 안에 있는 모든 생명체들을 다스리도록 위임하셨다 (창 1:26, 28).

통치권의 위임은 창조물들을 보존하고 관리하는 책임을 맡기심을 말한다. 또 하나님은 아담에게 다스릴 영역들을 명시하셨다. "바다의 고기와 공중의 새와 육축과 온 땅과 땅에 기는 모든 것을 다스리게 하자 하시고" (창 1:26).

아담을 창조하신 후 아담에게 창조 통치권을 위임하시면서 동일한 책임을 주셨다. "하나님이 그들에게 복을 주시며 그들에게 이르시되 생육하고 번성하여 땅에 충만하라, 땅을 정복하라, 바다의 고기와 공중의 새와 땅에 움직이는 모든 생물을 다스리라 하니라" (창 1:28).

여기에 사람들이 만물을 다스리며 할 일이 명기되어 있다. 땅을 다스림은 땅의 형질과 토질과 형체를 보존하고 보살핌을 말한다. 그리하여 처음 창조된 대로 보존하여 창조주로부터 받은 소임을 다하도록 하심을 뜻한다.

아담이 다스릴 생명체들을 명시하심은 그 생명체들을 잘 보살피고 관리함으로 보존되어 번창하도록 돕는 것을 뜻한다. 특별히 생명체의 종들이 없어지지 않고 그대로 존속하여서 본래의 소임을 다하도록 하는 것을 말한다. 생명체들이 다 살아 있어야 땅과 주변의 환경이 제대로 보존될 것임을 말한다. 그래야 사람들이 삶에 필요한 모든 것을 공급받기 때문이다.

9.4.2. 땅을 다스림은 땅의 형질과 형체와 토질을 보존함임

땅을 다스림은 땅을 돌보고 보살펴서 처음 창조된 형질과 형태와 토질을 그대로 유지되도록 하는 것이다.

이 명령이 종족들로 땅의 형체를 바꾸지 않고 농사하여 식량을 조달하는 것과 집을 지어 살도록 하였다. 땅은 하나님의 것이므로 주거를 위해서 터를 고르는 것과 양식을 조달하기 위해서 토지를 일구어 농사하는 정도로 토지를 보존하였다.

산들은 그 지역의 토지를 지탱하고 보호하기 위해서 설치되었다. 큰 산들은 지구의 기둥으로 땅을 받치고 끌어당겨서 평지가 꺼지지 않게 하고 있다. 또 산에 수풀이 가득하게 하여 평지에 사는 사람들의 안식처와 좋은 대기와 물을 공급하는 일을 하고 있다.

산들은 평지에 사는 삶을 위해서 없어서는 안 될 필수적인 환경이다.

9.4.2.1. 땅의 형체를 변형하여 완전한 파괴를 자행함은 불가함

문명이 발달하여 기계들이 많아지면서 토지와 땅의 형태와 형질을 대대적으로 변경하였다. 대단위 집들을 짓고 길을 만들기 위해서 대대적으로 산들을 헐어 내렸다. 산들을 헐어 내려서 집을 짓고 산림을 다 깎아버리면 얼마 지나면 그 지역이 사막이 될 것이다.

산림을 대대적으로 훼손하여 사막화된 지역이 많다. 사하라사막 (Sahara Desert), 타클라마칸사막 (Taklamakan Desert), 고비사막 (Gobi Desert) 등은 본래 숲이 가득한 산지였다. 그러나 산림을 마구 훼손하므로 사막이 되었다.

산림을 훼손하고 산들을 마구 깎아내리면 산들이 사막이 된다. 지금도 전 세계적으로 사막화가 심각하게 진행되고 있다.

사하라사막 남북으로 사막화가 크게 확대되어 있고, 나미비아도 사막이 국토의 대부분을 이루고, 사하라 북부 곧 아프리카 북부도 대부분 사막화가 되어 있다. 아라비아와 중동 지역도 사막화가 심각하게 진행되었다. 중국도 넓은 대륙에 사막을 여럿 품고 있어서 사막화가 심각하게 진행되고 있다. 북미대륙의 경우도 사막이 많은 지역을 점령하고 있다.

대대적인 주택건설과 도로를 확장하고 넓히기 위해서 산들을 마구 깎아내려 지형을 변형시키고 있다. 도시화로 자연이 황폐화되어 사막화를 막을 길이 없다. 현재와 같은 도시화가 넓게 진행되면 세계의 대부분이 사막화될 것이다.

사막화가 되면 물이 없어져서 식수가 심각한 문제가 되고, 식량을 생산할 수가 없게 된다. 그러면 많은 사람들이 굶주리고 빨리 죽게 된다. 사람이 만든 재앙에 의해서 인류가 멸절할 수 있다.

사람은 땅의 모양을 지키고 형질을 유지하며 산림 등을 지킬 책무를 갖고 태어났다. 이 보존의 책임을 다 감당해야 한다.

9.4.2.2. 토질을 완전히 파괴함은 불가함

인류가 에덴동산에서 쫓겨난 후부터 사람들은 먹거리로 늘 싸움을 수행하였다. 식량이 부족하여 자주 남의 땅에서 식량을 탈취하였다.

그러다가 농사에 해로운 벌레들과 균들을 죽이기 위해서 농약과 살충제를 많이 개발하였다. 이런 것들을 사용하여 농사하므로 상대적으로는 농산물의 생산이 증가하였으나 해악이 심각해졌다. 토지가 완전히 산성화되고 토지를 지탱하는 미생물들이 다 죽어 없어지므로 바른 생산을 할 수가 없게 되었다. 또 그런 환경에서 생산된 먹거리들이 사람들을 온갖 질병들로 몰아가고 있다.

지구는 자연적인 생산으로도 인류가 먹기에 충분한 식량을 생산할 수 있다. 그러나 더 많은 생산을 하여 소득을 크게 하려고 농약과 살충제와 화학비료와 미생물 살균제를 많이 만들어 살포해왔다. 이로써 일시적으로는 많은 식량을 생산하지만 결국 토질이 산성화되고, 토지를 토지 되게 하는 미생물들이 다 죽게 되어 토지가 완전히 황폐화하였다.

현대 과학기술로 토지의 질을 완전히 바꾸는 것은 창조질서를 침범하는 것이고 토지를 완전히 병들게 하는 것이다. 이 결과로 사람들이 다 농약과 살충제에 의해서 오염된 식량을 먹게 되어 많은 질

병들이 들어왔다.

또 농산물 재벌들이 세계 곡식의 유통구조를 다 거머쥐고 있어서 세계 인구의 3분의 1 이상이 절대빈곤의 고통을 당하고 있다.

9.4.2.3. 처음 토질을 보존해야 함

사람의 몸은 흙으로 만들어졌다. 그리고 흙에서 살도록 세워졌다. 또 흙에서 나는 것들을 먹거리로 먹고 살게 되었다 (창 1:29).

처음 창조된 토질의 기본을 유지 보존해야 한다. 그래야 건강하고 병들지 않고 바람직한 삶을 살 수 있다. 그러려면 지금 황폐화된 땅의 토질을 회복해야 한다. 화학비료, 살충제, 농약은 벌레들만 잡은 것이 아니라 토질을 형성하는 미생물들도 다 죽여 토질이 살아나지 못하고 있다.

토질을 다시 살려 올바른 먹거리가 생산되는 땅으로 바꾸어야 한다. 그래야 창조주가 위임하신 보존의 책무를 다하여 인류가 계속 존속하고 번성할 수 있다. 인류가 존속해야 창조주 하나님을 찬양하고 경배하며 그의 창조물을 탐구할 수 있다.

9.4.3. 생명체들의 종을 보존해야 함

창조주가 땅의 통치권을 아담에게 위임하시면서 다스림의 영역을 명시하셨다. 바다의 고기와 공중의 새와 땅에 움직이는 모든 생물을 다스리라고 명하셨다 (창 1:28).

창조주가 이렇게 생명체들을 명시하시면서 다스리라고 하신 것은 그것들을 잘 보살피고 돌보아 그 생명이 존속되어 없어지거나 빠지면 안 되는 것임을 말한다.

9.4.3.1. 바다의 생명체들을 종으로 보존해야 함

바다에 사는 고기들의 종을 보존해야 한다. 사람이 사는 뭍에서 떨어진 바다에 사는 고기들을 다스리라고 명하셨다. 이것은 바다에 사는 고기들도 사람의 보살핌이 있어야 잘 살 수 있음을 뜻한다.

홍수전까지는 숨 쉬는 동물들을 먹으라는 창조주의 명령이 없었던 것을 보아 (창 9:3-5) 바다의 고기들이 사람들의 먹거리가 되지 않았음을 알 수 있다. 따라서 처음 창조 시에 바다의 고기들을 잘 보살피라고 한 것은 먹거리로 쓰기 위해서가 아님을 알 수 있다.

바다에 사는 고기들이 바다의 역할에 큰 몫을 하고 있음을 시사한다. 바다가 하는 많은 일들에 고기의 역할이 큼을 알 수 있다.

창조주가 아담에게 바다의 고기를 다스림을 위임하셨으므로 우리는 바다에 사는 모든 생명체들이 없어지지 않고 그 종대로 보존되도록 해야 한다.

그동안 산업의 발달로 바다에 사는 생명체의 반이 없어졌다고 하는데 그런 일이 진행되도록 하면 안 될 것이다. 그러면 생태계가 파괴되어 인류의 생존이 불가능할 것이다.

인류는 바다에 대한 책임을 면할 수 없다. 따라서 바다에 사는 모든 생명체들의 종이 보존되도록 해야 한다. 상업상의 이유나 식량문제 때문에 바다에 사는 생명체들의 일정한 종을 멸절시키도록 하면 결코 안 될 것이다. 인류는 모든 생명체의 종들이 보존되도록 최선을 다해야 한다.

노아홍수 후에 바다에 사는 생명체들도 사람의 먹거리로 허락받았지만 (창 9:3-5) 그 허용이 종들까지 다 멸절함을 말하지 않는다. 바다에 사는 생명체들을 잘 기르고 가꾸고 보살피면서 필요한 식량을 물고기들에서 보충하도록 해야 할 것이다.

9.4.3.2. 공중의 새들을 보존함

공중에 나는 새들이 헤아릴 수 없이 많다. 그런데도 그것들을 다스리라고 명하셨다. 공중의 새는 사람들의 손이 닿기 어려운 자리에 있는데도 창조주는 그것들을 다스리라고 명하셨다.

창조주는 그의 무한한 지혜와 권능으로 창조하신 피조물들 그 중에도 생명을 가지고 공중을 날아다니는 새들이 잘 보존되도록 하셨다.

공중의 새들이 종류가 많지만 그 새들이 종대로 보존되어야 한다. 해로운 새는 죽여도 된다는 생각이 많다. 해로운 새나 이로운 새나 다 공중에 필요하여 창조하셨으므로 모든 새들은 그 종류대로 보존되어야 한다.

9.4.3.3. 땅의 모든 동물들을 보존해야 함

"땅에 움직이는 모든 생물을 다스리라 하시니라" (창 1:28). 땅 위에 동물들이 그 종류별로 헤아릴 수 없이 많다. 동물들 중에는 가축과 짐승과 곤충들이 포함된다.

동물들은 사람을 해치는 동물들과 이로운 동물들로 나뉜다. 동물들 중에서 맹수는 사납고 사람을 해치므로 할 수 있으면 수를 줄이거나 없애는 일을 하려고 사람들이 애를 많이 쓴다. 그런 까닭으로 공룡이 사람들에 의해 멸절되었다고 해야 할 것이다.

곤충들 중에서 해로운 곤충은 박멸하기를 원하지만 수가 많아서 그렇게 하지 못하고 있다.

사나운 동물이나 해로운 곤충이나 다 창조주가 자기의 창조세계에 적합하도록 지으셨으므로 그 종을 보존하도록 최선을 다해야 한다. 결코 멸종시키면 안 될 것이다.

제5절 다스림 (gubernatio)

9.5.1. 정의

하나님의 다스림은 신적 섭리의 사역이다 (Gubernatio Dei est opus providentiae eiusdem). 창조주 하나님은 만물을 창조하신 후에 그의 작정을 따라 만물을 어거하고 배정하여 각 사물들에 배정하신 목적에 이르게 하셨다. 또 창조경륜을 성취하여 구원받은 백성 가운데 거하시며 찬양과 경배를 받으시는 것을 목표하고 만물의 운행을 집행하신다.

통치의 대상에는 물리적인 사물들과 합리적인 도덕적 피조물이 포함된다.

9.5.1.1. 창조주가 세운 법칙대로 움직이게 역사하심

창조주가 넣어놓은 법칙들에 따라 각 사물들이 움직여서 그 사물의 존재 목적에 합당하도록 진행되게 하셨다. 또 하나님은 그들을 배정하시고 지도하시며 목표점에 이르도록 이끄신다.

9.5.1.2. 합리적인 피조물들의 자유의지의 결정과 행동을 막지 않으심

합리적 도덕적 피조물들은 자유의지가 있어서 의지의 결정에 따라 행동한다. 자유의지로 사람들은 악을 행하고 죄악을 범한다. 그러나 하나님은 사람의 악한 계획과 행동을 막지 않으시면서 자기의 작정이 이루어지게 하신다. 사람이 인격적인 결정으로 일을 행하고 진행하면 하나님은 그것을 막지 않으시고 그 결정대로 하도록 놓아두신다. 그리하여 인격적 존재로서 자기의 직임을 다 행하도록 하신다.

9.5.1.3. 허용의 작정

사람이 죄와 악을 행할 때 하나님은 허용하고 (permissio efficax) 막지 않으신다 (non-impeditio peccati). 그러나 하나님의 무한한 지혜의 역사로 사람의 죄악을 통해서도 자기의 뜻을 이루신다. 사람의 죄악을 통해서는 하나님의 선하심 (bonitas)을 드러내시고, 회개와 믿음을 통해서는 하나님의 영광의 작정을 드러내신다.

9.5.1.4. 다스림의 목적 (finis providentiae)

결국 섭리의 목적은 하나님이 회복된 백성 가운데 거하시며 찬양과 경배를 받으시는 것이다. 이 일을 그의 권능과 지혜로 이루신다. 창조경륜의 성취가 모든 하나님의 사역의 목표이다.

9.5.2. 일반섭리

하나님의 통치를 일반섭리와 특별섭리로 구분한다. 일반섭리 (providentia generalis)는 하나님이 세상에 있는 만물을 유지하고 다스리는 것을 말한다.

일반섭리는 각 사물들에 심겨진 성질과 법칙대로 만물이 전체로 혹은 개별적으로 움직여서 창조주의 경륜을 이루도록 조절하고 인도하여 목표에 이르게 하는 다스림이다. 여기에는 사건들과 천체들의 운행 등도 다 포함된다.

섭리의 진행도 창조 작정을 따라 진행된다. 창조경륜이 모든 창조와 섭리의 목표이고 목적이므로 모든 사건들과 진행도 다 창조경륜의 성취를 위해서 진행된다.

하나님이 물리적인 사물들을 직접 움직이신다. 그러나 사물들에 부여된 성질과 법칙을 벗어나서 하나님이 직접 사물이 하는 기능을 행사하신다는 것은 합당하지 않다. 처음 창조 시에 주신 성질과 법칙을 따라 사물이 작동하도록 창조주가 역사하신다.

9.5.3. 특별섭리

창조주의 역사운행은 창조경륜을 이루시기 위해 이루어진다. 따라서 특별섭리 (providentia specialis)는 역사진행 과정에서 집행되었다.

9.5.3.1. 창조경륜을 이루기로 정하심

하나님이 태초에 곧 영원에서 섭리 작정을 하셨어도 그 집행은 역사과정에서 하신다.

더구나 사람들로 자기의 백성을 삼으셔서 그 백성 가운데 거하시며 찬양과 경배를 받으시는 일을 하셔야 하므로 사람들의 일을 다루시는 것은 역사에서 수행하셨다.

곧 특별섭리는 사람들을 돌이켜 자기의 백성 삼는 일을 하시는 하나님의 사역이다.

9.5.3.2. 특별섭리는 범죄한 백성을 돌이킴을 목표

특별섭리는 하나님이 범죄한 백성을 다시 돌이켜 자기 백성 삼기 위해서 행하시는 모든 일들을 뜻한다.

그리스도의 구속사역이 이루어지기 전에는 특별섭리는 죄의 억제와 구속의 길을 마련하심에 집중되었다.

이스라엘 밖에서도 그리스도의 오심과 영접을 준비하셨다. 언어와 문화와 철학의 발달로 하나님의 구속사역을 이해하고 받아들일 수 있도록 만드셨다. 하나님은 그리스도를 믿지 않고 배척하는 자들로 그리스도의 구속사역을 막지 못하게 하셨다.

섭리주는 구속사역이 이루어진 다음에는 온 세상에 그리스도의 복음이 전파되게 하셨다. 하나님은 복음전파로 사람들을 불러 모아 교회를 이루고, 복음을 듣지 못한 사람들을 위해서는 전도자들을 세워 이방족속들에게 복음을 전하게 하셨다.

9.5.3.3. 복음전파를 막는 세력들

복음전파와 그것을 막는 세력들이 다양하다. 그 첫 번째가 유대인들이다. 그 다음이 지식체계를 갖고 있는 종교들이다. 그러므로 복음전파자들에게로 향한 핍박과 살해가 늘 계속되고 있다. 바울의 전도를 막는 자들이 유대인들이었다. 지금도 자칭 유대인들과 그들의 조직들과 돈이 전 세계적으로 특히 미국에서 복음선포를 불가능하게 하고 있다.

적그리스도 세력들이 세계단일정부를 세우려고 계획하고 있다. 이 일이 성취되면 그리스도인들이 설 자리가 없도록 할 것이 분명하다.

9.5.3.4. 복음전파와 적그리스도 세력들의 충돌

이런 일들도 하나님의 섭리인가? 하나님의 섭리 없이는 이런 일이 일어나지 않을 것은 분명한 진리이다. 그러나 복음의 진보를 막는 역사적 진행은 결국 거짓 유대인들에게서 적그리스도가 나오도록 돕는 것임을 배제할 수 없다 (계 2:9; 3:9).

하나님은 악인들과 그들의 계획도 다 이루어지게 하시므로 역사를 마감하고 온전한 하나님의 백성을 모으실 것이다.

죄와 악도 그 성질대로 작동하게 허용하므로 하나님의 나라를 이루는 데 돕게 할 것이다. 사탄이 전 그리스도교 세계를 하나님의 통치에서 빼어내어 적그리스도의 나라 곧 사탄의 지배 아래 두려고 한다. 그러나 이런 도모도 다 하나님의 섭리의 작정을 이루도록 돕는 일을 할 뿐이다.

역사의 마감은 적그리스도의 출현과 그의 나라 수립 후에 이루어질 것이다 (계 18:14-19:2).

9.5.3.5. 기적들의 역할

하나님은 그의 나라를 이루기 위하여 물리적 세계를 활용하신다.

그러나 그런 물리적 세계의 법칙과 성질을 넘어서 하나님은 구원의 전파가 쉽게 이루어지도록 직접 역사하신다. 그리스도의 구원사역의 전파를 위해서 하나님은 피조물들의 능력과 지혜와 계획을 넘어가는 일들을 행하신다. 이런 하나님의 직접적인 역사를 기적이라고 표현한다.

기적의 발생은 창조세계의 법칙과 운행으로도 설명할 수 없다. 창조세계의 질서를 헐지 않으면서도 자연법칙(自然法則)을 넘어가고, 피조물의 지혜로는 도저히 설명할 수 없는 일들이 기적이다. 따라서 기적은 하나님의 직접적인 개입과 역사로밖에 설명할 수 없다.

기적들은 하나님의 구원사역을 증거하고 사람들로 믿게 하는 직임을 행사한다.

9.5.3.6. 그리스도인들의 직임

그리스도의 구속사역은 반역한 백성들을 돌이켜 하나님의 백성으로 삼기 위해서 일어났다. 그러므로 그리스도인들은 믿음의 삶을 살면서 그리스도의 구원사역을 전파하고 증거하여 하나님의 특별섭리에 봉사해야 한다.

하나님이 현 창조질서를 그리스도의 재림 시까지 보존하신다. 그때까지 그리스도인들은 창조질서 속에서 살아야 한다. 중간에 영체가 되거나 부활체가 되는 것이 아니다.

그러므로 마지막 날까지 하나님의 창조질서를 잘 보존하고 붙들어야 한다.

9.5.4. 생명체들을 다스림은 인류 종족의 책무

창조주 하나님은 사람을 창조하시고 열매 맺고 많아져서 땅을 채우라고 명령하셨다. 그리고 땅을 정복하라, 바다의 고기와 공중의 새와 땅에 움직이는 모든 생물을 다스리라고 명하셨다 (창 1:28).

이 직임을 수행하기 위해서 사람은 결혼하여 많은 자녀들을 낳아 땅을 채워야 한다. 그러므로 사람은 땅 위의 모든 부분을 다 채우고 살면서 그곳의 생명체들을 다스려야 한다. 하늘의 새와 바다의 고기와 땅 위의 모든 생명체들을 살피고 관리해야 한다.

인류가 온 땅 모든 곳에 살고 그곳을 채워야 하는 것은 그들이 하나님의 창조물들 특별히 생명체들을 다스리는 책임을 부여받았기 때문이다.

그런데 범죄 후에 인류가 하나님의 명을 어기고 한 곳에 모여 살며 땅 위에 흩어지지 않으려고 하였다. 그 중심점에 바벨탑을 쌓아서 모든 인류가 한 곳에 살려고 작정하였다 (창 11:1-4).

그러므로 하나님이 그들의 언어를 섞어서 서로 알아듣지 못하게 만들어 종족별로 나뉘게 하시고 지구 끝까지 흩어져서 살게 만드셨다 (창 11:5-8). 그래서 지금은 인류가 모든 곳에 흩어져서 살고 있다.

각각의 처소에서 사람들은 생명체들을 지키는 책임을 수행해야 한다. 왜냐하면 하나님이 모든 생명체들을 사람의 손아래 두셨기 때문이다.

9.5.4.1. 다스림은 모든 생명체의 종들이 끊어지지 않고 살아가도록 보살핌이다

사람의 범죄로 창조세계가 저주를 받았다 (창 3:17-18). 그러므로 모든 생명체들이 부서지고 병들기 쉽다. 또 여러 물리적인 재해와 날씨의 변동은 모든 생명체들로 쉽게 병들고 망가지게 한다.

이런 상황에서 생명체들의 종이 보존되게 노력해야 한다.

9.5.4.2. 종 (種)들의 자람을 보장해야 한다

사람은 생명체들을 보존하는 책임을 맡았다. 그러므로 사람은 자기의 생활영역에 있는 모든 생명체들로 종별로 존속하고 잘 살아가도록 보살피고 환경을 마련해주는 일을 해야 한다.

그리고 멸종위기에 처한 생명체들을 잘 보살피고 생활환경을 마련해 줌으로써 종이 다시 회복되어 번창하도록 힘써야 한다. 또 먹거리로 허락된 모든 생명체들도 함부로 다 잡아먹거나 망치면 안 된다.

9.5.4.3. 생명체들의 생존환경을 허물면 안 된다

삶의 환경이 적합하지 못해서 어떤 종들이 사라지게 될 위험에 처하면 그 사는 환경을 바르게 조성해야 한다. 사람들은 집들과 도시들을 건설하기 위해서 생명체들의 생태환경을 허물어 없애면 결코 안 된다. 그러면 창조질서가 무너지므로 반드시 화를 입게 되어 있다.

생명체들의 종을 보존하고 잘 살도록 할 뿐만 아니라 그 환경을 허물지 말고 잘 보존해야 한다. 모든 생명체들이 함께 살아야 사람의 생존환경이 잘 유지된다. 해롭다고 여기는 생명체들도 다 합당한 직임과 능력을 가지고 창조되었다. 그러므로 모든 생명체들을 보존해서 잘 살도록 해야 한다.

9.5.4.4. 멸종 상태의 생명체들을 복원하여 다시 번성하도록 하는 것이 사람의 책임이다

재해와 사람의 무차별적인 파괴로 망가지고 끝나게 되는 생명체들을 다시 복원해야 한다. 그리하여 전처럼 잘 살고 많이 불어나도록 만들어야 한다.

그러나 먼 지방의 다른 생명체들을 들여와야 한다는 것이 아니다. 이미 자기 지방에 살고 있는 생명체들을 복원하여 잘 살게 만들어야 한다. 그리고 생활환경을 적합하게 만들어주어야 한다.

9.5.4.5. 허물었던 지형과 산들과 언덕들과 토질을 회복해야 한다

우리는 흙에서 나왔고 흙으로 구성되어 있다 (창 3:19). 그리고 흙에서 난 것들을 먹으며 살게 만들어졌다 (창 1:29; 3:18).

그러므로 우리가 나서 자라난 곳의 산들과 언덕들과 토질을 잘 보존해야 한다. 그렇지 않고 폭력을 가해서 처음 형태를 변형시켰으면 다시 복원해야 한다.

창조주가 처음 배정하신 삶의 곳들의 모양과 성질을 변형하면 안 되고 처음대로 보존해야 한다. 그렇게 하지 못하여 변형시켰으면 더 큰 재앙이 오기 전에 복원해야 한다. 모든 생명체들은 본래의 환경에서만 합당한 삶을 살 수 있다.

다스림의 책임은 사물들을 파괴하고 변형시키고 멸절하는 것이 아니라 그런 것들을 잘 지키고 그대로 유지하는 것이다. 그렇지 못하여 파괴하였으면 다시 복원하여 창조주가 주신 동산에서 바르게 살도록 해주어야 한다.

토질을 보존하는 일 중에 한 가지는 터를 인조물로 덮어 숨을 쉬지 못하게 하는 것을 제거하는 것이다. 그리하여 대지와 대기권이 서로 교통하여 공기의 유통이 잘 이루어지게 해야 한다. 또 이런 조치로 물의 흐름을 원활하게 해주어야 한다. 그래야 토지가 본래의 소임을 다한다. 토지를 덮어 숨을 못 쉬게 하는 것은 전자장 등 생활환경에 필요한 순환을 막는 것이다.

도로와 넓은 활동 공간을 시멘트와 콜타르로 덮어 토지의 본래 기능을 하지 못하게 하는 것은 자연의 순환의 법에 어긋난다. 따라서 그런 인조 덮개를 뜯어내어 본래의 자연으로 돌아가게 해야 한다.

   창조주가 처음 창조하신 대로 땅을 보존해야 사람도 건강하게 살 수 있다.

성경 색인

구약

구절	페이지	구절	페이지
창 1:1	270, 278, 289, 292, 296, 301, 302, 307	창 1:29	300, 356, 368
창 1:1-5	277	창 2:4-22	42
창 1:1, 20-25	292	창 2:7	41, 310, 311
창 1:2	119, 151, 304	창 2:17	220, 311
창 1:2, 4-5	304	창 2:17; 3:17-19	221
창 1:3	303	창 3:1-5	319
창 1:3-4	301	창 3:8-22	97
창 1:3-30	303	창 3:15	309
창 1:4-5	304	창 3:15-20	221
창 1:4-5; 15-18	372	창 3:17	349
창 1:4, 10, 12, 18, 21, 25, 31	272	창 3:19	368
창 1:6	372	창 6:3	127
창 1:7	305	창 9:3-5	357, 358
창 1:8	305	창 11:1-4	366
창 1:9	305	창 11:5-8	366
창 1:9-10	305	창 12:2	222
창 1:11	305	창 15:5	223
창 1:11-12	305, 306	창 17:1-21; 18:1-33	97
창 1:14-19	300	창 17:5	223
창 1:16	306, 307	창 17:6	223
창 1:20	307	창 17:7-8	223
창 1:20-25	352	창 18:1-16; 19:1-3; 32:1-2	314
창 1:21	307, 308, 309	창 18:18	223
창 1:23-30	290	창 19:1-20	316
창 1:24-25	308	창 19:24	95, 97
창 1:26	352	창 19:24-25	97
창 1:26-27	38, 213, 264, 310	창 22:12; 48:16	316
창 1:26, 28	352	창 32:1-2	316
창 1:26-28; 2:8-9	294	출 6:7; 19:6	218
창 1:28	352, 356, 358, 365	출 7:9-12	309

출 19:5-6	223	시 139:7-10	119
출 29:45-46	310	잠 19:21	215
출 33:2	316	사 2:3; 43:21	218
레 11:44; 26:45	310	사 5:19	217
레 26:12	218	사 6:1-5	78
민 15:40-41	310	사 6:1-13	87
민 20:16	316	사 6:2, 6	318
신 4:20; 7:6; 14:2; 29:13; 32:9	218	사 14:12-17	318
신 7:6; 14:2	224	사 14:24	217
신 26:18-19	224	사 14:26	217
신 26:19; 29:13	310	사 40:26	299
수 24:18, 21-22, 25	218	사 42:5	299
삼하 24:16-17	314, 316	사 44:24	299
왕상 19:5-8	316	사 45:12	292, 299
대상 21:20	314	사 46:10	217
대하 32:21	314, 316	사 51:13	299
욥 9:9	299	사 54:5	310
욥 26:7	299	사 66:1-2	119
욥 36:5	292	렘 7:23; 11:4; 24:7; 30:22; 31:33	218
욥 36:30; 37:3	292	렘 10:12; 51:15	299
시 19:1	50, 289, 293, 294, 296	렘 23:24	119
시 19:1-4	293	렘 31:33	224
시 19:1-6	50	렘 32:38	224
시 33:11	217	렘 51:15	292
시 36:9	351	겔 9:3; 10:1; 11:22	317
시 51:7	161	겔 11:20	218, 224, 310
시 80:1; 99:1	317	겔 11:20; 14:11	218, 310
시 100:3	310	겔 11:20; 14:11; 36:28; 37:27	218
시 106:48	218	겔 37:23	224
시 107:11	215	겔 37:27	224
시 113:6	351	단 8:16; 9:21	318
시 115:3	215	단 10:13, 21; 12:1	318

호 2:23	218	슥 1:9-14	316
암 9:2	119	슥 8:8	218
미 4:12	217		

신약

마 1:20-23	316	요 1:3	77
마 4:3, 6; 8:29; 14:33; 16:16; 27:43	102	요 1:3, 4	107
마 4:11; 13:39	316	요 1:3, 10	96, 108, 277, 348
마 11:26	214	요 1:3, 10, 14	108
마 11:27; 26:63-64	77	요 1:10	108
마 17:22	123, 126	요 1:14	78
마 24:36	315	요 1:14; 3:16	108
마 25:31; 28:2-5	314	요 1:14, 18; 3:16, 18	103
마 26:53	228	요 1:16	117
막 1:1; 3:11; 5:7	102	요 1:18	78
막 13:32	315	요 1:33	78
막 14:61-62, 36	77	요 1:34, 49	78, 102
눅 1:11-13, 26-30; 2:13-14; 24:23	314	요 1:34, 49; 5:25; 10:36; 11:4, 27; 19:7; 20:31	102
눅 1:13-38	316		
눅 1:19	318	요 3:6	122
눅 1:26-38	316	요 3:16-17	78
눅 1:35; 22:70	102	요 3:16, 35-36	78
눅 2:11	96	요 4:24	42
눅 2:13-14	315	요 4:42	96
눅 16:19-22	316	요 5:17	62, 78
눅 22:22	216	요 5:19	78, 96
눅 22:42	215	요 5:19-21	78
눅 24:49	120, 126, 127	요 5:20	96
요 1:1	77	요 5:27	78
요 1:1-2, 14, 18	374	요 8:24, 28	41, 79

요 8:28	96
요 10:30	77, 78, 80
요 12:36-41	78
요 12:38-41	87
요 12:41	78
요 14:16	79, 122, 125, 128
요 14:16, 26	121, 127
요 14:16, 26; 15:26	126
요 14:16, 26; 15:26; 16:7	120
요 14:17	124
요 14:23	128
요 14:26	79, 127
요 15:16	127
요 15:26	79, 110, 128
요 15:26; 14:16	120
요 15:26; 16:7	120
요 15:26; 16:14-15	123
요 16:7	79, 126
요 16:13-15	79, 97
요 16:27-28; 17:11, 13	125
요 17:1-5, 24	77
요 17:2, 24	233
요 19:30	128
요 20:12	314, 316
요 20:12-13	314
요 20:22	128
요 20:28	79
행 1:5-8	120
행 1:7	315
행 2:1-4	127, 128
행 2:23	215
행 2:33	126, 127, 128
행 4:28	215, 216
행 5:19; 12:3-11; 27:23-24	316
행 5:31; 13:23	96
행 7:30; 10:3-4; 12:7-9	314
행 7:49	119
행 7:53	316
행 9:20	102
행 10:4-22; 12:8-15	316
행 15:7	217
행 17:25	351
행 20:28	79
롬 1:4	102
롬 1:17	236
롬 1:18-19	38
롬 1:19-20	50
롬 1:20	28, 38, 39, 237
롬 1:20-21	38
롬 3:23	74
롬 8:9, 11, 14, 15	375
롬 8:15	124, 127
롬 8:15-16	124
롬 8:23, 26	124
롬 9:5	79, 348
롬 9:6-23	233
롬 9:11	217
롬 11:33	218, 272, 276, 296
롬 11:36	79
고전 2:4	123
고전 2:7	216, 218
고전 2:12; 3:16; 6:19; 12:13	122
고전 8:6	79, 96, 277, 348
고전 12:3	122

고전 12:13	124	엡 4:13	102, 124
고후 1:22; 5:5	122, 124	엡 5:23	96
고후 3:17	42	빌 1:19	124
고후 6:16	219	빌 2:13	215
갈 2:20	102	골 1:16	278, 313, 317, 318
갈 3:2, 5	122	골 1:16-17	96, 277
갈 3:2, 5; 4:6; 5:25	122	골 1:17	348
갈 3:11	236	골 1:19	117
갈 3:19	316	골 2:9	117
갈 3:26; 4:6	376	살전 1:6	122, 127
갈 4:6	124, 127	살후 2:13	124
갈 5:16-17	124	딤전 1:1	96, 155
갈 5:16-25	124	딤전 1:1; 2:3; 4:10	96, 155
갈 5:18	124	딤전 6:13	351
갈 5:19-21	125	딤후 1:9	215
갈 5:19-23	124	딤후 1:10	96
갈 5:22-23	125	딛 1:3; 2:10-11; 3:4	155
엡 1:4	217, 233, 255	딛 2:10; 3:4	96
엡 1:5	215, 216	딛 2:10; 3:4, 6	96
엡 1:5-9	234	딛 2:13	79
엡 1:9	215, 216	딛 2:14	225
엡 1:11	215, 216	딛 3:5	121, 247
엡 1:13	122, 127	딛 3:5-7	121
엡 1:13; 4:30	124, 234	딛 3:6	122
엡 1:13-14	127	히 1:2	81, 96, 277, 348
엡 1:21	317	히 1:2; 4:14; 5:8; 10:29	81
엡 1:22	348	히 1:3	81, 348, 349
엡 1:22-23	348	히 1:3; 2:8	348
엡 1:23	119	히 2:10	81
엡 2:21-22	124	히 4:14; 6:6; 7:3; 10:29	102
엡 3:11	215, 216	히 6:17	215
엡 4:6	348	히 7:24	81

히 8:10	219	계 3:1; 5:6	80
히 9:24	127, 128	계 3:14	80
히 10:38	236	계 4:8-11; 5:13-14; 7:9-10	294
약 4:5	122	계 4:11	215
벧전 1:2	124	계 5:1	80, 217, 315
벧전 1:12	315	계 5:2	217
벧전 2:9	225	계 5:3	217
벧전 2:9-10	237	계 5:4	218
벧전 2:10	219	계 5:5	218
벧후 1:1, 11; 2:20; 3:2, 18	96	계 5:7	218
벧후 1:10	237	계 5:8	218
벧후 2:4	318	계 5:9	218
요일 3:8	319	계 5:9-10	225
요일 3:8; 4:15; 5:5, 10, 13, 20	102	계 5:11-12; 7:11-12; 11:15-17; 12:10;	
요일 3:24; 4:13	122	19:1-3; 21:3-4	315
요일 4:9	103	계 5:13	80
요일 4:14	96	계 6:1-8:1	80
요일 5:20	79	계 7:1-4; 8:2-12; 9:1-15; 10:1-11; 11:15;	
유 4	348	14:6-7, 9-11, 17-18; 15:1-20:3	316
유 6	320	계 11:15	219
유 9	318	계 12:7	318, 319
유 25	96, 155	계 12:7-10, 13-17	319
계 1:1	316, 348	계 17:14; 19:16	80
계 1:1; 22:20	108	계 18:14-19:2	364
계 1:5-6	108, 225	계 19:1-10	322
계 1:5-6; 7:10, 17; 12:10	80	계 19:11	80
계 1:8; 21:6; 22:13	41	계 19:11-15	348
계 1:18-20:15	348	계 19:13	107
계 2:1-3:22	87	계 21:3	218, 225, 300, 310, 322
계 2:7	80	계 21:3-5	222
계 2:9; 3:9	363	계 21:3-22:5	270
계 2:18	80, 102	계 21:22-23; 22:3-4	81

라틴어와 다른 언어 용어 색인

Actualised as life, being-itself is fulfilled as spirit 195
actus decernens 212
Ad Ablabium quod non sint tres dii 86, 112
Ad Autolycum 89, 145, 281
ad providentiam pertinet res in finem ordinare 243
Ad Romanos (ad Rom.) 110
Ad Serapionem 153
Adversus Haereticos (AH) 89, 94, 146, 157, 282
Adversus Praxeas (Adv. Praxeas) 89
aeternum consilium Dei 211
aeternus 57
agendi principium 61
agendi subjectus 61
ἀγεννησια 92
ἁγιασος, sanctificatio 91
Alexandros of Alexandria 105, 284
ἀλλ' ὡς Πνευμα στοματος αυτου 116
ἄλλον παράκλητον 125
alter ego 111
Ambrosius 99, 113, 154, 286
Ambrosius, de Spiritu Sancto 99
amor Dei 67
amor Dei generalis 67
amor Dei specialis 67
amor indebitus 68
Anselmus of Canterbury 45

עָפָר מִן־הָאֲדָמָה (아파르 민 하아다마) 310
1 Apologia 89, 103, 145, 280
2 Apologia 145, 157, 280
archangel 318
arctissima unio 83, 86, 131
arctissima unio, perichoresis, περίχωρησις 83
Articuli XXXIX Ecclesiae Anglicanae 258
a se ens 40, 41
aseitas 55
Athanasios 85, 91, 105, 111, 115, 116, 130, 134, 142, 147, 151, 153, 159, 163, 173, 285
Athanasios, ad Serapionem 116
Athanasios, Epistula ad Epictetum 378
Athenagoras 103, 145, 149, 152, 281
attributa analogica 55
attributa divina analogica 60
attributa propria 55
auctor peccati 346
Augustinus 113, 130, 148, 151, 235, 238, 240, 273, 287, 312
Augustinus, de Trinitate 101
Aussprechen 168, 169
Αυτος γαρ ο Πατηρ δια του Λογου εν τω Πνευματι ενεργει και διδωσι τα παντα; ad Serapionem, III 93
Barnabas 156, 157, 279
Barth (Karl) 378
Basileios 91, 111, 116, 130, 131, 153
Basileios, epistula, 38 106, 129

beatitudo	61		285, 286, 287
Being as Communion	138	contra Celsum	95, 147, 284
being-itself	191, 192, 195	contra Eunomium	92, 106, 115, 135
beneficia	247	contra Gentes	91, 147, 285
Bereitschaft	334	contra Noetum	94, 104, 146, 158
Beza (Theodor)	83	cooperatio cum causis secundis	346
bonitas	61, 289, 360	creare est aliquid ex nihilo facere	290
bonitas Dei	289	creatio Dei	269
but he is not less than personal	195	Cur Deus homo	236, 321, 322
Calvin (John)	379	Daniel, V	94, 146, 283
Canones Synodi Dordrechtanae	262	dann ist Trinität kein in sich	
causa culpae	245	geschlossener Kreis im Himmel	202
cherubim	317	darum muss den Heiden ganz allein	
clementia Dei	69	Jesus Christus als der gegenwärtige	
Clement of Rome	144, 156	Gott	189
2 Clement	156	das durch sich selbst bewegte Sein	184
Communion and Otherness	137, 138, 139	das Sein einer Person ist ein Sein in	
concilium Vaticanum II	339	der Tat	184
concursus	345	das Sein Gottes	176
Confessio Belgica	262	dass Sich-schlechthin-abhängig-	
confessio fidei	122	Fühlen und Sich-seiner-selbst-als-	
Confessio Fidei Gallicana	261	in-Beziehung-mit-Gott-bewusst-	
Confessio Fidei Scoticana	260	Sein einerlei ist	169
Confessio Fidei Westmonasteriensis	263	das uns vergöttliche Heil	200
Confessio Helvetica Posterior	259	das Woraufhin und Wovonher	
Confessiones	273, 274	unserer Transzendenz	199
conservare	349	de Civitate Dei	235, 239, 242, 287, 311,
conservatio	345, 349		312, 320, 321, 351
consilium Dei creationis	209, 218	decretum creationis	212, 346
continua creatio	344	decretum creationis et providentiae	
continuata creatio	344		212
contra Arianos	91, 94, 105, 134, 148	Decretum Dei creationis	226

decretum Dei generale	212	de Trinitate	101, 104, 106, 111, 113, 114, 130, 131, 146, 148, 163, 239, 283
decretum Dei speciale	212	Deus absconditus	180
decretum et scopus providentiae	346	Deus Creator	143
Decretum praedestinationis	232	Deus incarnatus	157
Decretum providentiae	230	Deus non de necessitate naturae	350
Decretum salutis	231	Deus Triunus, Trinitas	75
de Decretis	91, 105, 225, 286	de utroque procedens	113
de Decretis Dei	225	Dialogus cum Trypho	89, 103
de fide	286	die Alleinigkeit seines Wesens seine Einzigkeit	178
Dei loquentis persona	180	die einzelnen Seinsweisen für sich	187
de Incarnatione Verbi	105, 159	die Gottlosen	206
Deitas	84, 118, 129	die Lebenseinheit der christlichen Gemeinschaft als einer moralischen Person	177
Demiourgos	273	die Lehre von der Vereinigung des göttlichen Wesens mit der menschlichen Natur	170
Denkmal	329	die menschliche Geschichte	203
Denn wenn der Unterschied zwischen dem Erlöser und uns andern so festgestellt wird	175	Die Naturwissenschaften kennen keine Evolution	308
de praedestinatione	210	die Rede von dem Glauben an Gott der nichts anders war als die Gewissheit über das schlechthinnige Abhängigkeitsgefühl	169
de Principiis	90, 105, 110, 147, 158, 163, 284	Dionysios	289
der Christliche Glaube (CG)	168, 323, 325	divina essentia	84
der eine persönliche Gott	179	divina et unica essentia	82, 83
Der Gekreuzigte Gott (DGG)	202	divinitatis affectatio	319
der Inbegriff alles endlichen Seins	177	doing theology, theologisieren	46
der Sohn erleidet das Sterben, der Vater erleidet den Tod des Sohnes	204	donum	313
de Spiritu	98, 99, 111, 112, 113, 116, 148, 153, 154		
de Spiritu Sancto	98, 99, 112, 113, 148, 153, 154		
de Spiritu Sancto adversus Pneumatomachos Macedonianos	112		
de Synodis	106		

δράκοντες	309
Dreiheit	181
drei Seinsweisen Gottes in Gott	181
Eben dieser eine Mensch ist also das sich selber bekannt-gebende Sein Gottes	186
Ecthesis sive Expositio Fidei	91
Ει δε ο Πατηρ δια του Λογου εν Πνευματι αγιω κτιζει τα παντα; ad Serapionem, I	93
ἐγώ εἰμι	41
ἐγώ εἰμι, ego sum, I am	79
ein divinatorisch-dichterisch entworfenes Bild	332
Einer, der Eine	186, 187
eines Offenbarseins Gottes	180
Eirenaios, Irenaeus	89, 98
εκ Πατρος εκπορευομενον	112
εκπορευσις, processio	91, 92, 109
εκ του υιου δε το πνευμα ου λεγομεν, πηγη γνωσεως	114
ἐκ τοῦ πληρώματος αὐτοῦ	117
emanatio	290, 297
Enchiridion	240, 241
Epistola Alexandri ad Alexandrum Constantinopolitanum in Theoretos	105
Epistula Clementis ad Corinthios	144, 156
Epistula Ignatii ad Ephesios	157, 162
Epistula Ignatii ad Magnesianos	157
Epistula Ignatii ad Philadelphianos	88, 280
Epistula Ignatii ad Trallianos	280
Ereignis	183
Eriugena (Johannes Scotus)	324
Es gibt also kein Zurückgreifen hinter diese Tat und Entscheidung	185
Es gibt kein Moment im Wesen Gottes oberhalb dieser Tat und Entscheidung	185
es gibt nur das Ergreifen seiner Lebendigkeit	185
esse ipsum	192
essence	338
essentia divina	101
essentialis proprietas	67
Es steht aber darin und nur darin fest, dass Gott Jesus Christus und Jesus Christus Gott ist	188
אֶת־הַתַּנִּינִם הַגְּדֹלִים (에트 핟탄니님 학도올리임)	309
ex ipso Deo procedit	110
existence	192, 338
ex nihilo	290
Expositio Fidei	91, 105, 111, 134, 147, 286
filiatio	88, 91, 92
Filius agit a Patre	95
Filius nascitur a Patre et accipit essentiam divinam	102
finis providentiae	361
fons Deitatis	90, 102, 117, 277
fons totius Deitatis	88
Gabriel, Γαβριηλ, גַּבְרִיאֵל	318
Gemeingeist	177

Geschehen	205	Hegel (F.)	197
Geschichte	203, 335	Heidegger (M.)	197
gesetzmässige Erhaltung	327	Heidelberger Katechismus	258
gignere Filium	100	Hermas	144
gloria Dei et sapientia	289	Hilarius	105, 106, 111
Gobi Desert	354	Hilarius, de Trinitate	106
God as living is God fulfilled in himself and therefore spirit	195	Hippolytos	104, 146, 150, 158, 283
Gottes Gottheit	183	Historia Ecclesiae (HE)	105, 285
Gott ist Einer	179	Historie	335
Gott ist in seiner Tat, Gott ist seine eigene Entscheidung	184	homoousia	86
		humanness	86
		hypostasis	179
Gott starb den gottlosen Tod am Kreuz und starb doch nicht	204	Ignatios	88, 144, 148, 157, 162, 279
		immensitas	57
gratia Dei	68	immortalitas	313
Gregorios of Nazianzus	92, 106, 111, 136, 160	immutabilitas	55, 59
		incarnatio Dei	77, 166
Gregorios of Nazianzus, Oratio	106	In divina et unica essentia subsistunt tres personae	83
Gregorios of Nyssa	86, 92, 98, 106, 112, 134, 148, 151, 153, 160	in Divination und Dichtung	333
		ineffabilis	115
Gregorios of Nyssa, de Spiritu Sancto	98	infinita Deitas	118, 129
Grundkurs des Glaubens(Grundkurs)	199, 340	infinitas	55, 56
		infinitus	40, 42, 57
gubernatio	345, 359	inhabitatio	122
Gubernatio Dei est opus providentiae eiusdem	359	In Hebraios	105
		In Illud Omnia	134
gubernator	348	In Joannes (In Joan.)	90
Ἡ γαρ διδομενη χαρις κατ δωρ εα ιν Τριαδι παρα του Πατρ δ ι᾽ Υιου εν Πνευματι αγιω; ad Serapionem, I	93	Insofern er als das uns vergöttliche Heil in der innersten Mitte des Daseins eines einzelnen Menschen angekommen ist	200
היה (하야)	41		

Institutio 249, 250, 251, 252, 253, 254, 256		misericordia Dei	69
intellectus	61	missing link	307
Ioustinos, Justine Martyr	89	mit dem göttlichen Wesens an sich	170
Ioustinos, Justinu	144	Mit welchem Sinn und Erfolg sollte er	
ist die der divinatorischen und		aber irgendwo zu suchen sein	188
dichtenden Geschichtssage	333	modaliter	85
ist Gott freies Ereignis, freier Akt,		modus subsistentiae	187
freies Leben in sich selber	183	Moltmann (Jürgen)	201
iustitia	61, 70	Monas	147
iustitia Dei	70	μονογενής	92, 102
Jehova, Yahweh, יְהוָה	41	Musterbeispiel eines aetiologischen	
Johannes of Damascus	114	Mythus	336
Kant	167	mutabilis	351
Katechismos	164, 286	mysterium incarnationis Dei	315
הַכְּרֻבִים, cherubim	317	nativitas, seu generatio	88
Kirchliche Dogmatik (KD)	178, 330	nativitas, ὑιοτης, filiatio	91
Klement of Alexandria 90, 104, 147,		natura	324, 350
150, 152, 158, 163, 283		natura naturans	324
Kyrillos of Jerusalem	164, 286	natura naturata	324
lapsus Adami	319	nihil	40, 290
Lebendigkeit	185	non-impeditio peccati	360
libertas	61	Nothing is more sacred than the	
Lucifer	318, 319	person	139
Mandatii	144	notio personalis	87
Masorah	309	Nous	289
massa corruptionis	122, 237	Novatian	104, 146, 150, 163, 283
materia inhabilis	297	Novatian, de Trinitate	104
materia prima	291	nullo hominum respectu	259
mediator creationis	288	Ὁ γαρ Πατηρ δια του Λογου εν	
Methodios of Olympos	158	Πνευματι ἁγιω τα παντα ποιει;	
μια ούσια εν τρια υποστασεσιν	131	ad Serapionem,	93, 142
Michael, Μιχαηλ, מִיכָאֵל	318	obiectificatio ipsius Dei	107

obsignatio	234	πηγή τῆς θεότητος, fons Deitatis	90
oikonoμia	101	perfectio sanctificationis	124
omnipraesentia	57, 119	perichoresis	83, 86, 131, 134, 136
once upon a time	338	perichoresis, περιχωρησις	83, 86, 131
opera Dei ad extra	99, 141	permissio efficax	360
opera Dei ad intra	100	persona	129, 187, 310
opera indivisa	142	persona Deitatis	84, 85
opus Dei ad intra	99	persona Deitatis est subsistentia in divina essentia	84
Oratio Catechismus	160	persona divina	84
Oratio contra Arianos	105	Phantasielandschaft	336
Oratio de Incarnatione Verbi	105	Philon	329
Orationes, 29	92, 106	Platon	272
Orationes, 31	92, 111, 114, 115, 134, 136	Plotinos	289, 297
Origenes	90, 105, 110, 147, 150, 158, 163, 284	Πνεῦμα ὁ θεός	42
Origenes, Ad Romanos	110	Polanus	83, 102
origo Personarum	277	Politeia	312
Paedagogus	90, 158, 163, 283	potentia	61, 72, 102
πᾶν τὸ πλήρωμα	117	potentia Dei absoluta	72
πᾶν τὸ πλήρωμα τῆς θεότητος	117	potentia Dei ordinata	72
Parakletos, παράκλητος	120	potestas eximia	314
παρὰ τοῦ πατρὸς ἐκπορεύεται	110	praedestinatio est pars providentiae	243
πᾶσαν ψυχὴν ζῴων ἑρπετῶν	308	praehistorische Geschichte	335
Pater agit per Filium in Spiritu Sancto	93	praescientia Dei	64
Pater a nullo agit	95	praescientia meritorum	246
Pater gignit Filium et gignendo dat et communicat ei essentiam	102	Prigogine (Ilya)	
		prima Deitatis persona	100
paternitas	88, 90, 91	principium Deitatis totius	101
patientia Dei	69	principium et fons Deitatis	117
πατροτης, paternitas	91	procedens a Patre Filioque	112, 113
Patre Spiritus Sanctus procedens	110	procedens Filioque	112
peccatum Adami	319	processio	88, 91, 92, 101

processio a Patre	86, 89	sanctitas Dei	72
processio a Patre et Filio	109	sapientia Dei	64
processio a Patre Filioque	86, 109, 117	Satan, Lucifer, Diabolus, Draco magnus, Malus	319
processio a Patre per Filium	86	Schau und Dichtung des dem Sein zugrunde liegende Werdens	336
propensio	65, 67	Schlechterdings der eine Gott ist uns offenbar in Jesus Christus	187
propensio benevola	67	schlechthinnige Abhängigkeit	169, 325
Proprietates Dei, Attributa Divina	53	Schleiermacher (Friedrich)	
Proprietates Dei essentiales	55	Scholia ad Daniel	104
Protreptikos	90, 152, 158, 283	Schöpfungsgeschichte	332
providentia Dei, προνοια	343	scientia Dei et sapientia	62
providentia generalis	346, 361	sed etiam emanationem totius entis a causa universalis, quae est Deus	290
providentia specialis	346, 362	Sein, being itself	339
pulchritudo	293	seine eigene, bewusste, gewollte und vollbrachte Entscheidung	184
quod Deo conveniens est homines praedestinare	243	Seinsempfängnis	340
quod sint non tres dii	134	sein sich Offenbaren	180
Rahner (Karl)	198, 339	Seinsweise	179, 181, 187
רָקִיעַ (라키아)	304	sensus divinus	49
regnum Dei	71	seraphim, Σεραφιν, שְׂרָפִים	318
regula fidei	142	sermo contra Arianos	148, 287
relatio et distinctio personarum divinarum	87	Similitudines	144
Reprobatio est decretum Dei	237	simplicitas	55, 56
res decreta	212	Since in God..., the person, and not nature	137
Rufinus, Commentarius in Symbolum Apostolicum (Comm.)	287	singularitas	56
Rufinus (Tyrannius)	99, 113	sondern Golgathageschehen, das Geschehen der Liebe des Sohnes	205
Sabelios	173	species	344, 352
saga	332		
Sahara Desert	354		
sanctificatio Spiritus	124		
sanctitas	61, 72		

species nova	344
spirare Spiritum Sanctum cum Filio	100
Spirit is the unity of power and meaning	195
Spiritus	40, 42, 83, 97, 110, 114, 124, 129
Spiritus agit ab utroque	97
Spiritus infinitus	40, 42
Spiritus infinitus a se ens	40
Spiritus Sanctus a Patre et Filio procedens	114
splendor	293
sponsio	234
στασις	132, 133
Sterben	204, 206
Stromata	90, 94, 104, 147, 163, 283
subsistentia	84, 131, 179, 187
subsistentia in Dei essentia	179
substantia est ens per se	83
Summa Theologica	210, 243, 244, 245, 246, 247, 248, 350
summum bonum	68
superbia	319
Supplicatio pro Christianis (Supplicatio)	103, 146, 152, 281
Symbolum Athanasianum, Symbolum Quicumque	114
Symbolum Chalcedonense	160
Symbolum Constantinopolitanum	113
Symbolum Nicaenum	143, 159
τὰ κήτη τὰ μεγάλα	308
תַּנִּין (탄닌)	309
Taklamakan Desert	354
Tatianos	103, 145, 149, 280
Tatianos, Oratio, 5	103
Tatianos, Oratio, 7	103
tempus lapsus	319
tendentia	212
tenere	349
Tertullianus	89, 104, 109, 110, 146, 150
theatrum gloriae Dei	294
the basis of Godhead	196
the Big Bang theory	51
the creative ground of everything in every moment	338
the Godhead	119
Theodoretos, Historia Ecclesiae	285
the One	289
Theophilos of Antiochos (Antioch)	89, 145, 281
θεοτης, Deitas	129
The person cannot exist in isolation	138
the self-contained God	82
Thomas (Aquinas)	46, 67, 243
Tillich (Paul)	190, 337
Tillich, Systematic Theology (ST)	191
Timaios	272, 291
το εκ πατρος εκπορευομενον	113
το πληρωμα του τα παντα εν πασι πληρουμενου	119
τὸ πνεῦμα τῆς ἀληθείας ὃ παρὰ τοῦ πατρὸς ἐκπορεύεται	110
totam illam divinam essentiam in se habens	84, 85
tres personae	82, 83, 100

Trinitas	75, 134	vocatio et magnificatio	244
Trinität	202, 207	voluntas	61, 65, 66
Tritheismus	187	voluntas beneplaciti	66
und also der Ausdruck Gott eine Vorstellung voraussetzt	168	voluntas decernens	66
		voluntas Dei	65
unhistorisch	332	voluntas efficiens	66
unica et idemque essentia indivisibilis	83	voluntas permittens	66
		voluntas praecipiens	66
unus Deus	134	voluntas revelata et arcana	66
unus idemque Deus subsistet ut tres personae	100	voluntas signi	66
		וַיִּפַּח בְּאַפָּיו נִשְׁמַת חַיִּים (와이파흐 브아파오 니스맡 하이임)	311
unus idemque verus Deus	82		
unus quippe deus est ipsa trinitas et sic unus deus quomodo unus creator	287	wenn er von uns nun gerade hier als der eine Gott etwa anerkannt sein sollte?	188
ὑιότης, filiatio	91, 92	Wenn nun das unmittelbare innere Aussprechen des schlechthingen Abhängigkeitsgefühls das Gottesbewuβtsein ist	169
ὑπόστασις	129, 133		
Urform	334		
Ussher (James)	298		
Victorinus	164	Wesen der Transzendenz	199
Victorinus, Comm.	164	Wilder-Smith (A. E.)	308
Visiones	144	הַיַּבָּשָׁה (얍바샤)	305
vita	61	Zizioulas (John D.)	136, 138
vita Dei	61